KB188980

한 권으로 읽는 무문관

한 권으로 읽는 무문관

1판 1쇄 인쇄 2023. 5. 15
1판 1쇄 발행 2023. 5. 29

지은이 무문 혜개
옮긴이 혜원

발행인 고세규
편집 정선경 디자인 유상현 마케팅 윤준원, 정희윤 홍보 최정은
발행처 김영사

등록 1979년 5월 17일 (제406-2003-036호)
주소 경기도 파주시 문발로 197(문발동) 우편번호 10881
전화 마케팅부 031)955-3100, 편집부 031)955-3200 | 팩스 031)955-3111

값은 뒤표지에 있습니다.
ISBN 978-89-349-5029-5 03220

홈페이지 www.gimmyoung.com 블로그 blog.naver.com/gybook
인스타그램 instagram.com/gimmyoung 이메일 bestbook@gimmyoung.com

한 권으로 읽는

무無 문門 관關

무문 혜개 편저 · 혜원 역해

김영사

차례

일러두기

- 《무문관》 번역 · 해설의 저본은 《대정신수대장경》 권48이다.
- 니시무라 에신西村惠信 역주, 《무문관》(岩波文庫, 1994)을 참고했다. 이 문고의 저본은 일본에서 1405년 간행된 《무문관》을 조본祖本으로 하여 1752년 다시 정리한 유포본이다.
- 각칙의 제목은 《대정신수대장경》과 이와나미岩波 문고본, 히라다 타카시平田高士의 《禪の語錄18 無門關》을 참고하여 필자가 정했다.
- 《무문관》의 본문 중 난해한 용어와 어구, 인용구, 속어 등에 대해서는 각주를 달았다.
- 부록으로 《무문관》에 등장하는 선사의 법계도와 행장을 실었다.

습암習庵의 머리말

'도道[1]에는 문門이 없다'라고 말하면 세상 사람 모두가 들어갈 수 있고, '도에는 문이 있다'라고 말하면 선지식도 구분할 것이 없다. 더구나 억지로 몇 마디 해설(각주)을 덧붙인다는 것은, 삿갓 위에 삿갓을 덧씌우는 것과 같다. 내(습암)가 찬양하기를 아무리 원하지만, 이는 마치 마른 대[竹]를 짜서 즙을 내는 것과 같고, 아이들을 속이는 책[효본哮本]이 될 뿐이다. 습옹이 내던지는 것을 기다리지 말고 던져버려라. 한 방울도 강호[2]

---

1 도道: 불도를 칭함.

2 강호江湖: 본래 만당晩唐 시절, 강서에서는 마조 도일 선사, 호남에서는 석두 희천 선사가 종풍을 일으킨 이래로 강서와 호남에서 선禪이 번성하여 강호라는 말이 생겼다. 그러나 나중에는 강호라고 하면 세상, 세간을 의미하게 되었다.

에 떨어지게 하지 말라. 천리마 오추烏騅[3]도 쫓을 수 없다.

소정 개원[4] 7월 그믐 습암[5] 진훈 쓰다.

습암서
習庵序

설도무문 진대지인득입 설도유문 무아사분 제일강첨기개주
說道無門 盡大地人得入。說道有門 無阿師分[6]。第一强添幾箇注
각 대사립상정립 경요습옹찬양 우시건죽교즙 착득저사효본
脚 大似笠上頂笠。硬要習翁贊揚。又是乾竹絞汁。著得這些哮本。
불소습옹일척일척 막교일적락강호 천리오추추부득 소정개
不消習翁一擲一擲。莫教一滴落江湖。千里烏騅追不得。紹定改
원칠월회 습암진훈사
元七月晦 習庵陳塤寫。

해설

어려서부터 영재로 평이 났던 습암은 젊어서 정부의 관리 시험에 합격

---

3 오추烏騅: 초나라 항우가 사랑한 명마의 이름.

4 소정 개원紹定改元: '소정紹定'은 중국 남송의 제5대 황제인 이종理宗이 사용한 두 번째 연호(1228-1233). 개원改元은 연호를 바꾼 해이므로 서력 1228년에 해당한다.

5 습암: 남송대 사람. 진훈陳塤의 호號. 진은 성이며 훈은 이름이다. 송 영종 시대에 진사(1208-1224)를 지냈고, 후에 태상박사太常博士, 추밀원편수관樞密院編修官, 국자사업國子司業을 지냈다.

6 무아사분無阿師分: '아阿'는 접두어. '아사阿師'는 대선지식을 뜻함. 선지식이라는 자격이 굳이 필요 없다는 의미. 즉 도에는 문이 없어 아무나 들어가도 되는데, 도에 문이 있다고 하면 일부러 출가까지 할 필요가 없어져버린다는 것이다.

하고, 이후 가정嘉定 10년(1218)에 진사進士에 올랐다. 그는 문학과 예술 등 문화 전반에 탁월한 소양을 갖추었으며 세련된 취미를 가지고 있었다고 한다. 그의 생애는 상세하게 전해지지 않지만, 이 서문에서 볼 수 있듯, 선禪에도 남다른 관심과 투철한 이해가 있었던 것 같다. 요즘에는 책의 서문에 보통 저자가 책을 쓰게 된 동기와 내용의 핵심, 저술의 효용성 등을 밝히는 것이 보통인데, 당시 중국에서는 대개 저명한 지식인 또는 고위 관료에게 서문을 써달라고 하는 것이 상례였던 것 같다. 《무문관》의 서문을 의뢰받은 습암 역시 상류 문화인의 대열에 들었을 것이고, 선에 대한 폭넓은 견식이 있다고 자타가 공인하는 관료였기에, 무문 선사가 서문을 의뢰하였다고 헤아릴 수 있겠다.

이 서문을 보면 처음부터 끝까지 《무문관》을 매도하는 듯 보이지만, 이렇게 욕하고 꾸짖는 잡언을 구사함으로써 오히려 내면으로는 높이 칭양稱揚하고 있음을 감지할 수 있다. 이처럼 반어적이고 야유적인 역필법逆筆法은 옛 선사들이 자주 사용한 방식으로, 이 때문에 습암의 서문이 나중까지 흉취 있는 명문장으로 남았는지도 모른다.

습암은 먼저 '무문관無門關(문이 없는 관문)'이라는 제목의 이 책을 받아 들고, 역설적인 표현을 통해 '무문'의 진의를 명확히 보여주려 하였다. 첫 문장에서 습암은 "'도道에는 문門이 없다'라고 말하면 세상 사람 모두가 들어갈 수 있고, '도에는 문이 있다'라고 말하면 선지식도 구분할 것이 없다"라고 하였다.

이처럼 습암의 말은 꽤 신랄하지만, 이러한 혹평 가운데 유무를 넘어선 '이것[저개這箇]'(선의 진수, 진리)을 나타내려 한 것이다. 예컨대 문이 없다면 출입이 자재自在하여 어떤 설명도 필요 없을 것인데, 무문

스님이 공연히 48칙의 공안에 이래저래 평을 쓰고 송을 짓고 '더구나 각주를 붙였다'라고 비평하고 있다. 이는 "모자 위에 또 모자를 쓰는 것과 같이 쓸데없는 일"이 되어버렸다는 것이다.

중국 선종에서는 일찍이 '불립문자不立文字'를 주장하며, '이것'은 스스로 몸으로 체득해야 하고 각자가 일상 속에서 알아차려야 한다고 역설해왔다. 이러한 견지에서 습암은 자신이 생각하는 '선'의 성격을 서문에서 명확히 보여주려고 했다.

한편, 무문 선사는 습옹에게 이 책의 서문을 써서 '찬양하기를' 요청했지만, 습옹이 생각하기에 이런 책은 칭찬이고 뭐고 할 것이 없었다. 이 책에 대해서 어떤 말을 보탠다면 '바짝 마른 대를 쥐어짜 즙을 내고, 게다가 어린애들이 보는 책으로 만들어버릴 것'과 같다고 여겼다. 그러니 자신은 어떤 역할도 하지 못한다고 잘라 말한 것이다. 대도大道는 무문無門이다. 언어문자의 세계에서 이를 시도해보려고 한다면 헛고생이다. 이렇게 습옹은 역설적으로 선을 드러내고 있다.

"(이러한 책은) 내(습옹)가 내던지는 것을 기다릴 것 없이 던져버려라. 한 방울이라도 강호로 흘러들지 않게 하라." 습옹은 이처럼 '불립문자 교외별전'의 선에 책이 무슨 필요가 있는가 격하게 말하며 이 책을 부정하는 듯 보인다. 그렇지 않고 이것이 세상에 흘러들게 된다면 그야말로 "순간, 천 리를 뛰는 명마 오추烏騅가 쫓아간다고 해도 수습될 수 없다"고 하였다. 한 번 쓸데없는 짓을 하게 되면, 어떤 후회를 해도 돌이킬 수 없다는 뜻이다. 시종일관 언어문자를 강력히 부정하며 선의 특징을 여실히 보인 문장이다. 그러나 이 말은 선사에 대한 충정어린 찬의贊意를 보이는 것이기도 하다. 이로써 습암은 서문을 맺었다.

표문表文

소정 2년(1229) 정월 초5일, 정중히 천기의 성절[1]을 만났습니다. 신승臣僧 혜개는 미리 원년 12월 5일에 불조佛祖의 기연[2] 48칙을 추려 인쇄하였고, 금상 황제 성궁[3]의 만세 만세 만만세를 축연합니다. 황제 폐하께서는 삼가 원컨대 성명[4]이 일월과 같으시고 예산이[5] 건곤과 같으시어, 팔방의 인민이 폐하의 유덕한 정도를 노래하고, 사해의 백성이 폐하의

---

1 천기성절天基聖節: 천자의 탄생일. 여기서는 남송의 제5대 황제인 이종理宗의 생일.

2 기연機緣: 도충道忠 화상은 '기는 수행자에 속하고, 연은 스승에 속한다'라고 하였다. '기연'은 사람과 사람의 만남이 서로 조건·정황이 잘 맞는 국면을 뜻한다.

3 성궁聖躬: 황제의 몸을 뜻하는 높임말.

4 성명聖明: 지혜를 뜻함.

5 예산叡筭: 수명을 말함.

무사태평한 정치를 즐기시기를.

자의 황후의 공덕보은을 위해 건립된 우자선사佑慈禪寺의 전 주지이며, 전법을 잇는 신하인 승려 혜개, 삼가 말씀드리다.

표문
表文

소정이년정월초오일 공우천기성절 신승혜개 예어원년십이월초오일
紹定二年正月初五日 恭遇天基聖節。臣僧慧開 預於元年十二月初五日
인행념제 불조기연사십팔칙 축연금상황제 성궁만세만세만만세 황제
印行拈提[6]佛祖機緣四十八則 祝延今上皇帝 聖躬萬歲萬歲萬萬歲。皇帝
폐하 공원성명제일월 예산등건곤 팔방가유도지군 사해락무위지화
陛下 恭願聖明齊日月 叡筭等乾坤 八方歌有道之君[7] 四海樂無爲之化[8]。

자의황후공덕보인우자선사전주지전법신승혜개근언
慈懿皇后功德報因佑慈禪寺前住持傳法臣僧慧開謹言

---

6 염제拈提: 추려내는 것.

7 팔방가유도지군八方歌有道之君: 사방팔방에 있는 백성이 황제의 덕치德治를 찬양하는 노래를 한다는 뜻.

8 사해락무위지화四海樂無爲之化: 천하의 백성이 무사태평한 정치에 자연히 감화되어 즐겁게 지낸다. 사해는 사방에 있는 바다이지만 온 세상을 뜻한다.

중국에는 천자의 축일에 신하들이 여러 가지 물품을 선사하는 관습이 있었고, 무문 선사 역시 관습에 따라 그가 저술한《무문관》을 바쳐 이종理宗 황제의 생일을 축하한다는 내용이다.

"소정 2년(1229) 정월 5일, 황공하옵게도 금년도 황제 폐하의 탄생일을 맞이했습니다. 신하 승려 혜개는 작년 12월 5일, 미리 불조의 기연에 관한 이야기 48가지를 선별해서 하나하나 나름대로 견해를 붙여 인쇄, 간행하였습니다. 이것으로써 현재 황제이신 폐하의 옥체가 만만년에 걸쳐 오래하시길 축원합니다. 원컨대 황제 폐하의 지혜가 일월처럼 빛나시고, 수명은 천지가 순환하는 것처럼 한없으시고, 팔방에서 인민은 폐하의 덕이 있는 정도政道를 노래하고, 사해의 백성이 폐하의 무사태평의 정치를 즐기시기를."

'자의 황후'는 이종理宗의 생모이다. '우자선사佑慈禪寺'는 이종이 어머니의 공덕을 보은하기 위해 세운 절이다. '신승 혜개'라고 한 것은 승려인 자신을 신하라고 지칭하며 황제에 대한 극도의 존경을 보이는 표현이다.

무문 혜개無門慧開(1183-1260)는 남송대의 임제종 양기파 선사이다. 월림 사관月林師觀(1143-1217)의 법을 이었다. 이종 황제로부터 불안 선사佛眼禪師라는 호를 받았다.

선종무문관禪宗無門關

(무문 혜개無門慧開의 머리말)

불어심佛語心을 종宗으로 삼고 무문無門을 법문으로 한다.[1] 이미 무문인데 또 어째서 투득透得해야 한단 말인가. '문으로 들어가는 것은 자신의 보배가 못되고, 연緣으로 인해 얻은 것은 시종 성괴成壞한다'라는 말을 들어보지도 못했는가. 이 같은 설화는 바람이 없는데 공연히 파도를 일으키고 멀쩡한 피부에 긁어 부스럼을 내는 것과 같은 것이다. 그런데 어찌 언구에 걸려 머리로만 이해하려고 드는가. 방망이를 휘둘러 달을 치려 하고 신발 위에서 가려움을 긁으려 하니, 무슨 소용이 있

1 불어심위종佛語心爲宗 무문위법문無門爲法門: 이 언구는 일찍이 마조 도일(709-788)이 《능가경》의 〈아발다라보일체불어심품〉의 요지를 보여준 구절이다. '불어심'은 삼세제불三世諸佛이 설한 자성청정심自性淸淨心을 말한다.

겠는가.

혜개는 소정紹定 무자戊子년 여름, 동가東嘉의 용상龍翔에서[2] 대중의 수중首衆으로[3] 살았다. 납자들의 청익請益[4]으로, 고인의 공안을 문 두드리는 기왓장[5] 삼아 기機에 따라 학자를 인도했다. 마침내 이를 초록抄錄하니, 알지 못하는 사이에 책이 되었다. 처음부터 앞뒤 서열을 두지는 않았지만, (모아 놓으니) 모두 48칙이 되었다. 통칭《무문관》이라고 하였다. 만약 어떤 자가 위망危亡을 돌아보지 않고 단도직입한다면, 여덟 개의 팔을 가진 나타那吒[6]도 그를 막을 수 없을 것이다. 서천의 이십팔(四七) 조사,[7] 동토의 여섯(二三) 조사[8]라 해도 다만 그 위풍만 바라보고 목숨을 구걸할 뿐이다. 만약 주저한다면, 창을 넘어 달려가는 말을 보는 것처럼 눈을 껌벅하는 순간 이미 지나가버린다.

---

2 동가용상東嘉龍翔: 온주(절강성) 영가현의 북쪽에 있는 용상선사龍翔禪寺를 뜻함.

3 수중首衆: 수좌라고 함. 수행자 대중의 책임자.

4 청익請益: 한 번 가르침을 받은 후, 불분명한 점에 대해 다시 가르침을 청하는 것.

5 고문와자敲門瓦子: 진리의 문을 두드리는 기와.

6 팔비나타八臂那吒: naṭa는 아수라의 왕으로 천지를 지배하는 삼면팔비三面八臂의 대력귀왕이다.

7 서천사칠西天四七: 석존에서 달마까지 28인의 전등傳燈 조사.

8 동토이삼東土二三: 중국 초조 달마 대사부터 육조 혜능까지의 조사를 말함.

선 종 무 문 관
禪宗無門關

불어심위종 무문위법문 기시무문 차작마생투 기불견도 종문
佛語心爲宗 無門爲法門。旣是無門 且作麽生透。豈不見道 從門
입자불시가진 종연득자시종성괴 임마설화 대사무풍기랑호육
入者不是家珍。從緣得者始終成壞。恁麽說話 大似無風起浪好肉
완창 하황체언구멱해회 도봉타월 격화파양 유심교섭 혜개
剜瘡。何況滯言句覓解會。掉棒打月 隔靴爬痒[9] 有甚交涉。慧開
소정무자하 수중우동가용상 인납자청익 수장고인공안
紹定戊子夏 首衆于東嘉龍翔。因衲子請益 遂將古人公案
작고문와자 수기인도학자 경이초록 불각성집 초불사전후서열
作鼓門瓦子 隨機引導學者。竟爾抄錄 不覺成集。初不似前後叙列
공성사십팔칙 통왈무문관 약시개한 불고위망 단도직입 팔
共成四十八則。通曰無門關。若是箇漢 不顧危亡 單刀直入。八
비나타 난타부주 종사서천사칠 동토이삼 지득망풍걸명 설혹
臂那吒 攔他不住。縱使西天四七 東土二三 只得望風乞命。設或
주저 야사격창간마기 잡득안래 조이차과
躊躇 也似隔窓看馬騎 眨得眼來 早已蹉過。

【송】

대도무문,

천 갈래 길이 있네.

이 관을 투득하면

건곤을 독보하리라.[10]

송 왈
頌曰
대 도 무 문 천 차 유 로
大道無門 千差有路

---

9 도봉타월掉棒打月 격화파양隔靴爬癢: 세간에서 떠도는 상스러운 말. 즉 속언俗諺이다.

10 건곤독보乾坤獨步: 건곤은 하늘과 땅. 천지를 홀로 걷는다는 뜻. 독보는 고독이 아닌 고고孤高를 의미함.

투득차관 건곤독보
透得此關 乾坤獨步

해설

처음 일구一句로 올려진 '선종무문관'이라는 구가 이 책의 제목인지, 아니면 '선에는 문이 없다'라는 문장인지 분명하지 않다. 전통적인 해석에 따르면 이 책의 제목이라고 봐야 할 것이다.

'선종무문관'은 무문無門 선사가 직접 쓴 서문이다. 무문은 남송대 항주에서 태어나 78세에 입적入寂했다. 처음 천룡 굉天龍肱 선사에게 득도하였고 나중에 월림 사관月林師觀 선사에게 가서 '구자무불성狗子無佛性' 공안으로 열심히 정진했다. 6년간의 엄격한 수행 끝에, 어느 날 대북 소리를 듣고 홀연히 깨달았다.

동가東嘉의 용상사龍翔寺에 머물면서 48칙의 공안집《무문관》을 간행한 것은 무문 나이 46세 때였다. 64세 때는 칙명에 의해 호국 인왕사仁王寺를 열었고, 만년에는 서호西湖의 한적한 호반에서 유유자적하게 지냈다. 이러한 무문의 풍모를 노래한 송頌이 전해진다.

> "스님은 여위었지만 신령스러웠다. 말씀은 간결하지만 매우 깊음이 있다. 긴 머리와 수염, 너덜너덜한 헌 옷을 걸쳤다."

그에게는 '개도자開道者'라는 별명이 있다. 무문은 자신이 제창提唱한 이 공안집에 스스로 서문을 붙였는데, 내용이 해설적이거나 교설적이지 않고 당시 선사들이 주로 쓰는 간결한 시가詩歌 형태의 문체로 썼다.

첫머리에서 무문은 선의 근본적인 성격을 밝힌다.

“부처님이 설하신 마음을 종지로 삼고 무문을 법문으로 한다.”

이 두 구는 본래《능가경》에 있는 말로, 마조 도일 선사가 제자에게 사용했던 말이다. 무문은 이 구절을 인용하여 선을 간단히 정의한다. 선은 부처님이 말씀하신 속뜻, 즉 부처의 마음을 근본으로 삼는다. ‘불심佛心’ ‘묘심妙心’ ‘본래심本來心’ ‘청정심淸淨心’이라고 부르는 무상無相의 심체心體를 근본으로 한다. 따라서 모든 유형·무형의 교의, 교법을 설정하지 않는다. 정의나 한정이 없는 것, 즉 ‘무문’이야말로 선의 주요한 법문이라고, 선의 제일의第一義적인 입장을 명시한다. 그러면서도 “이미 무문인데 어째서 또 투득透得해야 한단 말인가”라며 ‘무문’에 대해 근본적인 물음을 던진다. 이미 무문이라고 하면 투득, 불투득은 없는 것이 아닐까. “자, 이 무문을 어떻게 해야만 투득할까.” 바로 이것이 수행자가 실제 부딪혀서 각자가 대답하지 않으면 안 되는 문제이다.

“문으로 들어가는 것은 자신의 보배가 아니고, 연으로 인해 얻은 것은 시종 성괴한다.” 이 말을 바꾸어 말한다면 참된 보배는 밖에서 들여오는 것이 아니라 자신의 집에 본래 비장秘藏되어 있는 것이니, 인연에 의해 취득한 것은 언젠가는 인연이 다하면 잃게 된다는 말이다. 즉 각자가 본래 가지고 있는 ‘이것’(청정심, 참된 보배)은 영원불변하고 불거불래不去不來한 것으로, ‘이것’이야말로 무문을 당당히 투과하며 무상無相으로 자유자재하게 활동하고 있다는 의미이다.

‘문으로 들어오는 것은 자신의 보배가 아니다’라는 말은 중국의 속담이다. 타인으로부터 받은 것은 가보로 소중히 간직할 것이 못 된다. 즉 자신에게 본래 있는 것이 영원한 가치가 있는 진보眞寶라는 말이다.

이 말은 덕산 문하의 암두 전활巖頭全豁(828-887) 선사가 그의 사제인 설봉 의존雪峰義存(822-908)과 주고받은 문답에도 나온다.

설봉이 암두 아래서 수행하고 있을 때, 암두는 설봉이 자신을 저버리고 밖에서 구하는 태도를 질책하며, "그대는 '문에서 들어오는 것은 자신의 보배가 아니다'라는 말을 알지 못하는가"라고 말했다. 설봉이 "그렇다면 어떻게 수행해야 좋을까요?"라고 반문하자, 암두는 "그대가 참된 선지禪旨를 얻어 선양하고 싶으면, 그대 가슴에서 우러나오는 '이것'을 수긍해야 한다. 그러할 때 바로 당장 내 앞에 내놔보라"라고 답했다.

무문은 또 "이 같은 설화說話는 바람이 없는데 공연히 파도를 일으키고, 멀쩡한 피부에 긁어 부스럼을 내는 것과 같은 것이다"라며 무문 자신이 각 공안에 대해 비평한 것이 무의미한 짓이었다고 말한다. '이 같은 설화'는 무문이 비평한 48칙 공안을 가리킨다.

이어서 묻는다. "그런데 어찌 언구에 걸려 머리로만 이해하려 드는가." 많은 설화를 내놓은 것도 쓸데없는 일인데, 더구나 그 설화의 문자나 언구에 매달려 선을 머리로 이해하려고 하는 것은 마치 방망이를 휘둘러 달을 치려 하고, 신발 위에서 가려운 발을 긁는 것처럼 어리석은 짓이라고 질타했다. 이런 어리석은 짓은 선의 제일의第一義와는 아무 상관이 없다는 것이다. 이렇게 선사는 혹독한 표현을 사용하며 납자들이 선의 제일의에 서서 선의 진수, 선의 절대성에 눈 뜨게 하려고 했다.

무문은 계속해서 이 책을 저술한 유래를 밝힌다.

"혜개는 소정紹定 무자戊子년 여름, 동가東嘉의 용상龍翔에서 대중의 수좌首座로 살았다. 납자들의 청익請益으로, 고인의 공안을 문 두드리는 기왓장 삼아, 기機에 따라 학자를 인도했다."

혜개 자신이 소정 무자년(1228)에 동가의 용상사에서 여름 안거를 지냈고, 소임은 수좌였다는 것을 밝히고 있다. 그때 학인을 지도하는 입장에 있었는데, 학인들이 수행을 위한 교시를 받고 싶다고 하여, 생각 끝에 옛 선사들의 공안을 진리의 문(법문)을 두드리는 기왓장 삼아, 학인 각각의 역량과 경향에 따라 지도했다는 것이다.

"마침내 이를 초록抄錄하니, 알지 못하는 사이에 책이 되었다. 처음부터 앞뒤 서열을 두지는 않았지만, 모아 놓으니 모두 48칙이 되었다. 통칭《무문관》이라고 하겠다."

공안을 선별하고 이를 평어評語한 글이 어느새 상당한 양이 되어 48칙이나 되는데, 이 공안들은 그때그때 한 칙씩 비평한 것으로, 처음부터 전후를 고려해서 서열을 매긴 것이 아니었다고 한다. 이 공안들을 한 권의 책으로 편집하여《무문관》이라고 명칭을 붙였다고 밝힌다.

소정 원년은 무문이 46세 때로, 남송의 국력이 점차 쇠퇴하여 말로에 이르러 나라가 극히 혼란한 시기였고, 선종계도 최전성기의 활력을 잃어가고 있었다. 따라서 운수들의 수행에 올바른 길잡이가 될 만한 책이 필요했던 시기였다. 이럴 즈음에 편찬된 무문의《무문관》은 시의적절하게 선 수행자들의 요구에 부응하여 실천적 참구參究의 방향을 제시하게 되었다.

"만약 어떤 자가 위망을 돌아보지 않고 단도직입한다면", 즉 진실로 용기 있는 장부가 있어서 신명을 아끼지 않고 단칼에 이 관문(공안)으로 돌파해 들어간다면, "여덟 개의 팔을 가진 나타도 그를 막을 수 없다", 즉 불법을 수호하는 나타같은 인왕천仁王天이라고 해도 가로막지 못한다고 하였다.

"서천의 이십팔(四七) 조사와, 동토의 여섯(二三) 조사라 해도 다만 위풍만을 바라보고 목숨을 구걸할 것이다." 인도 석존부터 28명의 불조와, 중국 초조 달마부터 6조 혜능까지 조사들이 모두 나온다고 해도, 그의 위풍을 바라보는 것만으로 목숨을 살려달라고 한다는 것이다.

"만약 주저한다면 창 넘어 달리는 말을 보는 것같이, 눈을 껌벅하는 순간 이미 지나가버린다." 구도의 길에서 한순간이라도 한눈을 판다면, 창문 너머로 말이 질주하는 것을 보는 것처럼, 찰나에 진리를 놓쳐버린다는 뜻이다. 이상의 취지를 송으로 노래하였다.

대도무문,
천 갈래 길이 있네.
이 관을 투득하면
건곤을 독보하리라.

광활한 길에는 들어가는 문이 없지만, 그 문은 어떤 길로도 통한다. 이 관문을 뚫고 들어갈 수만 있다면, 그 사람은 팔을 크게 흔들며 우주를 활보하는 자유인이 되리라. 무문투득을 다그치는 무문 선사의 일갈이다.

無門關
무문관

참학　비구 미연종소 편
參學의 比丘 彌衍宗紹 編

제1칙

조주의 개

조 주 구 자
趙州狗子

본칙

조주 화상에게 어느 승이 "개에게 불성이 있습니까, 없습니까?"라고 묻자, 조주가 말했다. "없다."

조 주 화 상　인 승 문　구 자 환 유 불 성 야 무
趙州和尙 因僧問 狗子還有佛性也無。
주 운　무
州云 無。

【평】

참선參禪은 오직 조사의 관關[1]을 뚫는 것이고, 묘오妙悟[2]는 심로心路[3]를 다하여 끊는 것이다. 조사의 관을 뚫지 않고 심로가 끊어지지 않으면, 이는 모두 풀이나 나무에 붙어사는 정령精靈일 뿐이다. 자, 말해보라. 조사의 관이란 무엇인가. 다만 이 '무無' 한 자字가 곧 종문宗門의 관문이다. 따라서 이것을 이름하여 '선종무문관禪宗無門關'이라 한다.

(이 관문을) 꿰뚫고 나아간 자는 다만 조주를 친견親見할 뿐 아니라 바로 역대조사와 손을 잡고 함께 가며, 눈썹을 서로 맞추어 똑같은 눈으로 보고 똑같은 귀로 듣게 된다. 어찌 경쾌하지 않겠는가.

이 관을 꿰뚫으려는 자는 없는가. 삼백육십 뼈마디, 팔만사천 털구멍을 가지고 온몸으로 의단疑團[4]을 일으켜 이 무無 자를 참구하며 밤낮으로 제시提撕[5]해보라. 허무라고 해도 안 되고 유무라고 해도 안 된다. 이는 뜨거운 쇳덩어리를 삼키는 것과 같아, 토하려고 해도 토해지지 않는다. 종전의 악지악각惡知惡覺을 탕진蕩盡하고 오래도록 무르익어 자연히 안팎이 한 덩어리로 되면, 벙어리가 꿈을 꾼 것 같이 다만 자신만이 스스로 알게 된다.

홀연히 타파하면 하늘이 놀라고 땅이 움직이고, 관우 장군의 큰 칼을 빼앗아 손에 쥐는 것과 같다. 부처를 만나면 부처를 죽이고 조사를 만나서는 조사를 죽이고, 생사의 언덕에서 대자재大自在를 얻고 육도사

---

1 조사관祖師關: 조사들이 학인을 깨침으로 이끌기 위해 설치한 관문으로, 고칙화두古則話頭라고 한다.

2 묘오妙悟: 절묘絶妙한 깨침.

3 심로心路: 심의식정心意識情을 뜻함.

4 의단疑團: 의심 덩어리.

5 제시提撕: '제'와 '시' 모두 손에 쥔다는 의미이다. 무 자 화두를 밤낮으로 참구한다는 의미 또는 스승이 수행자를 지도한다는 뜻도 있다.

생六道四生[6] 가운데서 유희삼매遊戲三昧[7]를 한다. 어떻게 하면 좋을까. 평생 기력을 다해 이 '무無' 자를 들라. 끊임없이 이렇게 한다면 법촉法燭에 불이 붙듯 바로 밝아질 것이다.

무문왈 참선수투조사관 묘오요궁심로절 조관불투 심로부절
無門曰 參禪須透祖師關。妙悟要窮心路絶。祖關不透 心路不絶
진시의초부목정령 차도 여하시조사관 지자일개무자 내종문일
盡是依草附木精靈。且道 如何是祖師關。只者一箇無字 乃宗門一
관야 수목지왈선종무문관 투득과자 비단친견조주 변가여역대
關也。遂目之曰禪宗無門關。透得過者 非但親見趙州 便可與歷代
조사 파수공행 미모시결 동일안견 동일이문 기불경쾌 막유요투
祖師 把手共行 眉毛厮結 同一眼見 同一耳聞 豈不慶快。莫有要透
관저마 장삼백육십골절 팔만사천호규 통신기개의단 참개무자
關底麽。將三百六十骨節 八萬四千毫竅 通身起箇疑團 參箇無字
주야제시 막작허무회 막작유무회 여탄료개열철환상사 토우토
晝夜提撕。莫作虛無會 莫作有無會。如吞了箇熱鐵丸相似 吐又吐
불출 탕진종전악지악각 구구순숙 자연내외타성일편 여아자득
不出。蕩盡從前惡知惡覺 久久純熟 自然內外打成一片 如啞子得
몽 지허자지 맥연타발 경천동지 여탈득관장군대도입수 봉불살
夢 只許自知。驀然打發 驚天動地 如奪得關將軍大刀入手 逢佛殺
불 봉조살조 어생사안두 득대자재 향육도사생중유희삼매 차작
佛 逢祖殺祖 於生死岸頭 得大自在 向六道四生中遊戲三昧。且作
마생제시 진평생기력거개무자 약불간단 호사법촉일점편착
麽生提撕。盡平生氣力擧箇無字。若不間斷 好似法燭一點便著。

【송】

개, 불성

불조의 정령이 완전히 드러났다.

---

6 '육도'는 중생이 업에 따라 생사유전을 반복하는 미혹한 세계이고, '사생'은 육도에서의 네 가지 생, 즉 태생·난생·습생·화생을 뜻한다.

7 유희삼매遊戲三昧: 더 이상 도를 닦을 필요가 없는, 도와 함께 도 그 자체가 되어 자유자재로 즐기는 경지.

조금이라도 유무로 건넌다면

몸을 다쳐 목숨을 잃게 된다.

구 자 불 성　전 제 정 령
狗子佛性 全提正令
재 섭 유 무　상 신 실 명
纔涉有無 喪身失命

해설

조주趙州는 본래 지명이지만, 여기서는 조주의 관음원에 주석한 종심從諗(778-897) 선사를 뜻한다. 그는 120세까지 살았던, 드물게 장수한 선사이다. 마조의 제자 남전 보원南泉普願(748-834)의 법을 이었다. 남전의 천화遷化(834)는 조주가 57세 때였고, 회창會昌의 법난法難으로 알려진, 당唐 무종武宗의 불교 대탄압(845)은 그가 68세 때의 일이었다. 임제 선사의 천화(867)는 조주가 90세 때였고, 앙산 선사의 천화(890)는 그의 나이 113세 때였다. 선사는 당의 말기, 창조적 선풍이 가장 번성한 시대를 살았다. 사람들은 그의 선풍을 평하여 '입술에서 빛을 뿜는다'라고 했다.

조주는 산동성 서남쪽 성 경계 근처인 조주부趙州府에서 태어났다. 어려서 절에 들어갔고, 이후 청년기에는 남전 선사 아래서 배워야겠다는 생각으로 지주池州로 옮겼다.

처음 남전 선사를 참방參訪했을 때, 남전은 잠시 옆으로 누워 쉬고 있었다. 남전이 물었다.

"최근 어디에 있었는가?"

"서상瑞像에 있었습니다."

"거기서 서상을 보았는가?"

"서상은 보지 못했지만 누운 여래는 보았습니다."

남전이 일어나 물었다.

"너는 스승이 있는가, 없는가?"

"계십니다."

남전이 "누군가?"라고 물으니, 조주는 두세 걸음 남전 가까이에 가서 예의를 갖추고, "몹시 춥습니다. 건강에 유의하시길 바랍니다"라고 했다. 남전은 그가 전망이 있다고 생각하고 제자로 허락했다.

조주는 남전 아래서 견실히 수행해나갔다. 남전이 천화遷化하고 3년 후, 조주는 '7세의 아이라도 나보다 뛰어난 자가 있다면 그에게 가르침을 청하겠다. 백 세의 노옹이라도 내 쪽이 우월하면 그를 가르치겠다'라고 원을 세우고 행각에 나섰다. 80세가 되기까지 20여 년간 선경연마禪境練磨의 행각은 계속되었다. 이후 관음원에 머물며 선풍을 거양擧揚하였는데, 그의 종풍은 극히 간명하고 일상적이었다. 예로《조주록》에는 이런 공안이 있다.

승이 조주에게 물었다. "무엇이 조주입니까?"

조주가 말했다. "동문 서문 남문 북문."

조주가 대중에게 삼전어三轉語를 보였다.

"이불泥佛(진흙으로 빚은 부처)은 물을 건너지 못하고 금불金佛은 용광

로를 건너지 못하고 목불木佛은 불을 건너지 못한다."

조주의 이러한 자유자재한 선법을 원오 극근은 '구순피선口脣皮禪'이라고 하였다. 조주의 전기에는 일련의 문답이 기록되어 있고, 무문도 이러한 문답을 충분히 알아, 조주의 위 공안을 간명 명확하게《무문관》제1칙으로 제시했다.

조주 화상에게 어느 승이 물었다.
"개에게도 불성이 있습니까, 없습니까?"

조주와 법전을 해보려고 물은 것이다. 몰라서 묻는 것이 아니다. 아마《열반경》의 "일체중생실유불성一切衆生悉有佛性(모든 중생은 불성을 가지고 있다)"이라는 말을 충분히 알고 이렇게 물었을 것이다. 조주는 바로 승의 복심腹心을 알아보고, "없다!"라고 말했다. 이후 승과 조주와의 문답이 계속되지만, 무문은 그다지 필요하지 않다고 여겼던지 이후의 내용은 생략하였다.《무문관》보다 5년 일찍 간행된《종용록》(1223) 제18칙에는 이 문답 전체가 자세히 기술되어 있다.

이 공안의 핵심은 '무'라고 한 조주의 대답에 있다. 승은 '있는가, 없는가'라고 두 갈래로 나누어 질문함으로써, 있다고 해도 답이 안 되고 없다고 해도 답이 안 되게 해서 조주를 곤란하게 하려 했던 것 같다. 조주는 승의 이 같은 잔꾀를 바로 알아보고 단숨에 분쇄해버렸다. '무'라고 하며 불성을 드러내 보인 것이다. 이때 '무'는 있다거나 없다고 할 때의 '무'가 아니라, '불성' '본래 자기' '진면목'을 가리키는 한마디이다. 불성이나 본래 자기는 보통 사람이 생각하는 그런 '자아'가 아니다. 불교적 관점에서 설명하자면 이는 공空이고 무아無我이다. 이 공과 무아를 자세히 논증하는 것이 불교 철학의 핵심이다.

그런데 불교 철학을 엄밀히 연구한다고 해도, 사상적으로 '무'를 이해할지는 몰라도 '공'이라고 하는 생생한 진실을 붙잡을 수는 없다. 무아의 진실에 환해질 수 없고 무아의 생활을 영위할 수도 없다. 불성, 본래 자기, 공, 무아 등 온갖 개념들을 동원하여 사상적으로 탐구해봐도 어쩔 수 없다. 또한 '무' 자의 강석講釋을 매번 들어도 도움이 되지 않는다. 그럼 어떻게 하면 '무' 자의 내용을 간파할 수 있을까. 어떻게 하면 '무' 자를 생생한 그대로 붙잡을 수 있을까.

오히려 처음부터 '무'라는 한 마디로 그 속을 파헤쳐, 그 사실을 붙잡는 것이 무엇보다 중요하다. 이렇게 하는 것이 이 '무' 자 공안을 참구하는 요령이다.

"참선은 오로지 조사의 관을 뚫는 것이다."

무문 화상은 자신이 이 '무' 자 공안으로 6년간이나 고심한 끝에 깨달음을 체험했기 때문에 이 공안을 강력히 제창하였다. 참선은 선 수행이다. 조사의 관이란 '무' 자 공안을 뜻한다. 적어도 선 수행을 하는 자라면 당연히 이 '무' 자 공안을 투과해야 한다.

"묘오妙悟는 심로心路를 다하여 끊는 것이다."

묘오는 깨닫는다는 뜻으로, 여기서는 '무' 자를 견파見破하는 일을 말한다. '무' 자를 부수는 일은 사상적으로 연구해서는 안 된다. 인식이나 추리나 개념은 도움이 안 된다. 그러한 것을 전부 버리는 일을 '심로心路를 다하여 끊는다'고 하는 것이다. 심로를 끊지 않고서는 조사의 관을 절대로 투과할 수 없다.

조사의 관을 투과하지 않고 심로를 끊지 않으면 "모두 풀이나 나무에 붙어사는 정령精靈일 뿐이다." 어떠한 대학자나 도덕가, 도道의 달인이라도 깨치지 않으면 범부의 미혹을 부술 수 없다. '풀이나 나무에 붙어사는 정령'은 미혹한 범부를 빗대어 표현한 말이다.

"자, 말해보라. 조사의 관이란 무엇인가?"

답해보라고 문제를 제기한다. 그러고는 "다만 이 '무' 한 자가 곧 종문宗門에서 가장 중요한 선종 제일의 관문이다. 따라서 이것을 이름하여 '선종무문관禪宗無門關'이라 한다"라며 이 책을 짓는 목적과 제목의 의미를 보인다.

"(이 관문을) 꿰뚫고 나아간 자는 다만 조주를 친견親見할 뿐 아니라, 바로 역대조사와 손을 잡고 함께 가며, 눈썹을 서로 맞추어 똑같은 눈으로 보고 똑같은 귀로 들을 수 있을 것이다. 어찌 경쾌하지 않겠는가!"

즉 '무' 자 공안을 꿰뚫으면 바로 조주 화상의 복심도 알고 역대조사의 마음도 잘 알아, 역대조사들과 눈썹과 눈썹이 서로 이어질 정도로 친하게 되고 견해가 같아져서, 대안심大安心, 대만족大滿足의 경지를 얻게 된다고 말하며 우리의 구도심을 불러일으키고 있다. 그러고는 이 관을 투과하려는 납자들에게 다음과 같이 수행하라고 '무' 자 공안 참구 방법을 친절하고 간절하게 보여준다.

"삼백육십 뼈마디, 팔만사천 털구멍을 가지고 온몸으로 의단을 일으켜 이 '무' 자를 참구하며 밤낮으로 들어보라[제시提撕]. 허무라고 해도 안 되고 유무라고 해도 안 된다."

이것이 첫 번째 마음가짐이다. 전신전령全身全靈으로 몰두하여 '무자란 무엇인가'라고 대의단大疑團을 일으켜 다만 '무' 자 삼매가 되는 것이다. 밤낮으로 올곧게 수행하며 무 자를 놓지 말며, 무 자가 허무사상이라고 생각해서도 안 되고, '유'에 대한 '무'라고 생각해서도 안 된다. 이것 역시 중요한 마음가짐이다. 이렇게 하면 이치가 다하고 감정이 떨어져 '무 자가 무엇인가'라고 하는 대의단만 남게 되어, 앉아도 서도 오로지 삼매에 들어 무 자와 온몸이 한 덩어리가 된다.

"이는 뜨거운 쇳덩어리를 삼키는 것과 같아, 토하려고 해도 토해지지 않는다."

그렇게 되면 토하지도 삼키지도 못할 것 같은 진퇴양난의 상태가 되어버린다는 것이다. 이렇게 하는 것이 선 수행에서 공안을 참구하는 모습이다.

"종전의 악지악각惡知惡覺을 탕진蕩盡하고 오래도록 무르익어 자연히 안팎이 한 덩어리로 되면, 벙어리가 꿈을 꾼 것 같이 다만 자신만이 스스로 알게 된다."

태어나서 지금까지 배우고 익힌 경험과 후천적 지식, 즉 견성을 방해하는 '악지악각'이 도려내져 사라진다는 것이다. 그리고 그러한 상태로 상당히 오랜 시간이 지나면 '무' 자와 자신이 하나가 되어, 주관과 객관이 하나가 되고, 자신도 잊고 일체를 다 잊어 다만 '무' 자가 되는 것이다. 그 경지는 언어로 표현할 수 없는 것이라 마치 벙어리가 꿈에 본 것을 사람들에게 설명할 수 없는 것과 같다.

"홀연히 타파하면 하늘이 놀라고 땅이 움직이고, 관우 장군의 큰 칼을 빼앗아 손에 쥐는 것과 같다. 부처를 만나면 부처를 죽이고 조사를 만나서는 조사를 죽이고, 생사의 언덕에서 대자재를 얻고 육도사생六道四生 가운데서 유희삼매遊戲三昧를 한다."

그러는 가운데 갑자기 폭발한 것처럼 견성하면 참으로 굉장한 일이 아닌가. 마치 천지가 뒤집히는 것 같은 놀라운 심경이 열린다는 것이다.

관우關羽(?-219)는 중국 삼국시대, 촉나라 유비의 신하로서 관운장關雲長이라고도 한다. 그는 언제나 청룡도를 휘두르며 강적을 물리쳤다. 우리가 한번 견성하면 마치 관우 장군의 명검을 빼앗아 휘두르듯 훌륭한 작용을 할 수 있다는 것이다. 즉 부처를 만나도 조사를 만나도 단칼에 베어버릴 수 있다는 것인데, 이는 무슨 뜻일까. 부처님의 가르침을 들어도 그 말에 구애되지 않고, 조사의 법어를 들어도 그 언구에 구애되지 않는다는 것을 강하게 표현한 말이다. 따라서 빈고貧苦에 처해도 우울하지 않고 부귀를 얻어도 교만하지 않으며 당당히 훌륭한 인생을 살아갈 수 있다는 말이다. 또한 언제 죽음에 직면하든 유유히 응하여 적당한 태도를 취하게 된다는 것이다. 그리고 지옥·아귀·축생·수라·인간·천상 등의 육도의 세계에서, 태생胎生·난생卵生·습생濕生·화생化生 등 무엇으로 태어나도, 결코 순역順逆의 경지에서 번민하는 일이 없고, 마치 아이들이 희희낙락하며 티 없이 즐겁게 노는 것과 같이 언제나 유쾌한 생활을 만끽하며 살아간다는 것이다.

"어떻게 하면 좋을까. 평생 기력을 다하여 이 '무' 자를 들라. 끊임없이 이렇게 한다면 법촉法燭에 불이 붙듯 바로 밝아질 것이다."

이처럼 훌륭한 생활을 이루기 위해서는 어떻게 하면 좋을까. 어떤 방식으로 이 무 자 공안을 잡아가야 할까? 평생 기력을 다하여 이 무 자를 들어야 한다. 체력이 다하고 정신력이 다할 때까지 버틸 수 있을 만큼 버티며, 게으르지 말고 언제나 '무!' 하고 이 무 자를 온몸으로 드는 것이다. 선 수행자는 중지하거나 쉬면 안 된다. 무 자를 참구하기 시작했다면, 무 자를 투과할 때까지 맹렬히 삼매를 계속해 나아가야 한다.

견성을 목적으로 하는 수행은 단숨에 몰아붙여 해내야 한다. 그러면 마치 초에 불을 한 점 붙이면 법의 등불이 일시에 확 밝혀지듯, 바로 견성하여 천년의 어둠도 일거에 밝아지게 된다. 즉 오랜 시간 미혹에 빠져 있던 인생 문제도 우주 문제도 단숨에 해결된다는 것이다.

송은 개의 불성을 노래하고 있다.

"개! 불성! 불조의 정령正令이 완전히 드러났다."

'구자불성狗子佛性'이라는 이 한마디가 불도의 전부임을 말하고 있다. 그것을 '불조의 정령正令이 완전히 드러났다'라고 하였다.

"조금이라도 유무有無로 건넌다면 몸을 다쳐 목숨을 잃게 된다."

개에게 불성이 있다거나 없다거나 하는 그런 쓸데없는 망상을 머리에 그린다면, '개(부처의 생명)'라는 절대가치를 놓쳐버리게 된다는 것이다. 개는 개로서의 절대적 가치를 지니고 있는데, 현실에서 우리는 거짓된 망상으로 개의 존엄성 즉 불성을 간과하고, 불성이 있느냐 없느냐 하는 철학적 문제에만 매달리고 있다는 것이다. 그래서 무문 화상은 '몸을 다치고 목숨을 잃는다'라고 우리에게 주의 주고 있다.

제2칙

백장의 여우

백장야호
百丈野狐

본칙

백장 화상이 설법할 때면, 어떤 노인이 언제나 대중과 함께 법문을 들었다. 대중이 물러나면 노인 역시 물러났다. 그런데 어느 날은 자리를 떠나지 않았다. 백장 선사가 물었다.

"면전에 서 있는 자는 누군가?"

노인이 말했다.

"예, 저는 사람이 아닙니다. 과거 가섭불迦葉佛[1] 때부터 일찍이 이 산에 살았습니다. 그런데 어떤 학인이 '대수행자도 인과因果에 떨어집니

---

1 과거 가섭불迦葉佛: 석존 이전에 과거 7불이 있었는데, 제6번째의 부처님이다. 다시 태어나 석가불이 되었다. 과거불을 의미한다.

까?'라고 물어서 저는 '인과에 떨어지지 않는다'라고 했습니다. 그랬더니 오백 생 동안 여우의 몸이 되었습니다. 지금 청하오니, 화상께서 한 말씀[일전어一轉語][2]을 내리시어 제가 여우의 몸을 벗게 해주십시오. 대수행자도 인과에 떨어집니까?"

선사가 말했다.

"인과에 어둡지 않다."

노인은 이 한 마디에 크게 깨치고 예의를 갖추어 말했다.

"저는 이제 여우 몸을 벗어 뒷산에 두겠습니다. 감히 화상께 말씀드립니다. 바라옵건대, 망승[3]의 사례에 따라 해주십시오."

선사는 유나[4]에게 종을 치게 하고 대중에게 알렸다.

"공양 후 망승을 보내주어야 하겠다."

그러자 대중은 속으로 '대중이 모두 편안하고 더구나 열반당[5]에도 병든 자가 없지 않은가. 무엇 때문에 이 같은 말씀을 하실까'라고 의아해하였다.

공양 후 선사는 대중을 거느리고 뒷산 바위 아래에서 죽은 여우 한 마리를 주장자로 끄집어내 바로 화장하였다. 선사는 저녁에 상당[6]하여 앞에 있었던 인연에 대해 말했다. 황벽이 바로 물었다.

"고인은 말 한마디 잘못해서 오백 생 동안 여우의 몸이 되었습니다.

---

2 일전어一轉語: 한마디 말로 상대를 전미개오轉迷開悟시키는 힘을 가진 어구.

3 망승亡僧: 입적한 승려

4 유나維那: 선림禪林에서 대중을 독려하고 대중의 소임을 총괄하는 역할이다. 대중의 법열法悅을 유발시킨다고 하여 '열중悅衆'이라고도 한다.

5 열반당涅槃堂: 연수당延壽堂이라고도 하는데, 병든 승려가 요양하는 당사이다.

6 상당上堂: 설법하기 위해 놓인 법단에 오른다는 의미.

만약 잘못 말하지 않았다면 어떻게 되었겠습니까?”

선사가 말했다.

“가까이 오라, 그대에게 말해주겠네.”

황벽이 가까이 가서 바로 선사의 빰을 한 대 쳤다. 선사는 손뼉을 치며 웃으면서 말하였다.

“언제나 호인[7]의 수염은 붉다고 생각했는데, 여기에 붉은 수염의 호인이 있었네.”

백장화상 범참 유일로 상수중청법 중인퇴노인역퇴 홀일일불
百丈和尙 凡參[8]有一老 常隨衆聽法。衆人退老人亦退。忽一日不
퇴 사수문 면전립자복시하인 노인운 낙모갑비인야 어과거가
退。師遂問 面前立者復是何人。老人云 諾某甲非人也。於過去迦
섭불시 증주차산 인학인문 대수행저인 환락인과야무 모갑대운
葉佛時 曾住此山。因學人問 大修行底人 還落因果也無。某甲對云
불락인과 오백생타야호신 금청화상대일전어귀탈야호 수문
不落因果。五百生墮野狐身。今請和尙代一轉語貴脫野狐。遂問
대수행저인 환락인과야무 사운불매인과 노인어언하대오 작례
大修行底人 還落因果也無。師云不昧因果。老人於言下大悟 作禮
운 모갑이탈야호신 주재산후 감고화상 걸의망승사례 사령무
云 某甲已脫野狐身 住在山後。敢告和尙。乞依亡僧事例。師令無
유나백추고중 식후송망승 대중언의 일중개안 열반당우무인병
維那白槌告衆 食後送亡僧。大衆言議 一衆皆安 涅槃堂又無人病。
하고여시 식후지견사령중 지산후암하 이장도출일사야호 내의
何故如是。食後知見師領衆 至山後巖下 以杖挑出一死野狐 乃依
화장 사지만상당 거전인연 황벽변문 고인착기대일전어 타
火葬。師至晩上堂 擧前因緣。黃檗便問 古人錯祇對一轉語 墮
오백생야호신 전전불착합작개심마 사운 근전래여이도 황벽수
五百生野狐身 轉轉不錯合作箇甚麽。師云 近前來與伊道。黃檗遂
근전 여사일장 사박수소운 장위 호수적 갱적수호
近前 與師一掌。師拍手笑云 將謂 胡鬚赤 更赤鬚胡。

---

7 호인胡人: ‘호’는 중국인이 서북방의 야만인을 부르는 대명사. 붉은 수염을 한 외국인이라는 뜻으로 여기서는 부처님이나 달마를 가리킨다.

8 ‘참參’은 선사가 직접 학인에게 설법하고 수행을 격려한다는 뜻이다. 법문을 마치고 ‘참!’(종지를 바로 참구해보라!)이라고 크게 소리치기도 한다. 여기서 참은 ‘법문을 마칠 때’라는 의미다.

【평】

'인과에 떨어지지 않는다'라고 했는데, 어째서 여우 몸으로 떨어졌을까. '인과에 어둡지 않다'라고 했는데, 어째서 여우의 몸을 벗어날 수 있을까. 만약 여기를 향해 일척안[9]을 얻으면, 백장 앞에 있는 사람이 오백 생의 풍류를 쟁취한 것을 문득 알 것이다.

무문왈 불락인과 위심타야호 불매인과 위심탈야호 약향자리
無門曰 不落因果 爲甚墮野狐。不昧因果 爲甚脫野狐。若向者裏
착득일척안 변지득전백장영득풍류오백생
著得一隻眼 便知得前百丈贏得風流五百生。

【송】

불락과 불매,

한 주사위의 두 무늬라,

불매와 불락,

천 번 틀리고 만 번 틀리네.

불락불매 양채일새
不落不昧 兩采一賽
불매불락 천착만착
不昧不落 千錯萬錯

---

9 일척안一隻眼: 육안으로는 볼 수 없는 진실을 꿰뚫는 깨달음의 눈.

백장은 백장산百丈山 대지원大智院의 회해懷海(749-814) 선사이다. 그의 생존 시기는 당대唐代로, 선이 중국에 번성하기 시작한 때이다. 마조 도일(709-788)의 법을 이었다. 그는 수행 도량의 규율인 청규淸規를 제정하였으며, 이로써 선종은 율원의 더부살이에서 독립되었다. 백장은 '하루 일하지 않으면 하루 먹지 않는다(일일부작 일일불식一日不作一日不食)'라는 규율을 다음과 같은 일화에서 행동으로 잘 보여준다.

백장은 고령의 나이인데도 젊은 납자들과 함께 노동을 하며 하루도 쉬는 일이 없었다. 그래서 수행자들이 죄송스러워하며 백장에게 그만두시라고 여러 번 부탁했다. 그러나 백장은 도량의 규칙에 따라야 한다며 쉬지 않았다. 대중은 꾀를 내어 백장 스님의 연장을 몰래 숨겨, 일을 못 하도록 하였다. 그런데 점심 공양 시간이 되어도 백장 스님이 공양하러 나오지 않았다. 몸이 좋지 않은지 물으니 그렇지 않다고만 대답하였다. '왜 공양을 들지 않습니까'라고 물으니, '하루 일하지 않았으니 하루 먹지 않겠네'라고 대답했다. 이로써 백장의 '일일부작 일일불식'은 선종의 대표적인 규율이 되었다.

본칙 공안의 중심문제는 업業과 해탈의 관계이다. 피할 수 없는 인과의 대법칙을 어떻게 벗어날 수 있을까 하는 것이 이 공안에서의 문제이다.

영가 현각은 〈증도가〉에서 "깨달으면[료了] 업장은 본래 공이다. '료' 하지 못하면 또한 모름지기 숙책宿債(묵은 빚)을 갚아야 한다"라고 하였다. '업', 즉 전생에서부터 이어진 인과의 고리를 자세히 밝혀보면, 그것은 본래 공성空性이다. 이를 완전히 이해하면 그대로 인과의 고리가 풀린다. 그러나 그것을 알지 못하면 점점 업장에 휘말려, 전생에 지은 빚을 갚지 않으면 안 된다. 이 공안에서는 이러한 '인과'와 '공성'의 문제를 다루고 있다.

위 공안의 제목은 '백장과 여우'이다. 여기서 '여우'가 상징하는 의미는 무엇일까. 선가禪家에는 진리의 당체當體를 가리키는 고정된 용어가 없다. 기독교에서는 '신God'이라 하고, 유대교에서는 '여호와', 이슬람교에서는 '알라', 정토교에서는 '아미타불', 화엄종에서는 '비로자나불', 천태종에서는 '묘법'이라고 하는 등, 각 종파마다 각각 특정한 용어로 진리의 당체를 표현하지만, 선가에서는 절대 그러지 않는다. 진리를 '무엇'으로 규정하는 순간, 그것은 하나의 '개념'으로 화석화化石化되어 생동하는 생명력을 잃기 때문이다. 따라서 선가에서는 그때그때 적절한 용어를 사용한다. '무 자無字' '구자狗子' '여우' '손가락' '수염' '전나무' '마삼근麻三斤' 등, 닥치는 대로 그때그때 눈앞에 보이는 것들을 사용하여, '우주는 하나'라고 하는 참된 사실, 즉 '진실한 나'를 나타내고자 한다. 이 공안에서의 여우는 그러한 의미이다. '여우'라는 말로 참된 자기의 본성을 보인 것이다. 그 '본성'을 사상적으로 설명하는 것이 불교 교리이며, 그 본성의 공능功能을 자기 생활로, 자기의 인격으로 삼는 것이 선 수행이다.

백장 화상이 설법할 때면 언제나 어느 노인이 대중 뒤에 앉아서 법을 들었다. 대중이 그 자리를 뜨면 그 노인도 역시 그 자리를 떴다. 매일 그렇게 하므로 아무도 눈치채지 못했다. 그러던 어느 날, 설법이 끝난 뒤 노인만이 그 자리에 남아 있었다. 백장이 노인을 보고 물었다.

"거기에 서 있는 자는 누구인가?"

노인이 대답했다.

"예. 실은 저는 인간이 아닙니다. 아주 먼 옛날 과거불인 가섭불 시대에 저는 이 산에서 주지를 하고 있었습니다. 어느 때 한 수행자가 저에게 '깨달음을 얻은 자도 인과법칙에 의해 세상에 떨어집니까?'라고 물어, 저는 '인과에 떨어지지 않는다'라고 대답했지요. 그 때문에 저는 여우가 되어 오백 번이나 생사를 왕래하게 되었습니다. 스님께 바라옵건대, 저에게 일전어一轉語를 말씀해주신다면 여우의 몸에서 벗어날 것 같습니다."

노인의 물음은 '철저히 깨친 자도 원인 결과의 법칙에 지배를 받는가?' 하는 것이다. 그때 백장은 "불매인과不昧因果", 즉 석가도 미륵도 인과에 어둡지 않다고 대답했다. 노인은 이 말 한마디에 크게 깨치고 예배를 하고 말했다.

"저는 덕분에 이제 여우의 몸을 벗어나게 되었습니다. 그리고 저의 죽은 몸뚱이는 이 뒷산 바위 아래에 두겠습니다. 승려의 장의葬儀에 따라 처리해주십시오."

이 대화는 백장 이외의 누구도 듣지 못했다. 그래서 백장은 자신의 처소로 돌아가 산중의 기강을 담당하는 유나維那를 불러, "점심 공양이 끝난 후 망승의 장례식을 치를 테니 대중에게 그렇게 전하라"라고 말했다. 대중은 소란했다. "우리 모두 건강하고, 병든 납승을 위한 열반당에도 아무도 없지 않은가. 그렇게 말씀하는 데는 무슨 이유가 있겠지"라고 하며 모두 궁금해하였다. 점심 공양 후, 백장은 대중을 데리고 백장산 깊은 바위 아래로 가서, 주장자로 죽은 여우를 꺼내 화장을 했다.

저녁에 백장은 법좌에 올라 위의 이야기를 대중에 들려주었다. 그러자 황벽이 말했다.

"그 노인은 말 한마디를 잘못해서 오백 생 동안 여우의 몸으로 떨어졌다고 하셨습니다. 만약 일전어에 대해 잘못 말하지 않았다면 끝내는 어떻게 되었겠습니까?"

즉 여우가 인간이 되고 인간이 천인이 되고 천인이 보살이 되고 보살이 부처가 된다면, 부처는 이제 무엇이 되겠습니까, 갈 곳이 없다면 곤란하지 않습니까, 하며 노사에게 큰 소리로 질문한 것이다. 이에 백장이 대답했다.

"이곳으로 오게, 말해줄 테니."

황벽은 앞으로 나아가 느닷없이 백장의 뺨을 때렸다. 그러자 백장은 손뼉을 치고 웃으면서 말했다.

"언제나 호인의 수염은 붉다고 생각했는데 여기에 붉은 수염의 호인이 또 있었네."

수염은 '도적盜賊'을 의미하며, 이 구는 도적만이 도적을 알아본다는 뜻이다. 말하자면, '자신만이 대장부라고 생각했는데 그대 또한 나를 이기는 대장부로구나'라고 백장이 황벽을 칭찬하는 말이다. 지음동지知音同志라고 볼 수 있겠다.

황벽 희운黃檗希運(?-850)은 홍주 황벽산으로 출가했으며, 진주 용흥사에서 선법을 선양했다. 백장을 참례하고 그의 법을 이었으며, 제자로 임제 의현이 있다. 전기에 의하면 황벽은 신장이 7척(약 2미터)이며,

언제나 땅에 이마를 대고 부처님께 예배하여 혹이 나서 이마가 불룩 솟은 것이 마치 육주肉珠와 같았다고 한다. 황벽의 말씨는 맑고 윤기가 흘렀고, 기풍은 용솟음치는 물처럼 담담하고 위엄이 있었다고 한다.

한편, 윗글에는 황벽이 백장의 뺨을 쳤다고 되어 있지만, 실은 스승에게 뺨을 치려는 자세를 보였다고 보아야 할 것이다. 선사는 법단 위에 서 있고 법단 아래서 학인이 묻는 상황이므로, 아무리 황벽이 키가 크고 팔이 길다 하더라도 스승 백장의 얼굴까지는 손이 미치지 못할 것이고, 설사 손이 얼굴에 닿았다 해도 정말로 친 것은 아닐 것이다. 백장은 선원에서 가장 큰 어른인데, 실참실구實參實究하는 학인이 대중 앞에서 스승께 그렇게 무례한 행동을 보인다는 것은 상식적으로 도저히 용납될 수 없는 일이다. 다만 황벽은 '가까이 와보라, 말해주겠다'라는 백장의 속뜻을 곧장 알아차리고, '말로는 진리를 보일 수 없으니 말씀은 그만두시라'는 의미를 전달하기 위해, 무언의 행동으로 팔을 뻗어 휘둘러 보였을 것이다.

무문이 평하여 말했다.

"인과에 떨어지지 않는다고 했는데, 어째서 여우 몸으로 떨어졌을까. 인과에 어둡지 않다고 했는데, 어째서 여우 몸을 벗어날 수 있을까. 만약 여기를 향해 일척안一隻眼을 얻으면, 백장 앞에 있는 사람이 오백 생의 풍류를 쟁취한 것을 문득 알 것이다."

어째서 '불락인과不落因果'라고 대답해서 여우로 떨어졌고, '불매인과不昧因果'라고 답해서 여우를 벗어났는가. 이 문제에 대해 일척안一隻眼, 즉 마음의 눈으로 명확히 그 단적인 사실을 알아차릴 수 있다면, 백장 앞에 선 노인이 오백 생을 여우로 살았던 것도 사실 매우 풍요롭고 유쾌한 생활을 한 것임을 알 수 있을 것이다.

송에서 말하였다.

"불락과 불매, 한 주사위의 두 무늬라. 불매와 불락, 천 번 틀리고 만 번 틀리네."

불락과 불매는 하나의 주사위에 새겨진 두 무늬와 같다. 완전히 깨달은 사람이 말하면 동일한 의미(하나의 주사위)의 말이지만, 깨닫지 못했거나 혹은 깨달았다 해도 깨달음이 철저하지 못하면, 불락인과라고 해도 불매인과라고 해도(두 무늬 중 어느 하나라 해도) 모두 틀렸다는 의미이다. 좀 더 구체적으로 설명하자면, 불락인과와 불매인과가 한가지라는 사실을 딱 알아차리면 좋겠지만, 불락인과와 불매인과를 둘로 보면, 이는 사상思想이지 사실이 아니다. 즉 불락인과도 불매인과도 하나의 사실의 양쪽 단면을 관찰한 인식으로, 사실과는 거리가 멀다.

'나'라고 하는 사실, 즉 '참된 여우'를 둘로 분해하면 '인연'과 '공성空性'이 된다. 인연이란 조건의 일이다. 모든 현상은 조건에 따라 나타나 조건에 따라 변화하고, 조건이 없어지면 현상도 또한 없어진다. 이는 모든 현상에 고정성이 없기 때문이다. 모든 현상은 다만 조건에 따라 나타나는 순간적인 모습에 지나지 않는다. 이것을 '공성'이라고 하는 것이다. 모든 현상, 모든 존재는 각각 그 본성이 공이고 실체가 없다. 실체가 없으므로 나타나기도 하고 감춰지기도 하고 가지가지로 변화하는 것이다. 어떻게 변화해도 그것은 다만 인연의 모습이다. 바꾸어 말하면, 조건에 따라 그때그때 나타난 모습만 있고 실체는 없다.

실체가 없는 쪽을 '불락인과'라고 하고 조건대로 변화하는 쪽을 '불매인과'라고 할 뿐이다. '실체 없음'은 '조건대로 변화함'을 증명하고,

'조건대로 변화함'은 '실체 없음'을 입증하는 것이다. 즉 불락인과는 불매인과를 증명하고 불매인과는 불락인과를 증명한다. 그러므로 철저히 깨달은 사람은 불매라 말해도 불락이라 말해도 틀림없지만, 거짓으로 깨달은 사람은 무엇이라고 말해도 진실에 들어맞지 않는다고 무문이 노래하고 있다.

공성을 참으로 투득透得하면, 인과의 법칙에 따라 무엇이 되어도 이의異議가 없다. 언제나 순간순간의 생활에 만족하고 안주한다. 이를 해탈이라고 하는 것이다. 그래서 여우가 되었다면 여우로 좋다. 인간이 굳이 무엇이 되어야 할 필요는 없다. 반드시 부처가 되어야 한다는 생각마저 없을 때 성불이라고 하는 것이다. 견성성불見性成佛이란 이러한 의미의 성불을 가리키는 것이다.

제3칙

구지의 손가락

구 지 수 지
俱胝竪指

본칙

구지 화상은 누가 뭔가를 물으면 오직 손가락을 든다. 어느 날 한 방문객이 (구지 화상의 처소에 있는) 동자에게 화상은 무슨 법요法要를 설하는지 물으니, 동자 역시 손가락을 세웠다. 구지가 (후에 이 말을) 듣고 바로 칼로 (동자의) 손가락을 잘랐다. 동자는 아파서 큰 소리로 울며 나가버렸다. 구지가 그를 부르니 동자가 고개를 돌렸다. 구지는 바로 손가락을 세웠다. 동자는 홀연히 깨달았다.

구지는 후일 세상을 떠날 때 대중에게 말했다. "나는 천룡에게 손가락 선을 배워 깨닫고, 일생 써먹어도 다하지 못했다." 말을 마치고 입멸入滅했다.

구지화상 범유힐문 유거일지 후유동자인외인문 화상설하법요
俱胝和尙 凡有詰問 唯擧一指。後有童子因外人問 和尙說何法要。
동자역수지두 지문 수이도단기지 동자부통호곡이거 지복소지
童子亦竪指頭。胝聞 遂以刀斷其指。童子負痛號哭而去 胝復召之。
동자회수 지각수기지 동자홀연령오 지장순세 위중왈 오득천룡
童子迴首 胝却竪起指。童子忽然領悟。胝將順世[1] 謂衆曰 吾得天龍
일지두설 일생수용부진 언흘시멸
一指頭禪 一生受用不盡。言訖示滅。

【평】

구지와 동자, 깨달음은 손가락에 있지 않다. 만약 이 자리에서 깨닫는다면 천룡도 구지도 동자도, 자신도 모두 한 꼬챙이에 꿰일 것이다.

무문왈 구지병동자오처 부재지두상 약향자리견득 천룡동구지병
無門曰 俱胝幷童子悟處 不在指頭上 若向者裏見得 天龍同俱胝幷
동자 여자기일찬천각
童子 與自己一串穿却

【송】

구지는 노장 천룡을 우롱하고

예리한 칼로 동자를 시험하네.

거령신巨靈神이 아무렇지도 않게 손을 치켜들어

화산華山을 천만 겹으로 갈라버린 것같이.

---

1 순세順世: 불멸의 법신을 체득하였지만 세간世間에 수순隨順하여 죽음을 보인다는 의미로, 스님의 죽음을 뜻한다. 열반涅槃, 원적圓寂, 귀진歸眞, 귀적歸寂, 멸도滅度, 천화遷化라고도 한다.

구 지 둔 치 노 천 룡 이 도 단 제 감 소 동
俱胝鈍置[2]老天龍 利刀單提勘小童
거 령 대 수 무 다 자 분 파 화 산 천 만 중
巨靈[3]擡手無多子[4] 分破華山千萬重

해설

'구지수지俱指竪指' 공안은 《벽암록》 제19칙과 《종용록》 제84칙에도 있다. 아마 당시 중국에서는 선 수행자들이 이 공안으로 참선하는 것이 유행했던 것 같다. 구지 화상의 본명은 알 수 없다. 그는 '칠구지불모심대준제다라니七俱胝佛母心大准提陀羅尼'라는 신주神呪를 매일 외우고 있었기 때문에, 사람들이 그를 '구지 화상'이라고 불렀던 것 같다. 생몰 연대가 밝혀져 있지 않지만, 마조 아래 4세의 법손法孫이므로, 황벽(?-850)에서 임제(?-867) 시기에 걸쳐 생존했을 것으로 추정된다. 그는 작은 초암草庵에 살면서 매일 신주를 외우고 좌선에 힘썼지만, 견성이라는 것은 자신과는 거리가 멀다고 체념한 채 열등감을 가지고 있었다. 그러나 진지하게 불도 수행에 임했다.

어느 날 실제實際라는 비구니가 와서, 삿갓을 쓴 채 구지의 처소로 들어가 구지의 주위를 세 번 돌고 구지 앞에 당당히 서서, "자, 무엇이든 불법의 정신을 말해보시오!"라고 법전法戰을 걸었다. 구지는 견성

---

2 둔치鈍置: 사람을 '우롱하다' '업신여기다'라는 의미.

3 거령巨靈: 중국 신화에 나오는 거령신은 본래 하나인 산을 갈라서 화산과 수양산으로 만들었다고 한다.

4 무다자無多子: 복잡하지 않은 것. 단순한 것을 뜻함.

의 눈이 뜨이지 않았기 때문에 무엇이라고 답할 수가 없었다. 실제는 주저하는 구지를 한참 응시하다가 휙 나가버렸다. 바로 나가버린 실제를 향하여 구지가 큰 소리로 말했다.

"해도 저물었는데 하룻밤 지내고 가지 않겠소?"

그러자 실제가 말했다.

"무슨 말이든 적절한 한 말씀을 하신다면 묵겠습니다."

구지는 여전히 한마디 말도 할 수 없었다. 실제는 '이런 장님 처소에 꾸물대고 있을 틈이 없지!'라는 태도로 소매를 털고 나가버렸다. 구지는 이때 비로소 정신이 번쩍 들었다. 분발심이 일어났다. 구지는 초암을 떠나 행각行脚에 나서기로 했다. 밤중에 여장을 갖추고 날이 밝으면 곧장 떠나기로 했다. 그랬더니 비몽사몽 중에 호법신이 나타나 "잠시 기다리시오, 머지않아 육신보살이 이곳으로 올 테니 그분에게 참문參問하시오"라고 했다. 그래서 이제나저제나 간절히 기다렸다.

어느 날, 그곳에 천룡 화상이 왔다. 천룡은 대매 법상大梅法常(752-839)의 법을 이었으며 마조의 손제자이다. 바로 그가 육신의 대보살이었다. 구지는 바로 천룡에게 참문했다. 얼마 전 비구니 실제가 와서 법전을 걸었을 때 자신이 참패를 당한 일을 말하고, 불법의 극의極意, 선의 묘소妙所를 물었다. 그때 천룡은 어떠한 말도 하지 않고 다만 손가락 하나를 치켜세웠다. 구지는 그것을 본 순간 홀연히 깨달았다.

그 후 누구든 불법의 극의를 물어오면 구지는 손가락 하나를 세워 보일 뿐이었다. 구지 화상 곁에서 불도 수행을 하고 있었던 재가 거사가 있었다. 그를 여기서는 동자라고 불렀다. 화상이 부재중일 때, 사람들이 동자에게 "화상은 요즈음 무슨 법요를 설하시는가?"라고 물으면, 동자는 손가락 하나를 세워 보였다. 구지는 이 일을 듣고 동자에게 확

인했다.

“내가 없을 때 온 사람들에게 불법을 보였다고 들었는데 사실인가?”

“네, 그렇습니다.”

“그래, 어떻게 보였는가?”

동자가 손가락 하나를 세웠다. 구지는 바로 예리한 칼로 동자가 세운 손가락을 잘랐다. 여기서 동자는 깨달아야 하는데 아직 그렇게 못했든지 아프다고 소리만 지르고 뛰쳐나갔다, 구지가 바로 그를 불렀다. 동자가 고개를 돌리는 순간에 구지가 손가락을 세워 보였다. 동자는 홀연히 깨달았다.

구지 화상이 임종을 앞두고 문하의 수행자들에게 말했다.

“나는 천룡 화상으로부터 손가락 하나로 깨친 덕분에 죽을 때까지 한평생, 손가락으로 불법을 말하는 것이 자유로웠다.”

말을 마친 후 천화遷化했다.

무문이 평하여 말한다.

“구지와 동자, 깨달음은 손가락에 있지 않다.”

구지도 동자도 손가락 하나 세워 깨달았다고 하지만, 손가락은 깨달음과 아무 관계가 없다는 것이다. 견성하는 것은 손가락에만 한정되지 않는다. 대나무에 돌이 부딪혀 ‘딱!’ 하는 소리를 듣고 바로 깨친 향엄 선사, 복숭아꽃이 핀 것을 보고 깨친 영운 선사, 창밖 빗소리를 듣고 깨친 경청 선사처럼, 많은 선사가 다양한 기연機緣에 의해 깨쳤다.

“만약 이 자리에서 깨닫는다면, 천룡도 구지도 동자도 자신도 모두 한 꼬챙이에 꿰일 것이다.”

이 말은 천룡도 구지도 동자도, 공부하는 자신도 한 꼬챙이에 꿰어

동일한 눈을 가지고 같은 세계인이 된다는 의미이다.

송의 첫 두 구, "구지는 노장 천룡을 우롱하고 예리한 칼로 동자를 시험하네"는 구지가 노장 천룡이 손가락 하나 세운 것을 보고 확철대오하여 이제는 노장을 우롱하고 있다는 말이다. 천룡만이 아니라 역대불조歷代佛祖마저 업신여기게 되었다. 역대조사와 동석이 되고 동일한 눈이 된 것이다. 본래 완전무결한 구지이지만, 미오迷悟의 분별에 휩싸여 눈을 뜨지 못하다가 눈이 뜨인 것이다.

이후 구지는 예리한 칼로 동자의 손가락을 잘라 동자를 시험했다. 동자 역시 눈이 떠졌다. 결국, 천룡도 구지도 모두 손가락 하나로 사람을 우롱하고 있다는 말이다. 동자 역시 본래 완전무결하다. 그렇지만 본래의 완전무결함을 알지 못하고 관념의 망상 때문에 곤경에 빠졌다가, 손가락을 기연으로 미혹에서 벗어나게 되었다.

천룡 화상이 손가락 하나로 구지의 미혹한 산을 부수고 본래 하나인 완전한 자기로 향하게 해주었고, 구지 역시 손가락 하나로 동자의 미혹한 산을 부순 것이다. 이 두 사람의 훌륭한 지도를 무문은 "거령신巨靈神이 아무렇지도 않게 손을 치켜들어 화산華山을 천만 겹으로 갈라버린 것같이"라고 노래했다. 중국에는 거령신이 대화산을 둘로 나누어 하나는 수양산으로 다른 하나는 화산으로 만들어, 그 사이를 황하의 물이 통하게 했다는 전설이 있다. 무문은 천룡과 구지 모두를 찬탄하며 이 송을 맺고 있다. 후반부의 이 두 구는《벽암록》제32칙의 송을 인용한 것이다.

제4칙

혹암의 석가

호 자 무 수
胡子無鬚

본칙

혹암이 말했다. "서천의 호자,[1] 어째서 수염이 없지?"

혹 암 왈 서 천 호 자 인 심 무 수
或庵曰 西天胡子 因甚無鬚

【평】

참參은 반드시 실참實參해야 하며, 깨달음은 반드시 실제로 깨쳐야 한

1 호자胡子: 일반적으로 선종의 초조인 보리달마를 가리키지만, '서천 호자'라고 하여 석가모니를 가리키기도 한다. 여기서는 각자 본래 구족한 '참된 본성'을 뜻한다.

다. 이 호자를 반드시 한 번은 친견하지 않으면 안 된다. 친견이라고 말하면 벌써 둘이 된다.

무 문 왈 참 수 실 참 오 수 실 오 자 개 호 자 직 수 친 견 일 회 시 득 설 친 견
無門曰 參須實參 悟須實悟 者箇胡子 直須親見一回始得 說親見
조 성 양 개
早成兩箇

【송】

어리석은 사람 앞에서
꿈을 말하지 말라.
호자에게 수염이 없다니
확실히 어리석음을 더하네.

치 인 면 전 불 가 설 몽
癡人面前 不可說夢
호 자 무 수 성 성 첨 몽
胡子無鬚 惺惺添懵

해설

혹암 사체或庵師體(1108-1179) 선사는 송대 임제종 사람이다. 《벽암록》의 수시垂示를 쓴 원오 극근의 제자 호국 경원護國景元의 법을 이었다. 72세 임종 때, "철나무에 꽃이 피고 수탉이 알을 낳았네. 72세, 요람의 끈을 끊다(철수개화鐵樹開華 웅계생란雄鷄生卵 칠십이년七十二年 요람단승搖藍斷繩)"라는 유게遺偈를 문하에게 남겼다.

"서천의 호자, 어째서 수염이 없지?"

호자(달마)의 초상화를 보면 온 얼굴이 수염으로 덮여 있다. 중국인들의 생각에 인도나 서역인들은 수염을 덥수룩하게 기르는 사람들이 많아서, 달마 대사도 수염을 멋지게 기르고 있을 것으로 여겼던 것 같다. 그런데 본칙에서 혹암은 달마에게 왜 수염이 없느냐고 묻고 있다. 이것이 본칙의 공안이다.

달마達磨는 산스크리트어 dharma를 음차한 것으로, '법法'이라고 번역한다. '통대通大'를 뜻하기도 한다. 법은 천지에 가득하다. 아니, 우주 전체가 법이다. 이 우주 어디에도 미오迷悟, 득실得失, 주객主客, 죄복罪福 등의 쓸데없는 수염은 한 가닥도 나 있지 않다. 다만 우리 자신이 그러한 수염이 본래 있다고 여기는 것이다. 마치 신기루를 보고 물이 있다고 여기는 것처럼, 각자가 제멋대로 수염을 만들고 그것으로 인해 시달리고 있을 뿐이다. 그래서 수염 한 가닥 나 있지 않은 참된 달마, 즉 본성에 눈뜨는 것이 무엇보다 중요하다. 그 때문에 혹암이 이 같은 문제를 제시하며 참구하도록 촉구하고 있다.

이에 대해 무문이 제창하였다.

"참參은 반드시 실참實參해야 하며, 깨달음은 반드시 실제로 깨쳐야 한다. 이 호자를 반드시 한 번은 친견하지 않으면 안 된다. 친견이라고 말하면 벌써 둘이 된다."

자신의 참된 본성을 알고자 하는 이는 참선參禪하는 것이 무엇보다 필요하다. 그렇지만 선을 사상적으로 이해하려 하면 별 도움이 안 된다. 실지로 좌선해서 좌선이 몸에 붙도록 노력하지 않으면 안 된다. 이를 실참實參이라고 한다.

그리고 깨치는 것이 필요하다. 그러나 그 깨침이 거짓이어서는 안 된다. 깨쳤다 해도, 깨달았다는 생각이 남아 있다면 그것 또한 거짓이다. 전 우주와 자신이 둘이 아닌 하나가 되는 철저한 깨달음이 실오實悟이다. 그래서 무문은, 혹암이 말한 '이 호자', 즉 자신의 본성을 한 번은 확실하게 반드시 친견하지 않으면 안 된다고 하였다. 머리로만 본성을 생각하거나 교리를 연구하는 것만으로는 생생한 달마, 즉 참된 자기를 발견할 수 없다는 말이다. 실제로 참된 본성을 투득해야 한다는 것이다. 그러나 참된 본성을 깨달았다고 말한다면, 이미 달마와 자기는 둘이 되어 등지고 있을 뿐이다. 이를 "친견이라고 말하면 이미 둘이 된다"라고 했다.

송의 첫 구,

"어리석은 사람 앞에서 꿈을 말하지 말라."

여기서 어리석은 사람이란 '미오' '득실' '시비' '정사正邪' 등의 두 견해로 살아가는 중생을 말한다. 이런 자에게 둘이 아닌 진실을 말한다면, 이를 실제가 아닌 꿈으로 오인하기 때문에 말을 하지 말라는 의미이다. 말하자면 멍청한 자에게는 잠꼬대 같은 소리로 들리니, 말해서는 안 된다는 것이다.

둘째 구, "호자에게 수염이 없다니 확실히 어리석음을 더하네."

호자에게 본래 없는 수염을, 혹암이 '호자에게 수염이 왜 없지?'라고 하니, 이것이야말로 정말로 멍청한 소리가 아니고 무엇인가 하는 말이다. 이는 무문이 혹암을 질타하는 말 같지만, 실은 우리에게 하는 소리이다. 호자에게 본래 없는 수염을 애써 찾으려고 다시 미혹에 빠져서는 안 된다고 일침을 가하고 있다.

선가에서는 대개 '서천 호자'라고 하면 서천 28조의 달마 대사를 가리킨다. 그런데 혹암은 달마라고 하지 않고 '호자'라고 했다. 거기에는 이런 이유가 있을 것이다. 만약 '달마'라고 지칭한다면, 우리 자신과는 다른 특정한 존재로서의 달마 대사를 생각하게 될 것이고, 그렇다면 우리는 '달마에게 수염이 있는데 혹암은 왜 없다고 할까?' 하고 달마라는 특정 인물을 전제하며 그 이유를 생각하게 될 것이다. 혹암은 이를 거부한 것이다. '호자' 앞에 '서천'을 붙인 것은, 달마도 석가도 우리와 별반 다르지 않은 존재임을 부각하기 위한 것이고, '본래 평등하고 참된 성품'을 누구나 구족하고 있음을 강조하기 위한 것이다.

달마의 초상화를 보면 수염이 덥수룩이 나 있고 모포를 머리 위까지 쓰고 손을 그 속에 감추고 있다. 달마는 더운 나라인 남천축국(인도 남부)에서 중국으로 왔고, 북쪽 지방 소림사에서 수행을 하였으므로 추위에 아주 약했던 모양이다. 어쩌면 수염과 모포는 방한을 위해서도 필요하였을 것이다. 이러한 달마의 모습을 연상하는 우리에게 엉뚱하게도 '서천 호자에게 수염이 왜 없는가'라며 혹암은 주의를 환기시킨다. 수염이 없는 자에게 수염이 왜 없는지 묻기보다, 수염이 있는 자에게 수염이 왜 없느냐고 묻는 쪽이 훨씬 집중하도록 만든다. 선 지도 방법의 일환이다.

제5칙

향엄, 나무에 오르다

향 엄 상 수
香嚴上樹

본칙

향엄 화상이 말하였다. "사람이 나무에 올랐다. 입으로 가지를 물고, 손은 가지를 잡지 않고 다리는 나무를 딛지 않았다. 나무 아래서 어떤 사람이 '서래의西來意'를 물을 때, 만약 대답하지 않으면 질문을 피하는 것이 되고, 대답하면 또한 몸을 다치고 목숨을 잃는다. 그럴 때 어떻게 대처해야 할까."

향엄화상운 여인상수 구함수지 수불반지 각부답수 수하유인문
香嚴和尙云 如人上樹 口啣樹枝 手不攀枝 脚不踏樹。樹下有人問
서래의 부대즉위타소문 약대우상신실명 정임마시 작마생대
西來意 不對卽違他所問 若對又喪身失命。正恁麽時 作麽生對。

【평】

설사 폭포수같이 거침없이 말한다 해도 전혀 소용없고 일대장교一大藏教[1]를 설한다 해도 역시 소용없다. 만약 여기서 대처할 수 있다면, 죽어 있는 것을 살리고 살아 있는 것을 죽인다. 혹 그렇게 하지 못한다면 바로 당래當來를 기다려 미륵[2]에게 물어라.

무 문 왈 종 유 현 하 지 변 총 용 불 착 설 득 일 대 장 교 역 용 불 착 약 향
無問曰 縱有懸河之辯 總用不著。說得一大藏教 亦用不著。若向
자 리 대 득 착 활 각 종 전 사 로 두 사 각 종 전 활 로 두 기 혹 미 연 직 대 당
者裏對得著 活却從前死路頭 死却從前活路頭。其或未然 直待當
래 문 미 륵
來問彌勒。

【송】

향엄은 진짜 두찬杜撰[3]이네,

악독하기가 한이 없다.

납승의 입을 벙어리로 만들고

통신通身[4]에 귀신의 눈을 솟게 한다.

향 엄 진 두 찬 악 독 무 진 한
香嚴眞杜撰 惡毒無盡限

---

1 불교의 모든 경전을 통칭한다. 경經·율律·론論 삼장의 가르침.

2 미륵은 산스크리트어 마이트레야Maitreya의 음사音寫이다. '자씨慈氏'라고 한역한다. 현재는 보살로서 도솔천에서 천인들을 위해 설법하고 있지만, 수명이 4천 세(인간의 56억 7천만 년)가 되었을 때, 이 세상에 하생하여 용화수 아래서 성불한다고 한다.

3 전거가 불확실하거나 격식에 맞지 않는 시문詩文을 가리키는 말.

4 온몸. 전신全身

아 각 납 승 구 통 신 병 귀 안
啞却衲僧口 通身迸鬼眼

해설

향엄 지한香嚴智閑(?-898) 선사는 백장의 문하인 위산 영우潙山靈祐(771-853)의 법을 이었다. 선사는 불교 교학의 대가로, 사람들이 하나를 물으면 열을 답했다. 그런 향엄이 위산 선사를 참례했을 때, 두세 가지 질문을 받고서 전혀 대답하지 못했다. 위산이 향엄에게 물었다.

"그대가 막 세상에 태어났을 때의 순진무구한 그대의 본성에 대해 한마디 일러보라."

향엄은 불교학자였기에 인간의 본성에 대해 자신만만하게 큰 소리로 대답했다. 그러자 위산이 말했다.

"잠깐, 잠깐! 막 태어난 아기가 그런 것을 알고 있을까? 그것은 네가 태어난 이후 배워서 아는 쓸데없는 이론이다. 너의 참된 본성을 말해봐!"

이에 다시 향엄이 뭔가 말을 하면, "아기가 그런 것을 알고 있을 리가 없지"라고 다그치며 말문을 막았다. 향엄은 전혀 뭐라 말할 수 없게 되었다.

향엄이 처음 위산의 도량에 왔을 때, 젊은 승들이 열심히 좌선하고 있는 모습을 보고, 속으로 이렇게 생각했다. '여기 젊은 스님들은 아직 학문을 제대로 하지 못했을 것이야. 불교 교리를 충분히 알고 나서 좌선을 한다면 좋겠지만, 교리도 전혀 모르는 스님들이 좌선만 하고 있으니, 이 스님들은 머리가 나쁘든지 아니면 어리석든지 둘 중 하나일 거야.' 이처럼 좌선만 하는 그곳 스님들을 바보로 여기고 있었는데, 위산 선사의 질문에 전혀 대답하지 못한 자신이 더욱 한심한 바보라고 생각하게 되었다. 그동안 헛된 길을 배회하고 있었다는 생각이 든 것이다. 도리어 여기 젊은 스님들은 자신과 같은 쓸데없는 짓을 하지 않고 곧바로 좌선이라는 활발발活潑潑한 불도 수행에 뛰어들었으니, 자신보다 훨씬 뛰어난 사람들이라고 생각했다. 향엄은 교리를 잘 안다는 아만심을 꺾어버리고 완전히 처음부터 다시 시작하기로 했다.

위산을 떠나 남양의 혜충慧忠(?-775) 국사國師의 유적을 찾아가, 그곳에서 평생 국사의 묘지기를 하면서 수행하기로 결심했다. 하루는 빗자루로 청소를 하고 있었다. 돌멩이와 부서진 기왓장을 쓰는데, 돌멩이 하나가 대나무에 부딪혀 '딱!' 하는 소리가 나는 순간 홀연히 깨달았다. 이후로 향엄은, 그동안 자신이 불교 공부를 하는 데 있어서 사상이나 이론에 집착해왔던 것이 참으로 어리석었다고 생각하고, 문하의 수행자들에게는 이유를 막론하고 곧바로 실참으로 나아갈 것을 권하고 친절하게 지도했다. 본칙은 바로 그 일례이다.

어떤 사람이 높은 나무에 매달려 있다고 하자. 그 사람은 손이나 발에 의지하지 않고 오직 입으로 나뭇가지를 물고 허공에 매달려 있다. 그런데 나무 아래서 한 수행자가 달마 대사가 전했다는 불법의 핵심을 물었다고 하자. 이럴 때 어떻게 해야 할까? 대답하지 못한다면 질문을 회피하는 것이 될 테고, 대답한다면 나무에서 떨어져 목숨을 잃게 된다. 자, 이때 어떻게 이런 상황에 대처해야 할까. 본칙은 여기서 끝나지만, 《오등회원五燈會元》 권9에는 다음과 같은 이야기가 이어진다.

그때 호두초虎頭招 상좌가 대중 앞으로 나와 말하였다. "나무 위에 있을 때에 대해서는 여쭙지 않겠습니다. 아직 나무에 오르지 않았을 때에 대해서, 청컨대 화상께서 말씀해주십시오." 스승은 이에 소리를 내어 크게 웃었다.

무문이 평하여 말한다.

"나무 위에 오른 사람은 입을 열지 못하기 때문에, 설사 폭포수같이 거침없이 말을 잘한다고 해도 여기서는 전혀 소용없고, 일대장교를 자유롭게 설명할 수 있는 대학자라도 소용없다. 만약 여기 응대할 수 있다면, 죽어 있는 것을 살리고 살아 있는 것을 죽인다."

나무 위에서 훌륭히 대답할 수 있다면, 나무 아래서 묻는 승의 사상이나 개념의 미혹을 죽이고 본래 자기로 부활시킬 수 있을 것이다. 그것이 '죽어 있는 것을 살리고'라는 의미이다. 더구나 '깨달았다'고 하는 냄새마저 완전히 없애고 참된 해탈 자재한 사람이 되도록 할 수 있다. 그것이 '살아 있는 것을 죽인다'라는 의미이다.

"혹 그렇게 하지 못한다면 바로 당래當來를 기다려 미륵에게 물어라."

이 정도로 말해주어도 아직 깨치지 못한다면, 어쩔 수 없이 먼 미래를 기다렸다가 미륵에게 물어보라고 말한다. 이래도 저래도 알지 못하는 멍청이라면 언제까지도 구제받지 못한다는 의미이다. 무문이 크게 질타하는 말이다.

송의 첫 두 구,

"향엄은 진짜 두찬杜撰이네, 악독하기가 한이 없다."

'두찬杜撰'이라는 말에는 유래가 있다. 송대宋代의 두묵杜默이라는 사람이 시를 짓는데, 전혀 시율詩律에 맞지 않았다. 그래서 그 당시 사람들은 법식에 맞지 않게 일을 하는 사람을 가리켜 두찬이라 하였고, 무문도 향엄을 두찬에게 견주어 핀잔한 것이다. 더구나 그는 향엄이 "악독하기가 한이 없다"고 했다.

둘째 구, "납승의 입을 벙어리로 만들고 통신通身에 귀신의 눈을 솟게 한다."

수행자의 입을 봉해버리고는 무엇인가 말해보라고 하니 온몸에 귀신의 눈이 솟을 정도이다. 수행자를 정신이 번쩍 나도록, 말하자면 죽을 지경으로 만들어 놓았다는 것이다. 무문은 이처럼 말로는 향엄을 매도하는 것 같지만, 실은 납자에 대한 친절한 지도였다고 찬탄하고 있다.

제6칙

세존[1]의 염화

世尊拈花

세존염화

본칙

세존께서 옛날 영산회상에서 꽃을 들어 대중에게 보이셨다. 이때 대중은 모두 가만히 있었다. 오직 가섭 존자만이 환하게 웃었다. 세존께서 말씀하셨다. "나에게 정법안장正法眼藏 열반묘심涅槃妙心 실상무상實相無相 미묘법문微妙法門이 있다. 불립문자不立文字 교외별전敎外別傳을 마하가섭에게 부촉하노라."

세존석재영산회상 염화시중 시시중개묵연 유가섭존자파안미소

世尊昔在靈山會上 拈花示衆。是時衆皆黙然 惟迦葉尊者破顔微笑。

---

1 세존世尊: 부처님의 열 가지 명칭 중 하나. 산스크리트어 Bhagavat(복덕을 갖춘 분)의 번역어.

세존운 오유정법안장 열반묘심 실상무상 미묘법문 불립문자 교
世尊云 吾有正法眼藏 涅槃妙心 實相無相 微妙法門 不立文字 教
외별전 부촉마하가섭
外別傳 付囑摩訶迦葉。

【평】

금색 얼굴의 구담瞿曇[2]은 아무 거리낌이 없다. 양민을 눌러 노예로 만들고, 양고기를 내걸고 개고기를 판다. 참으로 특출하다고 생각했었는데…. 만일 당시에 대중 모두가 웃었다면 정법안장은 어떻게 전해졌을 것이며, 가섭이 웃지 않았다면 정법안장이 어떻게 전해졌을까. 만약 정법안장이 전수될 수 있는 것이라고 한다면, 금색 얼굴의 노자가 사람들을 속인 것이다. 만약 전수될 수 없는 것이라고 한다면, 어째서 가섭만을 홀로 인정했는가.

무문왈 황면구담 방약무인 압량위천 현양두매구육 장위다소
無門曰 黃面瞿曇 傍若無人。壓良爲賤 懸羊頭賣狗肉。將謂多少
기특 지여당시대중도소 정법안장 작마생전 설사가섭불소 정
奇特。只如當時大衆都笑 正法眼藏 作麽生傳。設使迦葉不笑 正
법안장우작마생전 약도정법안장유전수 황면노자 광호여염
法眼藏又作麽生傳。若道正法眼藏有傳授 黃面老子 誑謼閭閻[3]。
약도무전수 위심마독허가섭
若道無傳授 爲甚麽獨許迦葉。

---

2 황면구담黃面瞿曇: 석존을 말한다. 구담瞿曇은 석가모니의 성姓인 고타마Gotama의 음역이다. 몸이 금색으로 빛난다고 하여 황면이라고 한다. 또는 탄생지인 카필라바스투가 황색(또는 황적색)의 성이라는 뜻에서 황면의 구담이라고 하는 것이다. 황면 노자黃面老者, 황노黃老, 황두黃頭라고도 한다.

3 여염閭閻: 본래는 마을의 문. 여기서는 마을에 사는 서민이라는 뜻이다.

【송】

꽃을 들었을 때
이미 꼬리가 드러났다.
가섭은 빙그레 웃었지만
인천人天은 어찌하지 못하네.

염 기 화 래　미 파 이 로
拈起花來 尾巴已露
가 섭 파 안　인 천 망 조
迦葉破顏 人天罔措

해설

본칙은 세존이 법을 가섭에게 전했다는 것을 공표한 중요한 공안이다. 이 내용은 《대범천왕문불결의경大梵天王問佛決疑經》〈염화품 제2〉에 있다. 대범천왕이 세존에게 법을 설해주십사 원을 세우고 금바라화金婆羅華라는 아름다운 꽃을 세존에게 바쳤다. 세존은 이미 설법 단상 위에 계셨다. 세존이 그 꽃을 팔만 대중에게 보이자, 대중은 참 아름답다고 생각하며 멍하니 바라보고만 있었다. 그런데 오직 가섭 존자만이 환하게 웃었다. 가섭은 부처님의 10대 제자 중 한 분이다.

세존은 대개 불법을 설명하시거나 사람으로서 해야 할 올바른 행동에 대해 말씀하시는데, 이날은 아무 말 없이 그저 꽃을 들어 보이실 뿐이었다. '본 대로 들은 대로'라고 하는 '제일의제第一義諦'를 행동으로 보이시며 범천의 설법 요청에 응하신 것이다. 그때 그 자리에 있던 가섭만이 이를 꿰뚫어 보고 환하게 웃은 것이다.

세존은 가섭의 미소를 보고 대중에게 선언하셨다.

"나에게 정법안장正法眼藏 열반묘심涅槃妙心 실상무상實相無相 미묘법문微妙法門이 있다. 불립문자不立文字 교외별전敎外別傳을 마하가섭에게 부촉하노라."

세존의 불도는 '정법안장 열반묘심 실상무상 미묘법문'이다. 그것은 문자로 나타내거나 설법으로 전할 수 없지만, 누구든 보고 느낄 수 있는 명명백백한 사실이다. 그 사실을 사실대로 완전히 깨달은 자가 가섭이고, 따라서 세존은 '불립문자 교외별전'의 불도를 가섭에게 전한다고 공표한 것이다. 동시에 '염화拈花'의 단적인 사실을 '정법안장 열반묘심 실상무상 미묘법문'이라는 말로, 대범천왕을 비롯한 팔만의 인천人天 대중에게 대설법을 하신 것이다.

'정법안장'은 본래 자기이며 천성天性 그 자체이다. 조주의 '무無' 자도, 구지의 '수지竪指'도 모두 정법안장이다. 정법안장이란 방편설이 조금도 섞이지 않은 순수한 불법을 말한다. 임제 선사도 "나의 정법안장이 이런 눈먼 나귀에게서 없어질 줄이야"라고 말했다.

정법正法은 사법邪法에 상대되는 의미가 아니다. '정'은 절대 평등을 의미한다. 세상의 모든 것은 평등하고 무성無性하다고 하는 '공空'을 표현하는 말이다. 동산 양개洞山良价(807-869)의 '오위설五位說'에서 말하는 '정위正位'가 바로 이 의미이다.

'법'은 차별적 현상을 뜻한다. 차별이 있는 현실의 모습을 '법'이라는 한 글자로 나타낸다. 이를 '오위설'에서는 '편위偏位'라고 했다. 삼라만상 모든 존재는 각각 차별의 모습을 나타내고 있지만, 그 차별은 결코 우연히 나타난 것이 아니라 모두 원인과 결과라고 하는 대자연의 법칙에 따른 모습이기 때문에 '법'이라고 하는 것이다. '정'은 내용의 평등을 보이고 '법'은 외관의 차별을 보이므로, '정법'은 모든 존재의 평등한 본질과 차별적 현상을 아우른다.

이 사실을 바르게 꿰뚫어 보는 마음의 눈을 '정법안正法眼'이라고 한다. '장藏'은 누구에게나 두루 정법안이 깊게 감추어져 있다는 의미이며, '정법안'이 열리면 자연히 보배의 창고[보장寶藏]가 저절로 열려, 모든 수용受容이 여의하게 되는 것이다.

'열반묘심'에서의 '열반'은 미혹의 불을 훅 불어 끈 상태이며, 이런 마음은 말로 설명할 수 없으므로 '묘심妙心'이라고 한다. '실상무상'이란, 진실의 '상相'은 본래 무상無相이라는 말로, 존재하는 모든 것들이 가지가지 모습을 가지고 있으나 그대로 무상이라는 의미이다.

세존의 불도인 '정법안장' '열반묘심' '실상무상'은 미묘한 법문이라 스스로 깨달아야만 비로소 확실히 알 수 있다. 이를 철학적으로 연구하고 상세히 설명하려 한다면, 이는 선 수행을 위해서는 백해무익하다. 정법안장의 정신은 일대장경一大藏經에도 쓰여 있지 않고 우리의 관념이나 인식 가운데도 들어 있지 않다. 그러므로 '불립문자 교외별전'이다.

무문이 평하여 말한다.

"금색 얼굴을 한 구담은 아무 거리낌이 없다. 양민을 눌러 노예로 만들고, 양고기를 내걸고 개고기를 판다. 참으로 특출하다고 생각했었는데…."

구담瞿曇은 석가모니 세존을 뜻한다. 무문이 세존에 대해 '거리낌이 없다'라고 말한 것은 불도佛道, 즉 정법안장을 마하가섭에게 '전한다'라고 말한 것을 두고 하는 말이다. 무문은 이를 '마치 선량한 사람을 억지로 노예로 만들고, 점포 앞에 양고기를 내 걸고 실제로는 개고기를 파는 것'과 같다고 비판한다. 사람에게 전하는 불도가 어디에 있을까? 불도가 무슨 물건이라도 된다는 말인가? 그런데 세존은 정법안장이라는 불도를 가섭에 부촉한다고 거리낌 없이 말씀한 것이다. 그래서 무문은 지금까지 세존을 어디에 견줄 수 없는 특출한 사람이라고 생각했었는데, 방약무인하기 짝이 없다고 하였다.

"만일 당시에 대중 모두가 웃었다면 정법안장은 어떻게 전해졌을 것이며, 가섭이 웃지 않았다면 정법안장이 어떻게 전해졌을까. 만약 정법안장이 전수될 수 있는 것이라고 한다면, 금색 얼굴의 노자가 사람들을 속인 것이다. 만약 전수될 수 없는 것이라고 한다면, 어째서 가섭만을 홀로 인정했는가."

무문은 세존의 법문에서 네 가지 문제점을 제시하며 직접 견파見破해보자고 한다.

첫째, 당시에 대중 모두가 웃었다면 정법안장을 모든 이에게 전했을 것인가.

둘째, 가섭이 그때 웃지 않았다면 정법안장을 아무에게도 전해주지 않았을 것인가.

셋째, 정법안장이 과연 '전해질 수 있는' 것인가.

넷째, 전해질 수 없는 것이라면, 어째서 가섭에게만은 전해질 수 있었을까.

무문은 표면상으로는 이처럼 세존의 행동에 대한 불평과 항의를 하고 있다. 그러나 세존은 이미 "나에게 있는 정법안장" 운운하면서 정법안장이 누구에게나 갖추어져 있음을 만천하에 공표하셨다. 무문은 이러한 명백한 사실을 놓치고 정법안장의 전수에 의구심을 일으키는 대중을 대신하여 이러한 질문을 내놓은 것이다. 즉 이 질문을 통해 우리 스스로 세존의 대자비심을 깨우치도록 이끌고 있다.

송의 첫 두 구,

"꽃을 들었을 때 이미 꼬리가 드러났다."

세존께서 꽃을 들어 보인 것이 어떤 의미가 있는 듯하였지만, 무문은 거기서 이미 꼬리를 봤다는 것이다. 꼬리는 무엇을 의미할까. 이는 바로 세존의 자비와 고심, 훌륭한 지도이다. 무문은 이를 본 것이다.

"가섭은 웃었지만 인천人天은 어찌하지 못하네."

그때 가섭 홀로 세존의 대단한 꼬리를 발견하고 환하게 웃었다. 그런데 거기에 있는 팔만의 인천 대중은 세존의 대설법을 듣지 못하고, '왜 세존은 꽃을 들고, 바라보고만 계실까?' 하며 멍하니 서 있었다. 가섭은 세존의 대비심을 보고 웃었지만, 바보 같은 얼굴로 마냥 서 있는 인천은 어찌해볼 도리가 없다는 것이다. 무문이 우리에게 불도를 자각할 것을 재촉하고 윽박지르는 말이다.

제7칙

조주, 발우를 씻다

조주세발
趙州洗鉢

본칙

조주에게 어느 승이 물었다. "저는 총림에 막 들어왔습니다. 원컨대 스님의 지시를 바랍니다." 조주가 말했다. "죽은 먹었느냐, 아직이냐?" 승이 말했다. "먹었습니다." 조주가 말했다. "발우를 씻게." 이에 승이 깨쳤다.

조주인승문 모갑사 입총림 걸사지시 주운 끽죽료야미 승운
趙州因僧問 某甲乍[1]入叢林。乞師指示。州云 喫粥了也未。僧云
끽죽료야 주운 세발우거 기승유성
喫粥了也。州云 洗鉢盂去。其僧有省。

---

1 사乍: '갑자기', '막'이라는 뜻. 사입총림乍入叢林은 신참 수행승임을 뜻한다.

【평】

조주는 입을 벌려 쓸개를 보이고 심장과 간까지 드러냈다. 이 승은 일을 바르게 알아듣지 못하고 범종을 물항아리라고 한다.

무 문 왈 조 주 개 구 견 담 노 출 심 간 자 승 청 사 부 진 환 종 작 옹
無門曰 趙州開口 見膽 露出心肝。者僧聽事不眞 喚鐘作甕。

【송】

너무나 분명한데도

도리어 얻은 바가 늦다.

일찌감치 등이 불인 줄 알았다면….

밥은 진작에 다 되어 있었는데.

지 위 분 명 극 번 령 소 득 지
只爲分明極 翻令所得遲
조 지 등 시 화 반 숙 이 다 시
早知燈是火 飯熟已多時

해설

《조주록》에 위 본칙과 비슷한 이야기가 있다.

어느 승이 조주 화상에게 물었다.

"자기自己란 무엇입니까?"

"죽은 먹었는가, 아직인가?"

"먹었습니다."

"발우를 씻게."

위 문답에는 여기 본칙에 나오는 '총림에 막 들어왔다'라는 말이 없다. '총림叢林'이란 '선림禪林' '전단림栴檀林'이라고도 하는데, 수행승이 한 처소에서 화합하여 사는 것이 마치 수목이 우거져 숲을 이루는 것과 같다고 해서 그렇다. 총림에 막 들어왔다는 것은 소위 새로 들어온 신참新參이라는 말이다. 이 말의 의미는 백지白紙와 같은 상태가 되어 법을 듣겠다는 것이다. 자신의 지식이나 경험을 모두 치워버리고 화상의 말씀을 있는 그대로 듣겠다는 의지를 보인 것이다.

조주는 "죽을 먹었는가, 아직인가?"라고 물었다. 막 들어왔다는 말을 듣고, 법문을 해주기보다는 식사를 했는지 물은 것이다. 승이 먹었다고 하자, "죽을 먹었다면 발우鉢盂를 씻게"라고 하였다. 승은 조주의 말을 듣고 바로 그 자리에서 견성했다.

'깨달음'이라고 하면 뭔가 특별한 것이리라 생각하는 사람이 많겠지만, 불도라는 것은 일상생활을 떠나 있는 것이 아니다. 진실한 생활이 바로 불도이다. 진실한 생활을 가로막는 것은 우리의 그릇된 이분-대립 관념이다. 나와 너, 아군과 적군, 선과 악 등의 이분법적인 대립 관념의 지배를 받아, 이기적이고 배타적이고 개체주의적인 생각으로 융화와 화합, 공유와 상생의 생활이 안 된다. 그래서 평화로운 생활, 행복한 생활이 쉽지 않다. 우리가 진정 대립 관념의 잘못을 깨닫고 순수하고 진실한 생활을 하려면, 죽을 먹을 때 죽을 먹고, 그릇을 씻을 때 그릇을 씻어야 한다. 그래야 인간 생활의 진실한 의미가 드러나게 되는 것이다.

선방에서 참선하는 사람들의 대화는 일상의 일에서 비롯되지만, 언제나 긴장감 속에서 깨침의 복심腹心을 살피고 드러낸다. 본칙의 대화에서도 마찬가지이다. "죽은 먹었는가, 아직인가"라는 조주의 질문은 '견성했는가, 어떤가'를 물은 것이고, "먹었습니다"라는 승의 대답은 '견성했습니다'라는 말이다. "죽을 먹었거든 발우를 씻게"라는 말은 '견성했다면 견성을 버리게. 깨달았다면 깨달음의 냄새를 피우지 말게'라고 단단히 주의 주는 말이다. 거기서 승은 깊게 반성하고 깨달음의 안목이 환하게 열리게 되었다. 이처럼 스승과 학인의 대화는 평상의 일에서 불도를 드러내는 협력작업이다.

무문이 평하여 말한다.

"조주는 입을 벌려 쓸개를 보이고 심장과 간까지 드러냈다. 이 승은 일을 바르게 알아듣지 못하고 범종을 물항아리라고 한다."

진실한 불법을 찾아온 학인에게, 조주가 입을 벌려 자신의 내장을 전부 보여주듯 진의를 남김없이 다 보여주었지만, 이 승은 그것을 제대로 깨닫지 못하여 마치 범종을 물항아리로 오인하는 것 같다. 여기서 무문은 우리에게 잘못된 깨달음과 참된 깨달음은 비슷한 것 같아도 실은 완전히 다른 것이라고 주의 주고 있다.

불도는 아주 분명하다. 본 그대로이고 들은 그대로이다. 선사들은 보고 듣는 것이 순수해야 함을 강조한다. 절대로 분별 망상, 대립 관념이 끼어들면 안 되는데, 그렇지 못하기 때문에 쉽게 견성하지 못한다고 한다. 견성은 성품(불성)을 보는 것이 아니라, 본래 밝은 성품이 그대로 드러나는 것을 뜻한다.

혜능 선사를 육조六祖로 등극시킨 하택 신회荷澤神會(684-758)는, "내 30년간의 공부는 오직 견見이었다"라고 했다(《남종정시비론南宗定是非

論》7단). '견見'과 '성性'이 불이不二인 공부이다. 그는 또 "비량比量으로서의 지知가 아닌 현량現量으로서의 견見은 무념無念(불성)"이라고도 했다. 비량은 추측하여 아는 것이고 현량은 직접 보아 아는 것이다. 말하자면 투견透見, 투철透徹, 투득透得이다. 또한 "진여는 무념無念의 체體이고, 그래서 무념을 종宗으로 한다. 무념을 보는 자는 견문각지見聞覺知가 있다고 해도 늘 공적空寂하다"라고 했다. 바꾸어 말하면 무념을 투득한 자는 보고 듣고 느끼고 인식하는 것을 따라다니는 것이 아니라, 그것에 대해 자유자재하다.

송의 첫 두 구,

"너무나 분명한데도 도리어 얻은 바가 늦다."

불도가 너무도 분명하게 그대로 보이는데, 불도를 도리어 '깨달으려' 하면 시간이 걸린다는 말이다.

셋째 구, "일찌감치 등燈이 불[火]인 줄 알았다면"은 '손에 들고 있는 등불이 실은 찾고 있었던 불이었음을 일찌감치 알았다면'이라는 의미이다. 불은 깨달음을 뜻한다. 이미 깨달아 있는데 이를 모르고 달리 깨달음을 구하려 한다는 의미이다.

넷째 구, "밥은 진작에 다 되어 있었는데."

이미 성불해 있었다는 뜻이다. 등불을 들고 불을 찾아 돌아다니다가, 손에 든 등이 자신이 찾고 있는 불이라는 것을 알게 되었을 때는, '이미 날이 샌 것'이다. 이를 '밥이 된 지 오래다'라고 했다. 불도는 지금 여기에 이렇게 있는데 어디로 찾아다니고 있는가. "'자기'가 무엇입니까"라고 묻는 학인에게 대답한 조주의 말을 무문은 이렇게 송으로 요약했다.

제8칙

월암의 수레 만들기

해중조거
奚仲造車

본칙

월암 화상이 승에게 물었다.

"해중은 수레를 백 대나 만들었다. 양 바퀴를 뽑고 축도 없애버렸다. 무슨 일을 밝히려 했던 것일까?"

월암화상문승 해중조거일백축 염각 양두 거각축 명심마변사
月庵和尙問僧 奚中造車一百軸。拈却[1]兩頭 去却軸 明甚麽邊事。

---

1 '각却'은 조사. 앞 동사의 작용이 완전히 끝났음을 보여준다. 양 바퀴와 수레의 축을 제거해버렸다는 것.

【평】

만약 바로 밝힌다면, 눈은 유성과 같고 기機는 번개와 같으리.

무 문 왈 약 야 직 하 명 득 안 사 류 성 기 여 체 전
無門曰 若也直下明得 眼似流星 機如掣電。

【송】

기륜機輪이 구르는 곳,

달자達者도 오히려 모르네.

사유상하

남북동서.

기 륜 전 처 달 자 유 미
機輪轉處 達者猶迷
사 유 상 하 남 북 동 서
四維上下 南北東西

해설

월암 화상은 담주潭州 대위大潙의 월암 선과月庵善果(1079-1152) 선사이다. 대위 선과大潙善果라고도 한다. 임제종 양기파의 오조 법연五祖法演(?-1104)의 법손이며, 무문 혜개에게 법을 이었다.

해중奚中은 수레를 처음 발명한 사람이다. 황제黃帝 시대에 해중이 수레를 만들어 소나 말로 그것을 끌도록 했다고 한다. 월암이 해중의 수레를 끌어와 우리에게 불성의 본성과 작용을 자각하도록 하려는 것

이 이 공안의 목적이다.

월암이 승에게 문제를 낸다. 해중이 백 대의 수레를 만들고 나서, 수레의 양 바퀴를 모두 뽑아버리고 심봉心棒도 없애버렸다. 그 수레는 어떻게 될까? 도대체 양 바퀴와 심봉은 무엇을 뜻하는 것일까. 이것이 공안의 핵심이다.

두 바퀴는 대립 관념을 상징한다. 우리가 살고 있는 현상 세계는 대립적인 개념의 쌍들로 이루어져 있다. '좌/우' '대/소' '강/약' '선/악' '미/추' '득/실' '자/타' '주/객' '플러스/마이너스' 등의 대립에 의해 세상은 돌아간다. 그러나 이러한 대립적인 현상은 표면적인 모습일 뿐이고, 그 현상을 깊이 관찰하면 모든 대립이 근본적으로는 완전히 하나임을 알 수 있다. 이것이 진실이다. 이 참된 '하나'를 심봉에 비유하였다.

대체로 우리는 표면적인 대립 현상에 현혹되어, 근본적으로 하나라는 사실을 잊고 서로 대립하고 반목하며 투쟁하고 있다. 그 결과 어느 한쪽이 넘어지든가 양쪽 모두 넘어지게 된다. 상대를 넘어뜨리고 승자가 된다 해도 곧바로 새로운 경쟁 상대가 나오기 때문에, 대립/투쟁은 영원히 반복된다. 그 결과 우리는 자타의 대립, 이데올로기의 대립, 이해利害의 대립 등을 통하여 심각한 위협에 놓이게 되었다. 이러한 '대립'이라는 악몽에서 완전히 깨어나지 않는 한, 우리는 영원히 평화를 얻을 수 없다.

세계는 하나라고 하는 내면의 사실에 눈뜨고, 국가 간의 이해 대립, 권력의 대립, 감정의 대립 등을 가능한 한 완화하는 것이 최상의 길이다. 나아가 참으로 하나라고 하는 것을 알았다면 이제 그 하나마저 버려야 한다. 이것을 수레에 비유하였다. 만약 양 바퀴만을 버리고 심봉이 남아 있다면, 다시 양 바퀴를 끼워 넣어 한쪽은 동으로 한쪽은 서로 다시 투쟁이 시작될 것이다. 그러므로 심봉마저 뽑아버리지 않으면 안 된다. 이렇게 바퀴도 심봉도 모두 뽑아버린다면 수레가 없어진다고 생각하겠지만, 그렇지 않다. 바퀴도 심봉도 없는 수레가 있다. 그것은 어디에도 가지 않는다. 바퀴도 심봉도 있지 않으니 거기에 그대로 있다. 그것은 바로 진실한 자기, 즉 '본래 공'이며, 이것이 참된 선이다. 작용이 멈춘 수레, 즉 '무'이다. 월암 화상은 해중의 수레를 가지고 와서 이처럼 참된 불법을 내밀었다.

무문이 평하여 말한다.

"만약 바로 밝힌다면, 눈은 유성과 같고 기機는 번개와 같으리."

참된 자기를 발견한다는 것은 중대한 일이다. 이것은 사상적으로, 개념적으로 찾거나 밝힐 수 있는 것이 아니다. 바로 꿰뚫어 보아야 한다. 유성같이, 번개같이 말이다. 그것이 견성이다. 눈은 유성처럼 민첩하여 사물의 선善/악惡, 사邪/정正, 적適/부적不適을 알아보고, 번득이는 기機(작용)는 번개처럼 빨라 거침없이 만사형통하게 처리해야 한다. 여기서 '기'는 '근기根機' '선기禪機' '기봉機鋒'과 같은 말이다.

송의 첫 두 구,

"기륜機輪이 구르는 곳, 달자達者도 오히려 모르네."

철저히 깨친 후, 더욱 단련된 수행을 오래 거듭하면, 수레바퀴가 자유자재로 도는 것처럼 일상생활을 자연스럽게 영위한다는 말이다. 이러한 사람의 삶의 모습은 석가·달마 같은 선의 달인이라도 예측하지 못한다고 한다.

다음 두 구, "사유상하 남북동서."

사유四維는 남서, 북서, 남동, 북동의 네 방향을 말한다. 이 사유와 동서남북 사방, 상하 두 방향을 합한 것이 시방十方으로, 전 세계 또는 온 우주를 뜻한다. 선의 수행이 몸에 붙으면, 숙련된 운전자가 뜻하는 대로 수레를 동서남북 자유자재로 달리듯, 누구라도 훌륭히 우주적인 생활을 한다는 것이다.

수행을 통하여 이처럼 대자유의 경지를 얻을 수 있다는 이러한 입장과는 달리, 우리의 본질인 불성이라는 측면에서, 수행을 하든 안 하든 관계없이 누구나 이미 이러한 훌륭한 성능을 다 갖추고 있다고 보는 입장도 있다. 다만 '자아'라고 하는 착각 때문에 그 작용이 드러나지 않은 채 쉬고 있을 뿐이라는 것이다. 그 착각을 부수고, 양 바퀴가 하나의 방향으로 사이좋게 구른다는 사실에 눈뜨면 그것을 깨달음이라고 한다는 것이다.

그렇지만 깨달으면 그 깨달음마저 버려야 한다. 이것이 참된 선이다. 둘이라고 하는 미혹에 집착하지 않고 하나라고 하는 깨달음에도 집착하지 않는 데에 진정한 자유가 있음을 철저히 깨달아야 한다.

이 공안에 대해 예로부터 '석공관析空觀'과 '체공관體空觀'으로 설명하고 있다. 석공관은 모든 존재를 이론적으로 분석하여 그 실체가 공이라고 인식하는 방법을 말한다. 예를 들면, '모든 존재는 오온五蘊이 임시로 화합하여 이루어진 것으로, 변치 않는 본질적 실체는 없다'라는 이해처럼, 공을 이론적으로 분석해서 아는 방식을 석공관이라고 하며 이를 '소승小乘의 공관'이라고 한다.

체공관은 현상을 이론적으로 하나하나 분석하지 않고, 모든 존재를 있는 그대로 '공'이라고 달관하는 것이다. 이를 '대승大乘의 공관'이라고 한다. 해중의 수레에 대한 이 공안은 소승의 공관이면서도 동시에 대승의 공관을 꿰뚫어 일체개공一切皆空을 깨닫게 한다.

제9칙

흥양의 대통지승불

대통지승
大通智勝

흥양 양 화상에게 어느 승이 물었다.

"대통지승불大通智勝佛[1]이 십 겁十劫[2]동안 도량에서 좌선했지만, 불법이 눈앞에 나타나지도 않았고 불도를 성취하지도 못했다고 합니다. 왜 그렇습니까?"

양 화상이 말했다.

---

1 대통지승불: 《법화경》 〈화성유품〉에 나온다. 근기가 낮은 제자를 위해 석존이 자신의 본래의 몸은 무한한 과거에 출현한 대통지승불이었음을 설하신다.

2 십 겁十劫: 겁劫(kalpa)은 무한한 시간의 단위. 《대지도론大智度論》 권5에 따르면, 바깥 둘레가 40리인 큰 돌이 있는데 천인이 백 년에 한 번 와서 부드러운 비단 천으로 쓸어 그것이 마멸된다고 해도 그 시간은 일 겁에 미치지 못한다고 한다. 말하자면 십 겁은 아주 오랜 시간을 뜻한다.

"딱 들어맞는 질문이다."

승이 말했다.

"이미 도량에서 좌선하고 있었는데 어째서 불도를 성취하지 못했습니까?"

양 화상이 말했다.

"그는 부처가 될 수 없기 때문이다."

흥 양 양 화 상　인 승 문　대 통 지 승 불　십 겁 좌 도 량　불 법 불 현 전　부 득 성
興陽讓和尙　因僧問　大通智勝佛　十劫坐道場　佛法不現前　不得成
불 도 시 여 하　양 왈　기 문 심 체 당　승 운　기 시 좌 도 량　위 심 마 부 득 성
佛道時如何。讓曰　其問甚諦當。僧云　旣是坐道場　爲甚麼不得成
불 도　양 왈　위 이 불 성 불
佛道。讓曰　爲伊不成佛。

【평】

다만 노호老胡의 앎을 인정하지, 노호의 이해를 인정하지는 않는다. 범부가 알면 이는 성인이고, 성인이 이해하면 이는 범부이다.

무 문 왈　지 허 노 호 지　불 허 노 호 회　범 부 약 지　즉 시 성 인　성 인 약 회
無門曰　只許老胡知　不許老胡會。凡夫若知　卽是聖人。聖人若會
즉 시 범 부
卽是凡夫。

【송】

몸을 깨닫는 것이 어찌 마음을 깨달아 쉬는 것과 같겠는가.

마음을 깨닫게 되면 몸은 근심이 없다.

만약 마음과 몸을 함께 깨달았다면

신선을 어찌하여 다시 제후로 봉할까.

요 신 하 사 료 심 휴　요 득 심 혜 신 불 수
了身何似了心休　了得心兮身不愁
약 야 심 신 구 료 료　신 선 하 필 갱 봉 후
若也心身俱了了　神仙何必更封侯

해설

흥양 양 화상은 흥양 청양興陽淸讓이다. 백장 회해의 5대손으로, 위산 영우-앙산 혜적-남탑 광용-파초 혜청을 이었다. 정확한 생몰 연대와 전기가 알려지지는 않았지만, 백장이 입적한 해에 태어났다고도 전한다. 본칙의 이야기는《법화경》〈화성유품化城喩品〉의 게偈에 있다.《임제록》시중에도 '대통지승大通智勝'에 관한 내용이 나온다. 본칙을 이해하기 위해 먼저《임제록》에 기록된 내용을 참고해보겠다.

"여쭙건대, 대통지승불은 십 겁 동안 도량에 앉았어도 불법이 눈앞에 나타나지 않았고, 또한 불도를 이루지도 못했다고 합니다. 이것은 무슨 뜻일까요? 청컨대 선사께서 말씀해주십시오."

스승은 말씀하였다. "대통이란 바로 자기이며, 도처에 만법이 무성無性·무상無相하므로 대통이라고 한다. 지승이란 어떠한 곳에서도 의심하지 않고 한 법을 깨닫는 것을 말하고, 불佛이란 심청정하여 법계를 환하게 꿰뚫어 아는 것을 말한다.

십 겁 동안 도량에 앉는다는 말은 십바라밀을 뜻한다. 불법이 현전하지 못했다는 것은, 부처는 본래부터 불생不生이고 법은 본래부터 불멸不滅인데 어째서 다시 현전하는 일이 있겠는가 하는 뜻이다. 불도를 이루지 못했다는 것은 부처는 다시 부처가 되지 않는다는 뜻이다. 고인이 말하기를 '부처는 언제나 세간에 있지만, 세간의 법에 물들지 않는다'고 하였다."

대통지승은 우리 자신이 구족한 불성의 성능이다. 어록에 나온 내용만으로도 공안의 문답을 이해할 수 있을 것이다. 본칙의 문답은 청양이 승에게 자신의 불성을 자각하라고 재촉하는 내용이다. 공안에서는 대체로 선사가 승의 물음에 답을 내리지 않는다. 답을 자신이 스스로 찾도록, 그 언저리까지 데려다 놓을 뿐이다. 구구히 설명한다면 그것은 이론과 사상이 되어, 질문한 학인이 사상과 이치에 매몰되어버리기 때문이다. 자신의 불성을 스스로 체득하는 것, 그것만이 공안의 답이다. 이미 부처인데 다시 부처가 되려 한다면 이는 무지이다. 우리는 누구든지 모두 대통지승불이다. 그리고 언제나 부처의 자리에 앉아 있다. 이를 깨치는 것이 깨달음이다. 청양 화상은 이를 말한 것이다.

무문이 평하여 말한다.

"다만 노호老胡의 앎을 인정하지, 노호의 이해를 인정하지는 않는다."

'노호'는 고불古佛 혹은 달마達磨을 말한다. '앎'은 반야의 지知이다. 석가나 달마가 '자신이 본래 부처'라는 도리를 사상적으로 이해했다면, 무문은 그들이 깨달았다는 것을 인정하지 않았을 것이라는 말이다. 그러나 그들은 '본래 부처'라고 하는 사실을 이론이 아니라 반야의 지知로 대오하였기에, 무문이 그들을 선의 체득자라고 인정한다는 것이다.

"범부가 알면 이는 성인이고, 성인이 이해하면 이는 범부이다."

범부라도 자신이 본래 부처임을 꿰뚫어 본다면 부처라고 할 것이고, 성인(부처)이라도 이론적으로 이해하려 한다면 일거에 범부가 되어버린다는 것이다.

송으로 노래한다.

"몸을 깨닫는 것이 어찌 마음을 깨달아 쉬는 것과 같겠는가. 마음을 깨닫게 되면 몸은 근심이 없다."

육신의 문제를 해결하는 것보다 마음의 문제를 해결하는 것이 훨씬 낫다는 말이다. 마음의 문제를 해결하면 육신의 문제는 저절로 해결된다는 것이다.

"만약 마음과 몸을 함께 깨달았다면 신선을 어찌하여 다시 제후로 봉할까."

이 마지막 구는 마음과 몸, 이 둘을 함께 완전히 해결하면 달리 더 구할 것이 아무것도 없다는 말이다. 마치 신선에게 작위를 다시 줄 필요가 없는 것처럼. 완전한 부처가 된 자는 인간세계의 귀족이나 부호가 되기를 조금도 바라지 않는다는 말이다.

몸과 마음의 관계를 보자. 아무리 좋은 약으로 무병장수의 몸을 만들었다 해도, 정신이 부패하고 황폐하면 몸도 그에 따라 무너지고, 정신이 온전하고 밝으면 육신은 저절로 보강되고 활기가 넘친다. 그러므로 몸과 마음을 함께 건강하고 평화롭게 하기 위해서는 우선 정신을 건강하게 가꾸고 세우는 방향을 모색해야 할 것이다.

우리는 쉽게 하는 얘기로, 동양은 정신문화가 발달했고 서양은 물질문명이 발달했다고 하는데, 요즘 보면 예전과는 달리, 물질문명과 문화를 선도했던 서양에서는 명상 문화 즉 선 수행에 크게 관심을 보이고 있고, 내면의 안정을 중요시했던 동양에서는 물질문명에 치중하는 것을 볼 수 있다. 그러나 물질문명과 정신문화는 양자택일의 선택지가 아니라, 함께 가꾸고 발전시킴으로써 우리 인류의 건강하고 온전한 성장을 가능케 하는 상호 보완적 필수 요소임을 놓쳐서는 안 될 것이다. 무문이 몸과 마음을 함께 깨닫는다고 한 말은 바로 이러한 의미일 것이다.

제10칙

청세는 외롭고 가난하다

淸稅孤貧(청세고빈)

본칙

조산 화상에게 승이 물었다.

"청세淸稅는 외롭고 가난합니다. 부디 스승의 보시를 받고 싶습니다."

조산이 말했다.

"세稅 사리闍梨[1]여!"

세는 "예"라고 대답했다.

조산이 말했다.

"청원 백가靑原白家의 술을 석 잔이나 가득 마셔놓고는 아직 입술도

---

1 사리闍梨: 아차리아ācārya의 음사로 '아사리阿闍梨' '정행正行' 혹은 '규범'이라고 번역한다. 사승師僧을 부르는 호칭. 행위를 바르게 지도하고 가르치는 스님.

적시지 못했다고 말하는구나."

조산화상 인승문운 청세고빈 걸사진제 산운 세사리 세응
曹山和尙 因僧問云 淸稅孤貧。乞師賑濟[2]。山云 稅闍梨。稅應
락 산왈 청원백가주 삼잔끽료 유도미첨순
諾。山曰 靑原白家酒 三盞喫了 猶道未沾脣。

【평】

청세의 윤기輪機, 이것은 무슨 심행心行인가. 조산의 눈, 깊은 속뜻을 간파했다. 그렇다 할지라도, 자, 말해보라. 어디가 세 사리가 명주名酒를 마셨다고 하는 자리인가.

무문왈 청세윤기 시하심행 조산구안 심변래기 연수여시 차도
無門曰 淸稅輪機 是何心行。曹山具眼[3] 深辨來機。然雖如是 且道
나리시세사리 끽주처
那裏是稅闍梨 喫酒處。

【송】

가난은 범단范丹과 같고

기氣는 항우와 같네.

활계活計는 없다 할지라도

도리어 함께 부富를 다투네.

---

2 진제賑濟: 재물로 재해나 기근을 구제하는 일.

3 구안具眼: 여기서 눈은 '혜안慧眼' '불안佛眼'을 뜻한다. 조산의 안목이 불안과 같다는 의미.

빈 사 범 단 기 여 항 우
貧似范丹 氣如項羽
활 계 수 무 감 여 투 부
活計雖無 敢與鬪富

해설

조산은 조산 본적曹山本寂(840-901)이다. 천주泉州 출신으로 처음에는 유학을 공부하였으나, 19세에 출가하여 동산 양개洞山良价의 법을 이었다. 나중에 동산과 함께 조동종曹洞宗을 열었다. 조산이 살았던 시기는 선이 중국에서 가장 융성한 때이다.

청세淸稅는 전기가 불분명하지만, 조산에 뒤지지 않는 역량을 갖춘 수행자였던 것 같다. 어느 날 청세가 조산 화상에게 물었다. "저는 외롭고 지극히 가난한 자입니다." 여기서 '외롭고 극히 가난한'이라는 말은 '무일물無一物'의 심경을 의미한다. 물질적인 가난이나 세속적인 외로움을 말하는 것이 아니다. 청세 자신이 이미 주·객 분별도 없고, 깨달음에 대한 관심도 없고, 철학도 종교도 가지지 않은, 말하자면 어떠한 정신적 재산이나 부담도 없는, 태어난 그대로의 적나라赤裸裸한 놈이라고 화상에게 말한 것이다. 그야말로 무소유, 무일푼의 모습을 보인 것이다.

그러고는 다시, "제발 스승의 보시를 받고 싶습니다"라고 했다. 청세는 이처럼 조산 화상에게 불법, 즉 선의 깨달음 같은 것이 뭔가 있다면 조금이라도 자신에게 달라고 하며, 조산 화상을 슬쩍 건드리고 있다.

조산은 바로 청세의 복심을 알고 "세 사리여!"라고 불렀다. '사리'는 학인을 가르치고 모범이 되는 승려를 가리키는 말로, 조산이 청세를 예우하여 '사리'라고 부른 것이다. 청세가 "예"라고 대답하자 조산은 술 산지로 유명한 청원의 술집인 백가의 술을 석 잔이나 마셔놓고도 아직 입술도 적시지 않았다고 하느냐고 말했다. 즉 선이라는 최고의 술을 이미 배가 가득 차도록 마셔놓고 무엇을 더 원하느냐는 말이다.

청세의 공격에 대해 조산은 이렇게 훌륭히 응전應戰하였다. 이것이 선의 법전法戰이다. 서로 자신의 수행력을 보이며, 동시에 선의 지도력을 배양하기 위한 훈련을 하는 것이다.

공안에 대해 무문이 평하여 말한다.

"청세의 윤기輪機, 이것은 무슨 심행心行인가. 조산의 눈, 깊은 속뜻을 간파했다. 그렇다 할지라도, 자, 말해보라. 어디가 세 사리가 명주名酒를 마셨다고 하는 자리인가."

'윤기輪機'는 겸손, 겸양을 의미한다. '심행'은 마음 쓰기이다. 부처의 눈을 갖춘 조산이 그의 복심을 간파했다. 그건 그렇다 치고, 조산은 청세가 '선禪'이라는 술을 배불리 마셔놓고 입술도 적시지 못했다고 말했는데, 그렇다면 청세가 한 수 가르쳐달라고 물은 것은 어떠한 복심에서인가, 또 명주銘酒를 마셨다고 하는 그 자리는 무엇인가, 한마디 일러보라는 것이 무문이 우리에게 제시하는 문제이다.

송의 첫 두 구,

"가난은 범단范丹과 같고 기氣는 항우와 같네."

범단은 옛날 중국의 대학자로, 아주 가난했다. 식량이 떨어져 굶더라도 태연하고 활기차며 언제나 학문을 좋아했다. 시호가 정절貞節이다. 항우는 한나라 고조인 유방과 천하를 두고 다투다가 패배한 명장이다. 대단한 법전을 나눈 조산과 청세, 두 사람 모두 범단처럼 가난하지만 용기가 마치 항우와 같다고 노래한 것이다.

후반 두 구,

"활계活計는 없다 할지라도 도리어 함께 부富를 다투네."

한 푼도 없이 생계를 꾸려가지만, 그들은 당당히 부를 다투고 있다는 의미이다. 선문에서는 예부터 청빈을 존중했는데, 이는 강한 정신생활을 확립하기 위해서였다. 말하자면 정신수양에 물질의 힘은 필요하지 않다는 생각에서였다. 물질적인 결핍으로 생명을 잃는 일이 있어도 아랑곳하지 않는 강력함이 있어야 정신적인 활력이 생겨날 수 있다는 것이다. 선가에서는 이를 '살인도殺人刀' '사불법死佛法'이라고 한다.

그러나 세상과 사람을 위해 도움이 된다면 물질적인 여유가 필요하기도 하다. 단지 물질만이 아니라 지위, 명예, 권력, 풍채, 언변 등 그 무엇이라도 충분히 갖추는 쪽이 좋다. 세상과 사람들을 위해 필요하기 때문이다. 선문에서는 이를 '활인검活人劍', 또는 '활불법活佛法'이라고 한다.

그런데 문제는, 살인도가 완전히 손에 잡히지 않고서는 활인검을 끝내 취급할 수 없다는 것이다. 바꾸어 말하면, 모든 욕심을 버린 사람이라야 재산이든 권력이든 올바르고 적절하게 자유로이 사용할 수 있다는 것이다. 자신의 탐욕심을 죽이고 나서야 비로소 사람을 구하는 정의관과 동정심이라고 하는 본래의 불심·불성이 바르게 작용할 수 있다.

조산 화상이 청세에게 '배불리 명주를 마시지 않았는가' 물었는데, 이것은 도대체 어떤 자리에서 말하고 있는 것인가. 이것을 바로 지금 자신의 문제로 받아들여 그 참뜻을 꿰뚫지 않으면 안 된다고 하는 무문의 말에는, 살인도와 활인검을 당장 손에 잡아보라는 외침이 들어있다. 살인도와 활인검의 양 칼을 자유자재로 사용하는 것이 선 수행의 요령이기 때문이다. 이 '청세고빈'의 공안은 이 같은 선의 깊은 정신을 보여준다.

제11칙

조주와 암주

주감암주
州勘庵主

본칙

조주가 어느 암주庵主의 처소에 와서 말했다. "계시는가! 계시는가!" 암주는 주먹을 치켜들었다. 조주가 "물이 얕아 배를 댈 수가 없군" 하고는 바로 가버렸다.

또 다른 암주의 처소에 가서 말했다. "계시는가! 계시는가!" 암주는 주먹을 치켜들었다. 조주가 "놓기도 하고 뺏기도 하고, 죽이기도 하고 살리기도 하네"라고 하고는 바로 예를 갖추었다.

조주도일암주처문 유마유마 주수기권두 주운 수천불시박강처
趙州到一庵主處問 有麼有麼。主竪起拳頭。州云 水淺不是泊舡處。
변행 우도일암주처운 유마유마 주역수기권두 주운 능종능탈
便行。又到一庵主處云 有麼有麼。主亦竪起拳頭。州云 能縱能奪
능살능활 변작례
能殺能活。便作禮。

무문이 말한다.

여기 똑같이 주먹을 치켜들었는데 한 번은 긍정하고 한 번은 긍정하지 않았다. 자, 말해보라, 어디가 잘못된 곳인가. 만약 이것에 대해 한 마디 할 수 있다면, 바로 조주의 '설두무골'[1]을 보게 될 것이다. 그러나 그렇다 해도 어찌하겠는가, 조주가 오히려 두 암주에게 감파[2]되어버린 것을. 만약 두 암주에게 우열이 있다고 말하면 아직 참학參學의 눈을 갖추지 못한 것이고, 만약 우열이 없다고 말해도 역시 아직 참학의 눈을 갖추지 못한 것이다.

무문왈 일반 수기권두 위심마긍일개 불긍일개 차도 효와재심
無門曰 一般[3]竪起拳頭 爲甚麽肯一箇 不肯一箇。且道 誵訛在甚
처 약향자리하득일전어 변견조주설두무골 부기방도 득대자재
處。若向者裏下得一轉語 便見趙州舌頭無骨 扶起放倒 得大自在。
수연여시쟁나 조주각피이암주감파 약도이암주유우열 미구참
雖然如是爭奈 趙州却被二庵州勘破。若道二庵主有優劣 未具參
학안 약도무유열 역미구참학안
學眼。若道無優劣 亦未具參學眼。

【송】

눈은 유성,

기는 번개.

살인도,

활인검.

---

1 설두무골舌頭無骨: 막힘없이 술술 말한다는 뜻.

2 감파勘破: 곧바로 진상을 꿰뚫어 아는 것.

3 일반一般: '여기' '거기'라는 뜻.

안류성 기체전
眼流星 機掣電
살인도 활인검
殺人刀 活人劍

해설

조주 화상에 대해서는 제1칙과 제7칙에서 설명했기 때문에 여기서는 생략한다. 암주庵主는 산중의 작은 암자에 살면서, 깨달은 후의 자기 점검과 수행을 하는 도인을 말한다. 이 공안은 조주가 암주를 찾아가 법전을 걸어, 암주의 경계의 심천深淺을 점검하고 서로 절차탁마하는 장면을 보인 것이다.

조주가 어느 암자에 가서 싸리문을 열어보니 암주가 좌선을 하고 있었다. 조주는 암주를 보자마자 "계시는가! 계시는가!" 말했다. 이는 단순히 인사를 하기 위한 말이 아니다. 선승이 선승을 방문하는 데는 오직 '선' 이야기밖에 없다. '계시는가'라는 말 속에는 본래 자기, 즉 주인공이 혹시 부재하지 않은가 하는 의미가 들어 있다. 말하자면, '자칫 잘못하여 참된 자기를 놓치고 있지는 않은가' 하는 죽비竹篦의 소리인 것이다. 또한, '무엇인가 알았다면 내놔보라'라는 뉘앙스도 있다.

거기서 암주가 주먹을 치켜들었다. '주인공이 어디를 가! 이대로 여기에 잘 계시지'라는 무언의 대답이다. 그랬더니 조주가 "물이 얕아 배를 댈 수가 없군"이라고 말하고는 바로 나가버렸다. 자신은 수만 톤이나 되는 굉장한 배이므로 여기 정박할 수 없다고 하며 암주를 매도해 버린 것이다. 암주는 조주와 눈이 마주치자 그의 뜻을 알아차렸다. 선승들은 접심接心할 때, 서로의 눈을 힐끗 본다. 눈은 바로 정법안장正法

眼藏이므로, 눈빛만 봐도 경계의 명암을 알 수 있기 때문이다.

조주는 이번엔 다른 암주의 처소로 갔다. 역시 같은 말을 했고, 이 암주도 주먹을 치켜들었다. 그런데 이번에는 조주가 "놓기도 하고 뺏기도 하고, 죽이기도 하고 살리기도 하네"라고 말하고는 예禮까지 갖추었다. 암주가 주먹을 올린 것에 대해, '참 훌륭한 경계로고. 줄 때는 주고 뺏을 때는 뺏고, 죽여야 할 때는 죽이고 살려야 할 때는 살리니, 그 역량은 이루 말할 수 없네'라고 칭찬하며, 삼배三拜를 하고 나가버린 것이다. 그때도 서로가 눈을 마주 보고 상대의 정신을 읽은 것이다. 그렇다면 정신은 어디에 있는 것인가. 이를 무문의 제창에 따라 참구해본다.

무문이 말한다. "똑같이 주먹을 치켜들었는데 한 번은 긍정하고 한 번은 긍정하지 않았다. 자, 말해보라. 어디가 잘못된 곳인가."

두 암주는 똑같이 주먹을 들어 올렸다. 그런데 조주는 어째서 한 사람은 깍아내리고 다른 한 사람은 칭찬한 것일까. 바로 이것이 참구할 대목이다. 어느 쪽이 그릇된 것인가! 만약 이에 대해 적절한 한마디, 즉 일전어一轉語를 말할 수 있는 사람이라면, 바로 조주의 '설두무골舌頭無骨'을 보게 될 것이다. 즉 시원한 변설로 어느 때는 칭찬을 하고 어느 때는 헐뜯으며 학인을 지도하는, 조주의 대자재한 활活작용을 볼 것이라는 의미이다.

"그러나 그렇다 하더라도 어찌하겠는가, 조주가 오히려 두 암주에게 감파되어 버린 것을."

조주 또한 두 암주에게 감파되어 버렸으니, 이를 어찌할 수 없다는 것이다. 두 암주와 조주가 서로 대단한 법전을 하고 있기 때문에 어떻다고 단정을 내릴 수 없다는 말이다.

"만약 두 암주에게 우열이 있다고 말하면 아직 참학參學의 눈을 갖추지 못한 것이고, 만약 우열이 없다고 말해도 역시 아직 참학의 눈을 갖추지 못한 것이다."

무문은 두 암주의 우열을 나눈다면 이는 아직 참학의 눈, 즉 깨달음의 눈을 갖춘 자라고 할 수 없고, 우열이 없다고 해도 또한 아직 참학의 눈을 갖추지 못한 자라고 하며, 어째서 그런지 수행자에게 참구해보라 한다.

송에서 노래한다.

"눈은 유성, 기는 번개. 살인도 활인검."

조주의 혜안과 뛰어난 수완을 칭찬한다. 조주가 암주에게 시험 삼아 "계시는가!"라고 묻자 암주가 바로 주먹을 들어 올렸을 때, 조주는 그것을 힐끗 보고 즉시 암주의 경계를 알아차렸으므로 '눈은 유성'이라고 한 것이다. 또한 상대를 견파見破하는 동시에 죽여야 할 때는 죽이고 살려야 할 때는 살리는 그 재빠른 행동을 '기는 번개'라고 찬탄했다.

'살인도 활인검'은 사람을 죽이는 칼이 되기도 하고 사람을 살리는 칼이 되기도 한다는 말이다. 조주의 선禪 역량을 이렇게 단적으로 묘사했다. 조주의 이러한 기량은 그가 40여 년간 수행을 통해 얻은 것이지만, 실은 우리 모두에게 본래 구족되어 있는 불성의 성능이다. 다만 그것을 망각하여 어둡게 되고 대자유의 힘을 잃어버린 것이다. 그러므로 무문은 시종일관 우리에게 좌선 수행을 통해 빨리 그 힘을 되찾으라고 촉구하고 있다.

깨달음에 두 종류 세 종류가 있다고 하면, 그것은 불법이 아니다. 그렇다고 해서 모든 사람의 깨달음이 모두 동등하다고 생각하면 이것도 사실과 멀다. 이 문제와 관련하여, 달마 대사와 그의 네 제자 사이에 있었던 문답을 참고삼아 살펴본다.

달마 대사에게는 혜가慧可 · 도육道育 · 니총지尼總持 · 도부道副 등 네 명의 제자가 있었다. 대사는 어느 날 제자들을 불러 각각 자신의 견처見處(깨침의 자리)를 내놓아보라고 명했다. 그때 도부가 말했다.

"저의 견처는 문자를 고집하지 않고 그렇다고 문자를 떠나지 않는 가운데 도를 활용하는 것입니다."

달마가 말했다.

"그대는 나의 가죽을 얻었다."

다음, 비구니 총지가 말했다.

"지금 제가 깨달은 바로는, 경희(아난 존자) 님의 아촉불국阿閦佛國을 보는 것 같이, 한 번 보지 두 번 다시 보지 않습니다."

달마가 말했다.

"그대는 나의 육신을 얻었다."

도육이 말했다.

"사대四大는 본래 공이라 오음五陰에 있지 않으며, 더구나 나의 견처는 한 법도 얻을 것이 없습니다."

달마가 말했다.

"그대는 나의 뼈를 얻었구나."

마지막으로, 혜가는 다만 삼배를 하고 자신의 자리로 물러섰다.

달마가 말했다.

"그대는 나의 골수를 얻었구나."

그러고 나서 달마 대사는 혜가에게 의발을 전했다고 한다.

여기서 네 제자의 깨침에 각각 심천경중深淺輕重이 있는지 없는지에 대해 논란이 많지만, 이것을 명확히 하기 위해서는 수행자들이 같은 것을 다르게 말하는[동중이변同中異辯] 안목과, 다른 것을 같게 말하는[이중동변異中同辯] 안목을 가질 필요가 있다.

무문이 "만약 두 암주에게 우열이 있다고 하면 아직 참학의 눈을 갖추지 못했다"라고 말한 것은 다른 가운데 같게 말하는 눈을 갖추지 못했다는 것이고, "만약 우열이 없다고 해도 아직 참학의 눈을 갖추지 못했다"라고 말한 것은 같은 것을 다르게 말하는 눈이 없다는 말이다. 그러므로 수행자에게 있어서 같은데 다르게 말하고, 다른데 같게 말할 수 있는 안목이 아주 중요하다는 것이 무문의 제창이다.

제12칙

서암의 주인공

암환주인
巖喚主人

본칙

서암 언 화상은 매일 자신에게 "주인공아!"라고 부르고, 다시 자신이 "예"라고 대답한다. 또 말하고는 한다. "늘 깨어 있어야 하네." "예." "언제라도 사람들에게 속지 말아야 한다." "예, 예."

서암언화상 매일자환주인공 복자응락 내운 성성착 야 시타
瑞巖彥和尙 每日自喚主人公 復自應諾。乃云 惺惺著。喏。他時
이일 막수인만 야야
異日 莫受人瞞。喏喏。

【평】

서암 노자는 많은 신두귀면神頭鬼面[1]을 가지고 나와서 자신에게 팔기도 하고 자신이 사기도 했다. 무엇 때문인가. 봐라! 부르는 놈, 답하는 놈, 깨어 있는 놈, 사람에게 속지 않는 놈이 있다. 인정한다면 이전으로 돌아가 틀리게 된다. 만약 그를 흉내 낸다면, 이는 모두 들여우의 견해이다.

무문왈 서암노자 자매자매 농출허다신두귀면 하고 적 일개
無門曰 瑞巖老子 自買自賣 弄出許多神頭鬼面。何故。聻。一箇
환저 일개응저 일개성성저 일개불수인만저 인착 의전환불시
喚底 一箇應底 一箇惺惺底 一箇不受人瞞底。認著[2] 依前還不是。
약야효타 총시야호견해
若也傚他 總是野狐見解。

【송】

도를 배우는 사람이 진실을 알지 못하는 것은
다만 종전의 식신識神[3]을 인정하기 때문이다.
과거로부터 쌓인 생사의 본을
어리석게도 '본래인'이라고 부른다.

학도지인불식진 지위종전인식신
學道之人不識眞 只爲從前認識神

---

1 신두귀면神頭鬼面: 귀신 얼굴, 도깨비 얼굴을 한 일종의 가면. 여기서는 이런 얼굴을 한 인형을 말함.

2 인착認著: 긍정한다는 뜻. '착著'은 조사이다.

3 식신識神: 업식業識과 같은 말. 업에 따라 생기는 의식. 과거 현재 미래[三世]에 걸쳐 인과로 묶인 혼을 말한다.

무 량 겁 래 생 사 본 치 인 환 작 본 래 인
無量劫來[4]生死本 癡人喚作本來人

해설

서암 사언瑞巖師彦(850?-910?)은 석두계 암두 전활巖頭全豁(828-887)의 법을 이었다. 서암이 말하는 '주인공'은 절대 주체로서의 참인간이라고 할 수 있다. 즉 불성이다. 주인공을 '나(자아)'라고 생각하면 오산이다. 자아는 환경의 산물로, 늘 환경의 노예가 된다. 우리는 환경을 따른다고 하지만, 실은 환경에 끌려다니고 있다. 순탄하면 그것에 빠지고 역경을 만나면 그것에 괴로워한다. 순역順逆의 환경을 자유자재로 이끌어, 늘 이것을 잘 쓰고 활용하지 않으면 주인공이라고 할 수 없다.

우리가 자아라고 생각하고 있는 것은 단지 망상이고 잘못된 관념이고 착각이지, 실체는 없다. 그래서 그것을 '무아'라고 한다. 무아를 발견한 것은 지구상에서 석가모니가 최초이다. 그 이후로 석존의 직·간접적인 지도를 통해 수많은 사람이 '무아'라는 진리를 알게 되고 실증實證했다. 무아이므로 우주 전체가 '나'이다. 이 위대한 발견이 인도에서 중국으로, 한국으로, 일본으로, 그리고 유럽과 미국으로 전해졌다. 이것이 선이라고 하는 깨달음의 종교이다.

서암 화상은 철저히 깨달을 때까지 매일매일 방심하지 않고 '주인공'에 참參했고, 깨달은 후에도 평생 '주인공'에 참했다. 만약 수행이

4 무량겁래無量劫來: 무한한 과거로부터 지금까지.

깨닫기 전과 깨달은 다음에 달라진다면, 그것은 진정한 불도가 아니다. 깨닫기까지의 수행도 다만 백지白紙가 되도록 노력하는 것일 뿐이고, 깨닫고 나서의 수행도 역시 백지의 생활을 계속 이어나가면서 탁마해야 하는 것이다. 백지는 천성이고 본질이고 불성이다. 또한 무성無性이고 무아이다. 백지에는 주관과 객관, 자신과 타인, 선과 악, 사邪와 정正 같은 이원 대립의 색色이 조금도 배어 있지 않다. 대립이 전혀 없으므로 모두가 하나이다. 그 하나의 생활이 우주를 활보하는 자유로운 생활이다.

서암이 참한 주인공은 그러한 주인공이다. 범부가 망상으로 생각하고 있는 자아와는 전혀 다르다. 주인공에 눈뜨는 것이야말로 자주적 생활을 하는 것이고, 환경의 노예에서 해방되어 순역順逆의 환경을 자유롭게 활용하는 것이다.

무문이 평하여 말한다.

"서암 노자는 많은 신두귀면神頭鬼面을 가지고 나와서 자신에게 팔기도 하고 자신이 사기도 했다. 무엇 때문인가. 봐라! 부르는 놈, 답하는 놈, 깨어 있는 놈, 사람에게 속지 않는 놈이 있다."

'주인공아'라고 부르는 것도 하나의 장난감이고, '예'라고 대답하는 것도 하나의 장난감이고, '언제나 눈 떠 있어라'라고 하는 것도 하나의 장난감이고, '사람들에게 속지 말라'라고 하는 것도 하나의 장난감 아닌가! 이것을 보라고 한다.

"인정한다면 이전으로 돌아가 틀리게 된다. 만약 그를 흉내 낸다면 이는 모두 들여우의 견해이다."

만약 어떤 한 사람(장난감)이라도 인정한다면 역시 틀렸다. 다시 말해서 '주인공'을 전혀 모르던 이전의 잘못과 같게 된다는 것이다. 나아가 무문은 만약 이 공안의 본뜻을 잃고 다만 서암 화상의 흉내만 낸다면 완전히 야호선野狐禪이 돼버린다고 경고한다. '들여우의 견해'란 진실로 참선하지 않고 깨달은 체하여 남을 속이는 무리의 견해를 말한다. 완전히 틀린 견해를 뜻한다.

"도를 배우는 사람이 진실을 알지 못하는 것은 다만 종전의 식신識神을 인정하기 때문이다."

이 송은 남전 보원南泉普願(748-834)의 법을 이은 장사 경잠長沙景岑(?-?)의 게송이다. 불도를 구하는 자가 진정한 주인공을 알지 못하는 것은 다만 종래 오랫동안 익힌 분별 망상을 그대로 인정하기 때문이다. 지식, 경험, 신앙, 인식, 주관, 객관, 자아의식, 대립 관념, 사상이나 철학 등의 분별에 함몰되어 헤어나지 못하기 때문이다. 우리의 심식心識에 그려진 망상 분별이 무시겁래 우리를 미혹하게 하여 육도윤회를 시키는 것이다.

"과거로부터 쌓인 생사의 본을, 어리석게도 '본래인'이라고 부른다."

어리석은 이는 이 원수를 본래의 자기라고 오인하고, 그것을 진정한 주인공으로 삼고 있다고 개탄하며 무문은 송을 마친다.

제13칙

덕산의 탁발

덕 산 탁 발
德山托鉢

본칙

덕산이 하루는 탁발하러 당堂을 내려갔다. 설봉이 이를 보고 "노장님, 아직 종도 울리지 않고 북도 치지 않았는데, 탁발하러 어디를 가시나요"라고 물으니, 덕산은 바로 방장方丈[1]으로 돌아갔다. 설봉이 이를 암두에게 일렀다. 암두가 말하였다. "대단한 덕산도 아직 말후구末後句[2]를 알지 못하셨네." 덕산이 이를 듣고 시자를 시켜 암두를 불러오게 했다. 덕산이 물었다. "그대는 노장을 긍정하지 않는가?" 암두가 귓속말

1 방장方丈: 유마의 거실이 사방 한 장[一丈]이라는 고사에서 비롯됨. 가로세로 약 3미터가 한 장. 송대 선원에서는 주지의 거실을 뜻함. 지금은 총림의 조실祖室의 처소를 지칭함.

2 말후구末後句: 완전한 깨침의 심경을 뜻한다. 모든 속박에서 벗어나고 모든 집착을 끊어버린 쇄쇄락락洒洒落落의 세계이다.

로 뭐라 살짝 대답했다. 그러자 덕산은 안심[3]했다. 다음 날 덕산이 자리에 올랐는데, 과연 평소와 같지 않았다. 암두는 승당僧堂 앞으로 나아가 손뼉을 치고 크게 웃으며 말했다. "참 기쁘다, 노장께서 말후구를 깨치셨으니. 이로부터 천하 사람들 누구도 그를 어찌해볼 수가 없게 되었어!"

德山一日托鉢下堂[4]。見雪峰問者老漢鐘未鳴鼓未響 托鉢向甚處去 山便回方丈。峰擧似巖頭。頭云 大小德山未會末後句。山聞令侍者喚巖頭來 問曰 汝不肯老僧那。巖頭密啓其意。山乃休去。明日陞座 果與尋常不同。巖頭至僧堂前 拊掌大笑云 且喜得老漢會末後句。他後天下人 不奈伊何。

【평】

만약 이것이 말후구라고 한다면, 암두와 덕산 모두 꿈에도 보지 못한 것이다. 잘 살펴보면 선반의 꼭두각시와 매우 닮았다.

無門曰 若是末後句 巖頭德山俱未夢見在。撿點將來 好似一棚傀儡。

---

3 안심: 본문에서는 휴거休去, 결말을 짓다는 뜻. 여기서는 휴헐休歇과 같다. 몸을 편안하게 하는 것.

4 하당下堂: 방장에서 내려와 식당으로 나갔다는 것.

【송】

최초의 일구를 알면

바로 말후의 일구도 안다.

말후와 최초,

이것은 일구가 아니다.

식 득 최 초 구　변 회 말 후 구
識得最初句 便會末後句
말 후 여 최 초　불 시 자 일 구
末後與最初 不是者一句

해설

덕산 선감德山宣鑑(782-856)은 청원 행사계 용담 숭신龍潭崇信(?-?)의 제자이다. 암두 전활巖頭全豁(828-887)과 설봉 의존雪峯義存(822-908)은 덕산의 제자이다.

덕산은 학식이 깊은 교학자로서, 《금강경》에 대한 주해와 강설을 잘 했기에 '주금강周金剛'이라고 불렸다. 그러나 그는 달마가 전한 선禪에 대해서는 크게 잘못 이해하여, 당시 남쪽에서 번성하고 있는 선은 불법도 모르고 행하는 마선魔禪이라고 생각하였다. 그래서 당장 가서 없애버리겠다고 벼르고 남쪽으로 향했다.

남방으로 가는 도중 점심때가 되어 잠시 쉬려고 주막에 들렀다. 주막의 노파에게 점심點心을 시키니, 노파가 '과거심 불가득過去心不可得, 미래심 불가득未來心不可得, 현재심 불가득現在心不可得인데, 어느 마음에 점을 찍겠는가[點心]'라고 물었다. 《금강경》의 이해와 강설에 자신만만했던 덕산이지만, 노파의 물음에는 한마디로 답할 수 없었다. 두리번대는 덕산에게 노파는 그 답을 알고 싶으면 근방에 살고 있는 용담숭신 선사를 찾아뵈라고 권하였다.

곧장 용담을 찾아간 덕산은, 밤이 깊도록 용담에게 교학과 선에 대한 자신의 견해를 피력하고 말씀을 기다렸다. 용담은 오늘은 이만하고 내일 다시 보자고 하며 자리에서 일어났다. 문을 여니 이미 밖은 깜깜했다. 촛불을 켜고 덕산이 막 방을 나가려고 하는데 용담이 촛불을 껐다. 다시 깜깜해졌다. 이 순간 덕산은 크게 깨달았다.

다음 날, 덕산은 짊어진 걸망 속의 《금강경》을 전부 불태워버리고 선자禪者의 길에 들어섰다. 나중에 "말해도 30방, 말하지 않아도 30방"이라는 유명한 말을 남긴 데서 알 수 있듯이, 덕산은 몽둥이[방棒]로 제자를 단련시켜 '덕산의 방, 임제의 할'이라는 말을 듣게 되었다.

공안에 나오는 대화는 덕산 81세, 설봉 41세, 암두 35세 때의 일이었다. 나이는 설봉이 위였지만 수행은 암두가 훨씬 오래되어, 암두는 이미 이때 대오했지만 설봉은 아직 불충분했다. 암두와 스승인 덕산이 협력하여 가장 우둔한 설봉을 깨치게 하려는 고심이 보인다.

어느 날, 덕산이 발우를 들고 식당으로 향했다. 이때 설봉은 공양간 소임을 보고 있었다. 설봉이 덕산 화상에게 "노장님, 아직 종도 울리지 않고 북도 치지 않았는데, 탁발하러 어디를 가시나요?"라고 물었다. 그러자 덕산은 바로 방장실로 돌아갔다. 아무 말도 없이 머리를 숙이고 맥없이 자신의 방으로 돌아간 것이다. 이는 덕산이 설봉을 깨닫게 하려고 일부러 그랬던 것인데, 설봉은 이를 전혀 알아채지 못하고 오히려 속으로 '오늘은 화상을 꼼짝하지 못하게 해주었다'라고 생각하였다. 그래서 잠시 후, 사형인 암두에게 이 일에 대하여 말해주었다.

암두는 이 이야기를 듣고, "대단한 덕산 화상도 아직 말후구를 알지 못하셨네"라고 하며, 화상이 설봉에게 당했다고 넌지시 설봉을 추켜세웠다. 이는 설봉이 깨치도록 돕기 위한 것이었다.

암두가 설봉에게 그리 말했다는 것을 누군가가 덕산에게 일러주었다. 덕산은 암두를 불러 "너는 노장을 긍정하지 않는가?"라고 물었다. 그러자 암두가 덕산의 귀에 대고 무엇인가 속삭였다. 덕산은 '음 그런가!'라는 태도로 어떠한 말도 하지 않고 바로 편안하게 앉았다. 여기서 암두와 덕산 사이에 어떤 이야기가 있었는지가 주요한 참구 거리이다.

다음 날 덕산 화상의 설법은 다른 날과는 달랐다. 훌륭한 설법이었다. 설법이 끝나자, 암두는 모두가 좌선하고 있는 승당 앞으로 나아가 손뼉을 치고 크게 웃으며 말했다. "참 기쁘다, 노장께서 말후구를 깨치셨으니. 이로부터 천하 사람들 어떤 누구도 그를 어찌해볼 수가 없게 되었어!" 이것도 설봉을 자극하기 위한 말이다. 비록 설봉이 이 말끝에 깨닫지는 못했지만, 더욱 수행에 전념하여 결국 암두의 도움으로 크게 깨닫게 되었다.

무문이 평하여 말한다.

"만약 이것이 말후구라고 한다면, 암두와 덕산 모두 꿈에도 보지 못한 것이다. 잘 살펴보면 선반의 꼭두각시와 매우 닮았다."

말후구는 암두도 덕산도 전혀 알지 못한다. 삼세의 부처님들도 알지 못한다. 석가도 아미타도 알지 못한다. 무엇인가 머리로 깨달은 것을 말한다면, 그것은 말후의 구가 아니다. 무문은, 암두와 덕산이 주고받은 말을 잘 살펴보면 그것은 마치 실에 매달려 선반 위에서 춤추는 꼭두각시 인형 같다고 하였다. 그러나 표면적으로는 이렇게 말하지만, 사실은 덕산과 암두 모두 훌륭한 지도력으로 설봉을 대오시키려 하고 있다고 그들을 극찬한 말이다.

송에서 노래한다.

"최초의 일구를 알면 말후의 일구도 안다. 말후와 최초, 이것은 일구가 아니다."

여기서 구句는 선문의 활구活句를 뜻한다. 처음에는 최초와 말후의 일구가 모두 완전히 같다고 노래하고 나서, 뒤에는 다시 말후와 최초가 완전히 다르다고 했다. '같다'라는 것은 무엇이고 '다르다'라는 것은 무엇인지를 확실히 참구하는 것이 중요하다.

좌선 수행은 처음부터 백지가 되는 수행이다. 우리는 모두 '본래불'이므로, 그 자체를 실행하는 것이 좌선이다. 바꾸어 말하면, 석가·달마·덕산과 같은 경지를 투득하는 것이 좌선이다. 그러므로 최초의 공안 일구에서 깨달으면 그것으로 끝난다. 어떤 공안도 모두 투과하게 되는 것이다. 최초의 구를 알면 그것으로 말후의 구도 아는 것이다.

그렇지만 대개의 수행자가 최초의 공안으로 견성했다고 해도, 그것은 철저한 깨달음이 아니다. 아주 조금의 깨달음을 경험한 것에 불과하다. 견성 후에도 계속 좌선하고 수많은 공안에 부딪히며 차차로 깨달음이 깊어지면서 명료하게 되는 것이다. 그러나 최초의 견성이나 최후의 깨달음이라고 해도 이것 역시 '말후구' 즉 완전한 깨침의 마지막 구가 될 수는 없다. 이를 '말후와 최초, 이것은 일구가 아니다'라고 노래했다.

제14칙

남전, 고양이를 베다

남전참묘
南泉斬猫

본칙

남전 화상은 동서 양당이 고양이를 두고 다투자, (고양이를) 집어 들고 말했다. "대중들이여, 말을 하면 (고양이를) 구해주겠지만, 못하면 바로 베어버릴 것이다." 대중은 아무 말도 못 했다. 그러자 남전은 고양이를 베었다.

저녁에 조주가 밖에서 돌아왔다. 남전이 조주에게 (낮에 있었던 일을) 전하였다. 조주는 바로 신발을 벗어 머리에 이고 나갔다. 남전이 말했다. "그대가 있었더라면 고양이를 구했을 텐데."

남전화상 인동서당쟁묘아 전내제기운 대중도득즉구 도부득즉
南泉和尚 因東西堂爭猫兒。泉乃提起云 大衆道得卽救 道不得卽
참각야 중무대 전수참지 만조주외귀 전거사주 주내탈리안
斬却也。衆無對。泉遂斬之。晚趙州外歸。泉擧似州。州乃脫履安

두상이출 전운 자약재즉구득묘아
頭上而出。泉云 子若在卽救得猫兒。

【평】

자, 말해보라. 조주가 짚신을 인 것은 무슨 뜻인가. 만약 여기서 일전어一轉語를 내릴 수 있다면 바로 남전의 영令[1]이 예사롭지 않다는 것을 알 것이다. 혹 그렇지 못하다면 위험하지!

무문왈 차도 조주정초혜의작마생 약향자리하득일전어 변견남
無門曰 且道 趙州頂草鞋意作麽生。若向者裏下得一轉語 便見南
전령불허행 기혹미연험
泉令不虛行。其或未然險。

【송】

만약 조주가 있었다면
이 영을 반대로 행했을 텐데.
칼을 뺏었다면
남전도 목숨을 살려달라 했을 것을.

조주약재 도행차령
趙州若在 倒行此令[2]
탈각도자 남전걸명
奪却刀子 南泉乞命

---

1 영令: 정부의 명령이나 군령. 남전이 보이려고 하는 내용을 말함.

2 도행차령倒行此令: '도행'은 '반대로 하다' '거꾸로 행하다'라는 뜻. 여기서는 완전히 다른 방법으로 바르게 답한다는 의미.

남전 보원南泉普願(748-834)은 마조 도일馬祖道一(709-788)의 법을 이었다. 백장 회해, 서당 지장과 함께 마조 문하의 세 대사 중 한 분이다. 남전은 속성이 왕 씨이므로 '왕 노사'라고도 한다. 남전이 한 귀한 설법이 많이 남아 있다. 그중 축생도에 떨어져서는 축생으로서 불법을 실천한다는 '이류중행異類中行'의 가르침은 유명하다. 본칙 공안은《벽암록》제63칙과《종용록》제9칙에도 나온다. 당시 납승들에게 크게 평판을 받고 있던 문답으로 보인다.

남전이 주석하는 도량에는 좌선당이 동당과 서당으로 나뉘어 있었던 것 같다. 선당禪堂은 운수납자가 청규를 세우고 엄격하게 좌선 수행하는 장소이다. 양당의 수행자들이 고양이의 불성을 문제 삼아 법전을 벌이고 있었다. 남전은 전혀 가치 없는 법전을 듣다가 바로 고양이를 집어 들었다. 한 손엔 칼을 들고 있었다. 납자들은 깜짝 놀라, 말을 잃고 멍하니 바라보기만 했다. 남전은 우레와 같은 목소리로, "대중들이여, 내 앞에서 확실히 말해보라. 말을 하면 고양이를 살릴 것이고, 말하지 못하면 바로 베어버릴 것이다." 모든 생각이 끊어진 운수들은 아무 말도 못 했다. 자비의 도량에서 살생을 한다는 것은 있을 수 없는 일이지만, 대선사의 우레 같은 목소리와 형형한 눈빛에 숨을 죽이고 있었다.

이를 두고 설두 중현은, "양당의 승들이 모두 두찬杜撰과 같다"라고 했다. '두찬'이라는 말에는 유래가 있다. 옛날 중국에 두묵杜默이라는 자가 있었는데, 그가 지은 시는 운율이 전혀 맞지 않았다. 그래서 세상 사람들은 시가 시답지 않을 때 '두찬과 같다'라고 했다. 설두는 양당

승들이 두찬과 같이 어리석은 패거리라고 평하였다.

이 공안에서, 고양이는 무엇을 의미하는가. 또한 고양이를 베어버린다는 것은 무슨 의미인가. 이 두 가지를 생각하는 것이 이 공안의 요체이다. 먼저 '고양이'는 참된 자기의 밖에 또 다른 자기가 있다는 망상亡像에서 나오는 모든 사상, 개념, 인식, 신앙 등을 상징한다고 할 수 있다. 따라서 고양이를 벤다는 것은 분별 망상이 나오는 근원을 싹뚝 베어버린다는 의미이다.

남전이 고양이를 베어버리자, 숨죽여 멍하니 있던 운수들의 머리가 순간 하얗게 되었다. 이를 두고《종용록》제9칙의 송에서 굉지 정각은 이렇게 노래하였다.

양당의 운수들 모두 우왕좌왕하는데,
왕 노사가 능히 정正과 사邪를 가려냈네.
날카로운 칼로 망상을 모두 끊으니,
오랜 세월, 후인들이 작가를 사랑하는구나.

선은 활발발한 불도이다. 관념의 유희를 극히 싫어한다. 자기의 본래면목을 직각直覺하고 체험하는 것이 핵심이다. 선사들은 학인들에게 참된 자기를 깨치도록 유도하기 위해 이처럼 고양이나 개, 여우, 말, 수레, 수염 등을 제시하기도 하였다.

한편, 남전이 정말로 고양이를 베어 죽였을 것인지는 생각해볼 문제이다. 남전은 기세가 등등하여 고양이를 벨 듯한 태도를 보이는 동시에 고양이를 놓아주려는 자세도 납자에게 보였을 것이다. 이를 문장으로 쓸 때 '고양이를 베는 시늉을 하면서 놓아주었다'라고 한다면 글에 힘이 빠질 것이다. 《무문관》 제2칙의 〈백장야호〉 공안에서 '황벽이 가까이 다가가 스승을 한 대 쳤다'라고 쓴 것과 같은 필법이다. 선장禪匠이 살생하거나 제자가 스승을 때린다는 것은 공안을 드는 납자의 생각을 180도로 바꾸게 하는 묘미가 있다. 도저히 있을 수 없는 일이 벌어졌기 때문이다.

남전의 제자 조주는 그때 외출 중이었다가 저녁 무렵 절로 돌아왔다. 남전은 낮에 일어났던 일을 말해주고, "너라면 그때 어떻게 했겠는가"라고 조주에게 물었다. 조주는 이야기를 듣자 바로 신발을 벗어 머리에 이고 나갔다.

조주의 이런 행동은 어떤 의미일까. 조주는 여기에 어떤 의미도 두지 않았을 것이다. 신을 머리 위에 이든, 모자를 발에 신든, 그러한 행동은 안중에 없다. 다만 그렇게 했을 뿐이다. 누가 봐도 바보 같은 행동을 하고 나가버린 것이다. 이것이 조주의 선이다.

남전은 말했다. "그대가 있었더라면 고양이를 구했을 텐데." 이는 말할 것도 없이 조주를 칭찬한 말이다. 남전과 조주는 사제관계이면서 지음知音의 관계이기도 하다. 조주의 선에는 미혹도 깨달음도 없고, 오직 무사태평만이 있다. 그러한 심경을 행동으로 남전 화상에게 보였다. 남전도 그 동작을 보는 것만으로 조주의 심경을 간파한 것이다.

무문이 평하여 말한다.

"자, 말해보라. 조주가 짚신을 인 것은 무슨 뜻인가. 만약 여기서 일전어一轉語를 내릴 수 있다면 바로 남전의 영令이 예사롭지 않다는 것을 알 것이다. 혹 그렇지 못하다면 위험하지!"

'일전어'는 말 한마디로 상대를 미혹에서 깨어나도록 하는[전미개오轉迷開悟] 힘이 있는 어구를 뜻한다. 적절한 말을 바로 들이댈 수 있다면 남전이 고양이를 베어버린 것도 쓸데없는 일이 아님을 알 것이지만, 만약 적절한 말을 할 수 없다면 그는 분별 망상에 갇혀 있어서 아주 위험하다는 말이다.

송의 첫 두 구, "만약 조주가 있었다면 이 영을 반대로 행했을 텐데"는 조주가 그 자리에 있었다면 남전이 정반대로 행동했을 것이라는 뜻이다.

"칼을 뺏었다면 남전도 목숨을 살려달라 했을 것이다."

남전의 손에서 칼을 빼앗아 쥐고 '무슨 말이라도 한마디 한다면 화상의 머리를 벨 것이고, 아무 말 하지 못해도 화상의 머리를 벨 것이다'라고 역습한다면, 아마 남전도 조주에게 항복했을 것이라는 의미이다. 조주만이 아니라, 누구라도 전심전력으로 수행에 힘쓰면 남전을 항복시킬 수 있다고 무문이 은근히 독려한다.

제15칙

동산, 삼 돈의 몽둥이

洞山三頓
(동산삼돈)

본칙

동산이 참선하러 왔을 때 운문이 물었다.

"어디서 왔는가?"

동산이 말했다.

"사도입니다."

"여름은 어디서 지냈지?"

"호남 보자입니다."

"언제 거기서 떠났지?"

"8월 25일입니다."

"너에게 몽둥이[棒]로 삼 돈[1]을 먹여야 하는 건데…."

---

1 몽둥이 삼 돈은 일 돈이 20방이므로 60방을 뜻한다. 혹은 일 돈을 10방으로 보고 삼 돈을 30방이라고 하기도 한다.

동산은 다음날 다시 올라가 물었다.

"어제, 화상께서 몽둥이로 삼 돈을 먹일 정도라고 하셨는데, 어디에 허물이 있었는지 알지 못하겠습니다."

운문이 말했다.

"이런 밥통 같은 놈 봤나! 강서로 호남으로 언제까지 왔다 갔다 할 건가!"

동산은 여기서 크게 깨달았다.

운문인동산참차 문문왈 근리심처 산운 사도 문왈 하재심처
雲門因洞山參次 門問曰 近離甚處。山云 査渡。門曰 夏在甚處。
산운 호남보자 문왈 기시리피 산운 팔월이십오 문왈 방여삼
山云 湖南報慈。門曰 幾時離彼。山云 八月二十五。門曰 放汝三
돈방 산지명일각상문신 작일몽화상방삼돈방 부지과재심마
頓棒。山至明日却上問訊。昨日蒙和尚放三頓棒。不知過在甚麽
처 문왈 반대자 강서호남편임마거 산어차대오
處。門曰 飯袋子 江西湖南便恁麽去。山於此大悟。

【평】

운문은 당시 바로 본분의 여물을 주어, 동산이 특별히 생기가 넘치는 작용의 길 하나를 알게 해서 가문이 적막하지 않도록 해야 했다. 밤새 시비의 바닷속에 빠져 날 밝기를 기다렸다가 다시 오니, 다시 설명[注破][2]을 해주었다. 동산은 직하에 깨달았지만, 아직 그렇게 영리[性燥][3]하다고는 할 수 없다. 자, 그대들에게 묻겠다. 동산이 몽둥이 삼 돈을 먹

---

2 주파注破: 주석을 달 듯 상세히 설명함. '파'는 철저한 행위를 보이는 조사.

3 성조性燥: '조'는 '건조하다' '불이 붙기 쉽다'는 뜻. '성조'는 '성급하다' '화를 내다'라는 뜻도 있지만, 선어로는 '이발利發' 또는 '영리怜悧하다'라는 의미로 쓰임.

어야 했는지, 먹지 말아야 했는지를. 만약 먹어야 했다면 초목 총림 모두 몽둥이를 먹어야 하고, 먹지 말았어야 한다면 운문은 또한 거짓말쟁이가 된다. 이 자리에서 분명히 알아차린다면, 그야말로 바로 동산을 위해서도 단숨에 (운문 화상을) 날려버릴 수 있을 것이다.

무문왈 운문 당시변여본분초료 사동산별유생기일로 가문불치적
無門曰 雲門 當時便與本分草料 使洞山別有生機一路 家門不致寂
요 일야재시비해리착도 직대천명재래 우여타주파 동산직하오
寥。一夜在是非海裏著到 直待天明再來 又與他注破。洞山直下悟
거 미시성조 차문제인 동산삼돈방 합끽불합끽 약도합끽 초목
去 未是性燥。且問諸人 洞山三頓棒 合喫不合喫。若道合喫 草木
총림개합끽방 약도불합끽 운문우성광어 향자리명득 방여동산
叢林皆合喫棒。若道不合喫 雲門又成誑語。向者裏明得 方與洞山
출일구기
出一口氣[4]。

【송】

사자가 헤매는 새끼를 가르치는 비결

앞으로 나아가 뛰어오르며 순간 몸을 뒤척인다.

뜻밖에도 다시 설명하니 정면에 명중,

먼저 화살은 가볍고 나중 화살은 깊다.

사자교아미자결 의전도척조번신
獅子教兒迷子訣 擬前跳躑早飜身
무단재서당두착 전전유경후전심
無端再叙當頭著 前箭猶輕後箭深

4　출일구기出一口氣: 단숨에 날려버리다, 물리치다.

동산 수초洞山守初(910-990)는 운문 문언雲門文偃(864-949)의 제자이다. 양주 동산에서 지냈고, 그의 '마삼근' 공안은 유명하다. 운문 문언은 설봉 의존의 제자이며 선종 전등사傳燈史에서 아주 유명한 선사이다. 《벽암록》 100칙 중 18칙, 《종용록》 100칙 중 14칙, 본 《무문관》 48칙 중 5칙이 모두 운문에 대한 공안으로 나타난 것만으로도 알 수 있다. 이 공안은 운문과 제자 동산과의 문답이다.

운문 처소에 동산이 참선하러 왔다. 운문이 동산에게 물었다.

"어디서 왔는가?"

"사도에서 왔습니다."

여기서 참선은 선방에 들어가 선을 하는 것이 아니라 독참獨參을 하는 것이다. 독참은 법의 제일의第一義, 즉 깨달음을 묻거나 답하는 것이다. 제이의第二義적인 교리를 취급하는 것이 아니다. 운문의 질문에는 깨달음의 문제가 감추어져 있다. 그러나 동산의 대답을 보면 묻는 각도에서 벗어났다. 운문은 이 승이 깨달음의 안목이 없음을 간파했다.

운문은 다시 물었다.

"이번 여름은 어디서 지냈나?"

"호남의 보자사에 있었습니다."

"언제 그곳을 떠나 왔는가?"

"8월 25일입니다."

동산은 운문의 물음에 또박또박 정직하게 사실대로 말했다. 그러자 운문이 말했다.

"너를 몽둥이[棒] 삼 돈을 먹여야 하는데."

'너 같은 놈은 몽둥이 60방을 먹여야 하는데, 몽둥이가 더러워질 것 같아 그만둔다'라는 의미가 내포되어 있다. 본칙의 '방삼돈방放三頓棒'의 '방放'은 '먹이다'라고 해석한다. 선록禪錄에서 '방'을 '치다' '때리다'의 의미로 사용한 예는 하나도 없다. 만약 '치다'라고 해석한다면 무문의 비평에서 '본분의 여물을 주다'와 맞지 않는다.

운문에게 지독히 야단을 맞고 허둥지둥 물러났지만, 동산은 운문의 뜻을 도저히 이해할 수 없었다. 빈방으로 돌아와 밤새 생각해봐도 답이 나오지 않았다.

'어디에 허물이 있었을까. 무례한 태도 때문일까. 묻는 대로 정직하게 말씀드렸을 뿐인데….'

날이 새기를 기다렸다가 다시 운문을 찾아가 독참했다.

"어제, 화상께서 삼 돈의 몽둥이를 먹일 정도라고 하셨는데, 어디에 허물이 있었는지 알지 못하겠습니다."

이번에는 완전히 백지가 되어 물었다. 운문이 말했다.

"이런 밥통 같은 놈을 봤나! 강서로 호남으로 언제까지 왔다 갔다만 할 건가!"

운문의 질책에, 동산은 여기서 크게 깨달았다.

무문이 평하여 말한다.

"운문은 당시 바로 본분의 여물을 주어, 동산이 생기生機가 넘치는 길 하나를 알게 해서 가문이 적막하지 않도록 해야 했다."

여기서 '생기'는 활발발한 작용을 뜻한다. 처음부터 운문의 지도는 좀 미온적이었다. '60방을 먹이고 싶지만 그만둔다'고 하지 말고, 처음부터 세게 60방을 먹였더라면 동산이 더욱 활기찬 깨달음을 얻었을 것이고, 그렇다면 선문은 적막하지 않게 되었을 텐데 아쉽다는 의미이다.

"밤새 시비의 바닷속에 빠져 날 밝기를 기다렸다가 다시 오니, 다시 설명을 해주었다. 동산은 직하에 깨달았지만, 아직 그렇게 영리하다고는 할 수 없다."

동산은 밤새도록 잠을 못 이루고 무엇이 잘못되었는지 번민했다. 날이 새자 다시 독참했다. 운문이 지난번에는 못난 밥통이라고 호통을 쳤는데, 이번에는 친절히 강석講釋을 하여 동산을 깨닫게 했다. 그래서 동산이 직하에 깨달았다고 했지만, 아직 그다지 영리하다고는 할 수 없다.

"자, 그대들에게 묻겠다. 동산이 몽둥이 삼 돈을 먹어야 했는지, 먹지 말아야 했는지를. 만약 먹어야 했다면 초목 총림 모두 몽둥이를 먹어야 하고, 먹지 말았어야 한다면 운문은 또한 거짓말쟁이가 된다."

무문은 운문과 동산의 대화를 인용하여 문하의 수행자들에게 자각을 촉구한다. 동산의 대답에 허물이 있는지 없는지, 동산은 당연히 몽둥이 60방을 먹어야 하는지, 아닌지를 묻는다. 만약 먹어야 한다면 산천초목도 총림도 모두 몽둥이를 먹어야 한다. 동산이 먹어야 할 이유가 없다면 운문의 말은 거짓말이 된다. 어떤 것일까?

"이 자리에서 분명 알아차린다면 바로 동산을 위해서도 단번에 (운문 화상을) 날려버릴 수 있을 것이다." 무문은 이렇게 수행자들에게 속히 깨치라고 재촉한다.

송의 첫 구 "사자가 헤매는 새끼를 가르치는 비결"에서는 운문의 지도를 사자에 비유하였고, 두 번째 구 "앞으로 나아가 뛰어오르며 순간 몸을 뒤척인다"에서는 동산의 수행을 새끼 사자에 비유하였다. 사자는 새끼를 낳은 지 3일 만에 천 길의 낭떠러지 계곡으로 밀어 떨어뜨려 시험한다. 계곡에 떨어진 새끼는 낭떠러지를 뛰어 올라와 부모 사자를 물어뜯는다. 사자는 이처럼 강하게 새끼를 키운다고 한다. 운문의 지도는 부모 사자의 것처럼 엄하고 강한 교육이고, 동산의 독참은 새끼가 부모 사자를 물어뜯는 것처럼 절실함이 있다는 말이다.

"뜻밖에도 다시 설명하니 정면에 명중, 먼저 화살은 가볍고 나중 화살은 깊다."

운문이 처음에 동산에게 '몽둥이를 먹일 가치조차 없는 놈'이라며 쏘아 보낸 화살은 가볍지만, '이런 밥통 같은 놈을 봤나!'라며 두 번째 쏜 화살은 동산의 가슴을 깊게 적중하여, 바로 동산을 대오시켰다. 운문이 쏘아 보낸 첫 번째 화살도 두 번째 화살도 모두 훌륭했다고 무문은 이야기한다.

제16칙

운문의 종소리

종 성 칠 조
鐘聲七條

본칙

운문이 말했다.

"세계는 이렇게 넓고 크다. 그런데 무엇 때문인가, 종소리가 울리니 칠조七條[1]의 가사袈裟를 걸치는 것은."

운 문 왈 세 계 임 마 광 활 인 심 향 종 성 리 피 칠 조
雲門曰 世界恁麽廣闊。因甚向鐘聲裏披七條。

1 칠조: 승려는 의식에 참석할 때는 반드시 가사를 걸쳐야 한다. 가사에는 오조五條, 칠조七條, 구조九條 등이 있다. 승려가 된 햇수(법납)에 따라 조가 달라진다.

【평】

무릇 참선하는 자는 소리를 따르거나 색을 쫓아가는 것을 절대 피해야 한다. 설사 소리를 듣고 도를 깨닫거나 색을 보고 마음이 밝아졌다고 해도, 역시 이것은 대수롭지 않은 것이다. 납승가衲僧家는 소리를 타고 색을 덮고, 하나하나에 궁구하고 한 수 한 수 묘함을 완전히 알아야만 한다. 그러나 이렇다 해도, 자, 말해보라. 소리가 귀로 와서인가 귀가 소리 쪽으로 가서인가. 설사 소리도 정적도 모두 잊었다 해도, 여기에 이르러 어떤 말을 할 수 있는가. 귀로 듣는다면 응당 알기 어렵다. 눈으로 음성을 들을 정도라야 비로소 친하게 될 것이다.

무문왈 대범참선학도 절기수성축색 종사문성오도 견색명심야
無門曰 大凡參禪學道 切忌隨聲逐色。縱使聞聲悟道 見色明心也
시심상 수부지 납승가기성개색 두두상명 착착상묘 연수여시
是尋常。殊不知 衲僧家騎聲蓋色 頭頭上明 著著上妙[2]。然雖如是
차도 성래이반 이왕성변 직요향적쌍망 도차여하화회 약장이
且道 聲來耳畔 耳往聲邊。直饒響寂雙忘[3] 到此如何話會。若將耳
청응난회 안처문성방시친
聽應難會 眼處聞聲方始親。

【송】

깨달으면 사물은 같은 일가一家

깨닫지 않으면 천차만별

---

2 두두상頭頭上은 '하나하나에 있어서', 착착상著著上은 '한 수 한 수에 있어서'라는 의미. 모두 장기의 한 수를 뜻하는데, 한 수를 '일착一著'이라고 한다.

3 향적쌍망響寂雙忘: '향響'은 객관, '적寂'은 주관, '쌍망雙忘'은 주관과 객관을 초월한다는 의미이다.

깨닫지 않으면 사물은 같은 일가

깨달으면 천차만별

회즉사동일가 불회만별천차
會則事同一家 不會萬別千差
불회사동일가 회즉만별천차
不會事同一家 會則萬別千差

해설

"세계는 이렇게 넓고 크다. 그런데 무엇 때문인가, 종소리가 울리니 칠조七條의 가사袈裟를 걸치는 것은."

이것이 공안이다. 이 문제는 '사과나무에 사과가 열리는 것은 왜일까?' '왜 고양이는 고양이 새끼를 낳고 참새 알은 참새가 되는 걸까?' '왜 벚꽃은 꽃잎이 5개이고 연꽃은 열매 구멍이 10개일까?' 같은 물음처럼 답할 수 없는 문제이다. 기독교에서는 신이 세상을 만들었다고 하지만, 우리 인간으로서는 신이 왜 세상을 이렇게 만들었는지에 대해서 알 수도 없고, 알려고 해도 안 된다.

불교에서는 세상이 어떻게 만들어졌는지에 대해서 애초부터 알지 못한다[不知]고 답한다. 당연히 신이 창조했다거나 또는 다른 어떤 식으로 만들어졌다고 생각하지 않는다. 어쨌건 생각을 파고들다 궁극에 가서는 알지 못한다고 말하는 것이 정답이다. 달마 대사도 '불식不識'이라고 했다. 위의 문제도 아무리 궁리해봐야 소용없다. 그런데 운문은 이처럼 소용없는 문제를 공안으로 삼게 했다.

우리는 자신의 지식을 과대평가하여, 궁극에는 지식에 대한 자부심으로 인하여 스스로 함몰된 줄도 모르고 있다. 생각을 골똘히 하면 할수록 의심병만 쌓인다. 이에 대한 대처법은 좌선으로 생각을 비우는 것이다.

'종이 울리니 가사를 걸친다'라는 말은, 종소리가 나니 승려들이 가사를 걸치고 조용히 의례 장소로 나간다는 의미이다. 거기에는 주관도 객관도 있지 않다. '무엇 때문이지?'라는 생각도 할 필요 없이 자연스럽게 움직이는 것이다. 그냥 본능적이다. 본래 이유가 없다. 아침이 되면 일어나 조반을 먹고, 일이 시작되면 일을 하고, 저녁이 되면 귀가하여 식사하고 쉰다. 이것이 일상생활이다. 여기에 이유를 붙이지 않는다.

일찍이 방온龐蘊(?-808) 거사가 "신통과 묘용, 물 긷고 나무 나르는 것"이라고 했다. 이유 불문하고 자연스럽게 일상을 지내는 것을 방 거사는 '신통묘용'이라고 하였다. 인간은 이지력理知力이라는 특·장점을 지닌 이성적 동물이라, 이지력을 통하여 만물 위에 군림하지만, 길다고 생각한 것이 짧은 것으로 드러나는 순간, 인간은 바로 그 이지로 인해 스스로 불타버리기도 한다. 그 때문에 이론 논쟁으로 소란하게 되고 불행을 초래하게 되는 것이다. '이유'로부터 해방되어야 비로소 자유인이 된다. 이 공안은 이를 가르치고 있다.

무문이 평하여 말한다.

"무릇 참선하는 자는 소리를 따르거나 색을 쫓아가는 것을 절대 피해야 한다. 설사 소리를 듣고 도를 깨닫거나 색을 보고 마음이 밝아졌다고 해도, 역시 이것은 대수롭지 않은 것이다."

선을 배우는 사람은 소리나 색상, 형태 등에 이끌리지 말아야 한다.

소리나 형태를 듣고 보아 깨달은 자가 있다 해도, 이는 별로 진귀한 일은 못 된다. 향엄 지한香嚴智閑(?-898)처럼 대나무에 돌멩이가 부딪히는 소리를 듣고 깨닫거나, 영운 지근靈雲志勤(?-?)처럼 복숭아꽃을 보고 심성을 깨달았다고 해도, 이런 것 모두 특별한 일이 아니라는 것이다.

"납승가衲僧家는 소리를 타고 색을 덮고, 하나하나에 궁구하고 한 수 한 수 묘함을 완전히 알아야만 한다."

'소리를 타고 색을 덮고'는 소리나 형태에 미혹되지 말라는 뜻이다. 진정한 납자는 소리와 색에 끌려다니지 않는다는 말이다. 향엄과 영운은 단지 소리를 듣거나 색을 보아서 깨달은 것이 아니다. 사물 하나하나에 대해 궁구하고, 그 부사의不思議한 움직임을 하나도 놓치지 않았다.

"그러나 이렇다 해도, 자, 말해보라. 소리가 귀로 와서인가 귀가 소리 쪽으로 가서인가."

'소리가 귓전으로 가는가, 귀가 소리 쪽으로 오는가'라는 말은《능엄경》권3에 나오는 말로, 신수神秀(606?-706)의 공안에도 이 구절이 있다. 이는 주관과 객관의 대립 세계에서 갈팡질팡하는 우리를 향해, 주·객의 대립에 떨어지기 이전의 진실한 세계를 깨닫도록 가르치는 말씀이다.

"설사 소리도 정적도 모두 잊었다 해도, 여기에 이르러 어떤 말을 할 수 있는가. 귀로 듣는다면 응당 알기 어렵다. 눈으로 음성을 들을 정도라야 비로소 친하게 된 것이다."

즉 주객의 대립을 넘어선 절대의 진실이 무엇인지, 여기에 일전어一轉語를 내놓을 수 있겠느냐는 물음이다. '귀로 소리를 들었다'와 같은 식의 주·객 대립적 사고는 진실과는 거리가 멀다. 눈으로 소리를 들어 미묘한 소식을 알아차릴 정도가 되어야 비로소 주객이 일체가 된 진실한 생활을 할 수 있다는 말이다.

송의 첫 구,

"깨달으면 사물은 같은 일가一家"

주객 대립에서 벗어난 절대의 진리를 '아는' 것만으로, 사실이 그대로 수용되지는 않는다. 절대라는 생생한 사실을 '체험'해야 한다. 이것이 깨달음이다. 이 깨달음에 도달하면 '모든 존재는 하나'라는 것이 명확하게 된다. '하나'라는 생활이 몸에 붙고 나면, 세계가 일가가 되고 화목하게 된다.

둘째 구,

"깨닫지 못하면 천차만별"

그러나 깨달음의 세계에 도달하지 못하면, 모든 존재가 제각각 흩어져버려 대립의 각을 세우고, 이르는 곳마다 투쟁의 연속이 되고 어지럽기 짝이 없게 된다.

"깨닫지 못하면 사물은 같은 일가, 깨달으면 천차만별"

반면, 깨닫지 못하면 사물마다 모두가 같은 일가로 보이지만 깨달아보면 하나하나 모두가 각각 개성을 갖고 있음을 안다는 것이다. 깨치고 깨치지 않고에 따라 평등과 차별의 세계가 달라짐을 말한다.

무문이 평에서 말한 '하나하나에 궁구하고 한 수 한 수 묘함을 완전히 알아야 한다'는 것은, 바로 본칙의 체험을 위한 도정을 제시한 것이다. '눈으로 음성을 들을 정도라야 비로소 친하게 될 때' 사물이 같은 일가이고 천차만별임을 수긍하게 된다는 것이 송의 뜻이다.

제17칙

충 국사와 시자

국 사 삼 환
國師三喚

본칙

국사가 세 번 시자를 불렀다. 시자는 세 번 응답했다.

국사가 말했다.

"내가 너를 등져버렸다고 생각했는데, 실은 오히려 네가 나를 등지고 있었네."

국 사 삼 환 시 자　시 자 삼 응　국 사 운　장 위 오 고 부　여　원 래 각 시 여 고 부 오
國師三喚侍者。侍者三應。國師云 將謂吾辜負[1]汝 元來却是汝辜負吾。

---

1 '고부辜負'는 '고부孤負'와 같은 말. 모처럼 베푸는 호의를 헛되이 한다는 뜻, 또는 사람의 기대를 저버린다는 의미.

【평】

국사는 세 번씩이나 불러 혓바닥이 땅에 떨어졌다.[2] 시자는 세 번 응답하여 빛을 부드럽게 드러냈다. 국사는 연로하여 쓸쓸한지 소의 머리를 눌러 풀을 먹게 했다. 시자는 조금도 받아들이지 않았다. 좋은 음식도 배부른 사람에게 먹게 하는 것은 옳지 않다. 자, 말해보라. 어디가 그가 저버린 곳인지. 나라가 번영하면 인재가 귀하고, 집이 부유하면 아이들이 교만하다.

무문왈 국사삼환 설두타지 시자삼응 화광토출 국사년로심고
無門曰 國師三喚 舌頭墮地。侍者三應 和光吐出[3]。國師年老心孤
안우두끽초 시자미긍승당 미식부중포인찬 차도 나리시타고
按牛頭喫草。侍者未肯承當。美食不中飽人湌[4]。且道 那裏是他辜
부처 국청재자귀 가부소아교
負處。國淸才子貴 家富小兒嬌[5]。

【송】

구멍 없는 철가鐵枷[6]를 사람에게 씌우려 하지만,

---

2 혓바닥이 땅에 떨어지다: 지나친 말을 했다는 의미.

3 화광토출和光吐出: '화광'은 《노자》의 '화광동진和光同塵'에서 나온 말로, 자신의 빛을 부드럽게 해서 상대와 같아진다는 의미이다. '토출'은 상대에게 장腸까지 보일 정도로 본음을 토하는 것이다.

4 아무리 맛있는 음식이라도 상대가 이미 배부르다면 먹게 하지 않는다. 이 말은 국사의 자비도 상대에 따른다는 의미이다.

5 '국청재자귀國淸才子貴 가부소아교家富小兒嬌' 두 구는 국사와 시자의 조화롭지 못한 관계를 뜻한다.

6 철가무공鐵枷無孔: 선가에서는 불법을 비유하여 구멍이 없는 철가라고 한다. 철가는 본래 죄인이 머리에 쓰는 형틀.

재난이 자손들에게까지 미쳐 등한히 할 수 없다.

문을 떠받치고 집을 세우려고 한다면,

모름지기 맨발[赤脚]로 칼산에 올라야 한다.

철 가 무 공 요 인 담 누 급 아 손 부 등 한
鐵枷無孔要人擔 累及兒孫不等閑
욕 득 탱 문 병 주 호 갱 수 적 각 상 도 산
欲得撑門幷拄戶 更須赤脚上刀山

해설

여기서 말하는 '국사國師'는 남양 혜충南陽慧忠(?-775)이다. 남양은 육조 혜능 선사의 법을 이었다. 《벽암록》 제18칙에는 남양과 숙종황제(재위 756-762)와의 문답이 있다. 이 문답에는 황제가 국사의 말을 이해하지 못했다가 혜충이 천화遷化한 후 제자 탐원 응진耽源應眞에게 그 뜻을 물었다는 내용이 나온다.

남양은 하남성 백애산白崖山에 올라 40여 년간 좌선했다. 숙종의 요청으로 수도首都에 들어가 16년간 황제의 스승이 되었다. 세납歲納은 잘 알려지지 않았으나, 100세 넘게 살았다고 한다. 본문의 '시자'는 남양의 법을 이은 탐원이다. 그는 국사가 시적示寂한 후 길주의 탐원산耽源山에서 은거하여 세상을 마쳤다고 한다.

국사가 시자 응진을 세 번 불렀는데, 시자는 매번 부를 때마다 응대했다. 그러자 국사가 말했다.

"내가 너를 등져버렸다고 생각했는데, 실은 오히려 네가 나를 등지고 있었네."

이 말은 '내가 홀로 독립 독보하며 시자는 안중에 없이 완전히 홀로라고 생각했는데, 아니, 너도 독립 독보하며 나를 안중에 두지 않고 천지를 삼키고 홀로 있구나'라는 뜻이다. 이는 국사가 시자인 응진의 안목과 경계를 증명한 말이다. 국사가 부르고 시자가 대답한 데에는 어떠한 이유도 없다. 부르니 답한 것이다. 거기에는 깨달음도 미혹도 없다. 아주 단순하다. 남양의 이 공안은 부르고 답하는 본분사를 견파見破하라는 것이다.

무문이 평하여 말한다.

"국사는 세 번씩이나 불러 혓바닥이 땅에 떨어졌다."

국사가 시자를 세 번이나 불렀다는 것은 이미 국사의 혀가 썩어 땅에 떨어졌다는 말이다. '혓바닥이 땅에 떨어졌다[설두타지舌頭墮地]'라는 말은 안 해도 될 말을 공연히 해버렸다는 뜻이다. 시자는 이미 철저히 깨달아 그를 불러 따로 가르칠 필요가 전혀 없는데, 번거롭게 세 번이나 불렀다는 말이다. 이는 국사의 큰 잘못이지만, 무문은 이러한 국사의 말을 인용하여, 다시 납자로 하여금 '국사삼환國師三喚'의 종지를 참구하도록 하였다.

"시자는 세 번 응답하여 빛을 부드럽게 드러냈다."

'빛을 부드럽게 드러냈다[화광토출和光吐出]'라는 말은, 자신의 광채를 누그러뜨려 감추고 상대와 잘 조화한다는 뜻이다. '화광동진和光同塵'이라는 말과 같다. 시자가 국사의 부름에 어떠한 감정도 드러내지 않고 다만 순조롭게 부름에 맞추어 세 번 대답하여, 그의 본래면목이 그대로 빛나고 있음을 뜻한다. 무문은 이처럼 국사를 폄하하고 시자를 추켜세우는 듯하지만, 여기에서 '시자삼응侍者三應'의 정신을 참구해보도록 유도하고 있다.

"국사는 연로하여 쓸쓸한지 소의 머리를 눌러 풀을 먹게 했다."

노년의 국사가 한적한 탓인지 그의 교육법이 누그러져, 마치 소의 머리를 내리누르며 억지로 풀을 먹이는 것처럼, 시자를 세 번이나 불러 무리하게 가르치려고 했다는 것이다.

"시자는 조금도 받아들이지 않았다. 좋은 음식도 배부른 사람에게 먹게 하는 것은 옳지 않다. "

스승이 무리하게 가르치려고 하는 것을, 시자는 전혀 수긍하지 않았다. 시자는 이미 '깨달음'이라는 맛있는 음식을 배불리 먹었기 때문에, 더 이상 원하지 않는다는 말이다. 마지막으로 무문은 문제를 제기한다.

"자, 말해보라, 어디가 그가 저버린 곳인지."

'그'는 시자이다. 그가 완전히 홀로 독립 독보한 곳이 어딘지 말해보라는 것이다. 무문은 자신의 답을 간접적으로 이렇게 말한다.

"나라가 번영하면 인재가 귀하고, 집이 부유하면 아이들이 교만하다."

이 구절은 중국 송대의 속담으로, 국사의 가르치려는 자비가 지나쳐 시자가 도리어 알려고 하지 않는다는 말이다. 천하가 태평하고 나라가 번영하면 인재가 귀하다는 말은 국사 같은 인재를 돌아보지 않는 것에 비유한 것이고, 부자가 되면 아이들이 교만해진다는 말은 은근히 시자를 빈정대는 말이다.

송의 첫 구,

"구멍 없는 철가를 사람에게 씌우려 하지만, 덕분에 재난이 자손들에게까지 미쳐 등한히 할 수 없다."

구멍이 없는 철판을 목에 채운다는 것은 아주 곤란한 일이다. 이것이 바로 공안을 대하는 어려움이다. 선을 배우는 법손으로서는 어쩔 수 없는 재난이겠지만, 피할 수 없는 일이다.

마지막 구,

“문을 떠받치고 집을 세우려고 한다면 모름지기 맨발로 칼산에 올라야 한다.”

선종의 법문을 지탱하려고 한다면, 맨발로 칼산에 오를 정도의 고난을 감당하고 공안을 참구해야 한다는 의미이다.

제18칙

동산의 세 근

동 산 삼 근
洞山三斤

본칙

동산에게 어느 승이 "부처가 무엇입니까?"라고 묻자, 동산 화상이 "마 삼 근"[1]이라고 말했다.

동 산 화 상　인 승 문　여 하 시 불　　산 운　마 삼 근
洞山和尚 因僧問 如何是佛。山云 麻三斤。

1　마삼근麻三斤: 마 삼 근은 옷 한 벌을 만드는 데 드는 마麻의 실[絲]을 말한다.

【평】

동산 노인은 아무래도 방합선蚌蛤禪[2]이 몸에 붙었는지, 겨우 (조개껍질의) 양쪽을 벌렸을 뿐인데 속살이 노출됐다. 그렇다 하더라도, 자, 말해 보라! 어느 곳을 향해야 동산을 볼 수 있겠는가.

무문왈 동산로인 참득사방합선 재개양편로출간장 연수여시
無門曰 洞山老人 參得些蚌蛤禪 纔開兩片露出肝腸。然雖如是
차도 향심처견동산
且道 向甚處見洞山。

【송】

돌출한 마 삼 근

말도 친밀하지만 정신은 더욱 친밀하다.

와서 시비를 거는 자

바로 시비인이다.

돌출마삼근 언친의갱친
突出麻三斤 言親意更親
내설시비자 변시시비인
來說是非者 便是是非人

---

2 방합선蚌蛤禪: 조개가 입을 벌려 내장을 보이는 것처럼 동산이 승에게 자신의 모든 것을 보여주었다는 뜻에서 방합선이라고 했다.

해설

동산 수초洞山守初(910-990)는 운문의 법을 이은 선사로, 제15칙에도 나왔다.

어느 승이 동산에게 물었다.
"부처가 무엇입니까?"
동산은 바로 "마 삼 근(3근斤의 마麻)"이라고 대답했다.

부처에 대해서 교학적으로 설명한 다양한 이론들이 있지만, 여기서는 삼신불三身佛에 대해 살펴본다. 부처는 법신法身 · 보신報身 · 화신化身(또는 응신應身)의 삼신三身으로 구분해볼 수 있다.

법신불은 부처의 본질로서, 법의 당체當體를 가리키는 이름이다. 보통 '불성' '법성'이라고도 한다. 법신불을 사상적으로 설명한 것이 불교 교리이며, 법신불을 생생한 그대로 붙잡는 것이 깨달음이다. 법신불은 범부의 머리로 상상하기 어려워, 이를 인격화하여 상징적으로 부르는 이름이 바로 '비로자나불(대일여래)'이다.

보신불은 오랫동안 불도를 수행한 결과 만덕萬德 원만의 인격을 성취하여 구체적으로 드러난 부처의 모습이다. 보신불은 중생 제도를 하는 부처님으로, 신앙의 대상이 된다. 아미타여래가 대표적인 보신불이다. 불도 수행이라는 것은 우선 법신불을 크게 깨닫고, 그것을 인격적으로 구현하여 생활에서 실현해가는 것이다.

화신불은 보신불의 화신化身이다. 보신불이 중생의 상황에 맞추어 중생을 구제하기 위해 완전히 인간과 같은 모습으로 세상에 나와서 교화 활동을 하는 부처님이다. 현재 불교도들이 교주로 추앙하는 석가모니 부처님이 화신불이다.

본칙에서 승이 동산에게 '부처가 무엇인가' 물었을 때, 그것은 법신불에 대한 물음으로 볼 수 있다. 불교 신자가 머리로 그리고 있는, 신앙의 대상으로서의 보신불이나 응신불을 묻는 것이 아니다. 이를 신앙 대상으로서의 부처님으로 생각한다면, 동산의 대답은 전혀 알 수 없게 된다. 동산이 일찍이 운문으로부터 "이 밥통 같은 놈을 봤나"라는 호통을 듣고 정신이 번쩍 든 것처럼, 우리는 동산의 "마 삼 근!"이라는 말을 통해 법신불에 눈을 떠야 한다.

무문이 평하여 말한다.

"동산 노인은 아무래도 방합선蚌蛤禪이 몸에 붙었는지, 겨우 (조개껍질의) 양쪽을 벌렸을 뿐인데 속살이 노출됐다."

동산의 선은 조개와 같아, 입을 벌리는 순간 뱃속을 전부 드러내 보였다. '마 삼 근'이라는 말로 법신불을 완전히 드러내 보인 것이다. 그러나 무문은 여기에 문제를 제기한다.

"그렇다 해도, 자, 말해보라! 어느 곳을 향해야 동산을 볼 수 있겠는가."

말하자면 동산이 자신의 뱃속을 틀림없이 완전히 보였는지, 그렇지 않은지가 문제라는 것이다.

옛날 중국에 부孚 상좌上座라는 교학승教學僧이 있었는데, 그는 법신불에 대해서 다음과 같이 강석했다.

"법신은 허공과 같다. 종縱으로 삼세三世를 꿰고 횡橫으로 시방에 걸쳐 있으며, 사방팔방에 충실하고 음양을 완전히 구족하고 있다. 연緣에 따르고 감感으로 향하여, 어떠한 것에도 감응하고 공명한다."

그의 강의는 도도하고 웅변적이었다. 그 자리에 한 남자가 있었는데, 그는 강의를 들으며 가만히 실소失笑했다. 강의가 끝나고 부 상좌가 그를 정중히 자신의 방으로 초대하여, 불교 교리에 대해 성심성의껏 질문했다. 그러자 남자가 이렇게 대답하였다.

"그대는 단지 법신을 평하기만 했지, 진정으로 법신불을 예배한 일이 없소. 법신불을 정말로 예배하기를 바란다면, 잠시 강좌를 멈추고 접심接心을 하도록 하시오."

부 상좌는 그 남자의 가르침대로 강좌를 멈추고 일주일간 달군 구슬처럼 열심히 접심을 했다. 그리고 바로 대오했다. 비로소 법신불을 실제로 예배할 수 있게 되었다.

송의 전반부, "돌출한 마 삼 근, 말도 친밀하지만 정신은 더욱 친밀하다."

남자의 질문에 동산이 큰 소리로 '마 삼 근!(마麻 세 근斤)'이라고 말했다. 그 말소리는 친밀했다. 정신은 더욱 친밀했다. 어떤 이유도 붙일 것 없이, 법신을 그대로 보인 것이다. 그런데 혜안이 없는 무리가 마 삼 근에 대해 이래저래 추측하고 추량하고 있다. 마 삼 근은 마 삼 근일 뿐이다.

"와서 시비를 거는 자, 바로 이자가 시비인是非人이다."

시비는 이유를 들어 옳고 그름을 가리는 것이다. 어디에서나 시비를 건다. 그래서 시비인이라고 했다. 동산의 부처는 '마 삼 근!'이다. 다만 이렇게 수긍하면 될 일이다. 이유를 달 필요가 없다.

불교를 설하는 자들은 간혹 법신을 진리라 하고, 이 진리는 자연현상을 뜻한다고도 한다. 그래서 '산은 높고 바다는 넓다' '동쪽에서 해가 뜨고 서산으로 해가 진다' '긴 것은 길고 짧은 것은 짧다' 등의 표현으로 진리를 묘사한다. 이렇게 법신불을 말하지만, 그것이 견성에 무슨 도움이 될까. 불교에서는 이를 '희론戲論'이라 하고, 석존도 이를 깊이 경계하셨다. 법신의 부처는 우리들의 개념이나 인식, 신앙, 이지理智와 같은 심식心識의 작용에 있지 않다. '여하시불'이라는 물음에 대해 동산은 '마 삼 근!'이라고 '돌출'했다. 동산이 깨친 법신불이다. 어떠한 사람도 견성오도見性悟道하는 것밖에는 이 법신불을 뵐 방법이 없다. 역대조사들도 견성오도하고 비로소 법신불을 보이셨다. 이 공안은 이를 가르치고 있다.

제19칙

남전의 평상심

평상시도
平常是道

본칙

조주가 "무엇이 도입니까?"라고 묻자, 남전이 말했다. "평상심이 도이다."

"거기로 향해도 되겠습니까?"

"향한다고 하면 바로 무너진다."

"향하지 않으면 어찌 도인지 알겠습니까?"

"도는 앎에 있지 않고 알지 못하는 것에도 있지 않다. 안다면 망각妄覺[1]

---

1 망각妄覺: 잘못된 앎, 망상妄想과 같은 의미.

이고 알지 못한다면 무기無記[2]이다. 진실로 의심할 것 없는 도에 이른다면, 마치 허공이 환하게 텅 비어 있는 것과 같다. 어찌 시비할 것이 있겠는가."

조주는 이 한마디에 깨달았다.

남 전 인 조 주 문　여 하 시 도　전 운　평 상 심 시 도　주 운　환 가 취 향 부
南泉因趙州問 如何是道。泉云 平常心是道。州云 還可趣向否。
전 운　의 향 즉 괴　주 운　불 의 쟁 지 시 도　전 운　도 불 속 지　불 속 부 지
泉云 擬向卽乖。州云 不擬爭知是道。泉云 道不屬知 不屬不知。
지 시 망 각　부 지 시 무 기　약 진 달 불 의 지 도　유 여 태 허 확 연 통 활　기 가
知是妄覺 不知是無記。若眞達不疑之道 猶如太虛廓然洞豁。豈可
강 시 비 야　주 어 언 하 돈 오
强是非也。州於言下頓悟。

【평】

조주의 질문에 남전이 기왓장이 깨지고 얼음이 녹는 듯한 설명을 한다 해도, 해명될 수 없을 것이다. 조주는 비록 깨쳤다고 하지만, 한 30년 더 참구해야 비로소 깨칠 것이다.

무 문 왈　남 전 피 조 주 발 문　직 득 와 해 빙 소　분 소 불 하　조 주 종 요 오 거
無門曰 南泉被趙州發問 直得瓦解氷消 分疎不下[3]。趙州縱饒悟去
갱 참 삼 십 년 시 득
更參三十年始得。

2　무기無記: 본래의 의미는 부처님이 외도外道로부터 열네 가지 형이상학적 질문을 받고 침묵으로 답하지 않았다는 것을 말하는데, 여기서는 단지 백지에 지나지 않는다고 하는 부정적 의미.

3　분소불하分疎不下: '분소'는 해명하다, '분소불하'는 해명할 수 없다, 변명하지 못한다는 뜻.

【송】

봄에는 백화가 있고 가을에는 달이 있다.

여름에는 시원한 바람이 있고 겨울에는 눈이 있다.

하찮은 일을 마음에 걸어 두지 않는다면

바로 이것이 인간의 호시절이다.

춘 유 백 화 추 유 월 하 유 량 풍 동 유 설
春有百花秋有月 夏有涼風冬有雪
약 무 한 사 괘 심 두 변 시 인 간 호 시 절
若無閑事挂心頭 便是人間好時節

해설

조주가 남전에게 물었다. "도가 무엇입니까?"

조주는 18세에 견성하고 이후 30년 이상 남전 곁에서 수행을 계속했다. 이 공안은 조주가 50세일 때의 문답으로 추정한다. 조주는 그런대로 불법을 알고 있다고 자부했지만, 명료하지 않은 미진함이 남아 있다고 늘 생각하고 나름대로 참구하던 중 남전에게 물은 것이다. 남전은 평소대로 "평상심이 도이다"라고 간단히 말해주었다. 일상생활이 그대로 도라는 것이다.

이 말은 원래 마조의 말인데, 남전이 조주에게 전해준 것이다. 조주도 이미 '평상심시도平常心是道'의 의미를 알고 있었는데, 스승이 그렇게만 말해주니 석연치 않았다. 그래서 조주는 "그렇다면 '평상심이 도'라는 것을 붙잡고, 그것을 목표로 해서 향하면 되겠습니까?"라고 물었다. 이번에는 정말 확실하게 해두고 싶어 재차 물은 것이다. 남전은

"향한다고 하면 바로 무너진다"라고 했다. 그런 것이 있다고 생각하여 구하려 든다면 더욱더 도에서 멀어진다는 의미이다.

그러자 조주는 그것을 향해 나아가지 않는다면 어떻게 그것이 도인지를 알 수 있는지 물었다. 남전은 "도는 앎에 있지 않고 알지 못하는 것에도 있지 않다. 안다면 망각妄覺이고 알지 못한다면 무기無記이다"라고 답했다. 도는 지知와 부지不知와는 아무 관계가 없다. 본성은 선과 악이라는 상대적 개념으로 규명할 수 없기 때문이다. 진실로 의심할 것이 없는 도에 이른다면, 마치 환하게 텅 비어 있는 허공과 같게 된다. 거기에 옳다 그르다 하는 시비를 붙일 여지가 없다는 것이다. 조주는 이 한마디 말을 듣고 바로 대오했다.

그러나 '평상심시도'라는 말은 자칫 수행자들에게 오해를 불러일으키기 쉽다. 즉 일상생활이 도라면, 따로 좌선할 필요도 없고 일부러 깨달으려 애쓸 필요도 없는 것 아닌가 하고 따질 수도 있다. 농부는 밭 가는 것이 도이고, 상인은 장사를 잘하는 것이 도이고, 관리나 회사원은 다만 근무에 충실한 것이 도이니, 특별한 깨달음이나 혹은 좌선 수행 따위는 필요하지 않다고 주장하기도 한다. 그러나 이러한 견해는 단견斷見이다.

남전이 '평상심이 도'라고 말할 수 있기까지는 40여 년 피땀을 흘린 수행이 있었다. 또한 조주가 '평상심이 도'라는 말을 듣고 크게 대오한 것은 30년 넘게 좌선 수행을 한 결과였다. "그대들, 좌선하기를 진실로 2, 30년 해도 만약 깨치지 못한다면 내 목을 쳐라"라는 조주의 유명한 말이 있다. 이 칙은 '평상심시도'를 절대 쉽게 생각해서는 안 된다고 강조하는 공안이다.

무문이 평하여 말한다.

"조주의 질문에 남전이 기왓장이 깨지고 얼음이 녹는 듯한 설명을 한다고 해도, 해명되지 못할 것이다."

남전의 설명이 지나칠 정도로 훌륭했지만, 조주는 아직도 분명하지 않고 석연치 않은 데가 있다는 의미이다. 이 말은 조주를 두고 하는 말이 아니라, 무문이 뭇 수행자들에게 자각할 것을 촉구하는 말이다.

"조주는 비록 깨쳤다고 하지만, 한 30년 더 참구해야 비로소 깨칠 것이다."

조주는 남전의 말에 바로 깨달았다. 이는 그가 이미 30여 년간 수행해온 결과이다. 그러나 깨달은 이후 다시 단련하지 않으면 진실로 '평상심의 도'가 될 수 없다. 조주는 남전의 말을 심득心得한 후, 60세에서 80세까지 20여 년간 천하의 명선사들을 차례로 방문하고, 나름대로 수행을 단련하였다. 무문의 이 말 역시 표면적으로는 조주를 향하고 있지만, 그 본의는 납자들에 대한 경고이다.

"봄에는 백화가 있고 가을에는 달이 있다. 여름에는 시원한 바람이 있고 겨울에는 눈이 있다."

송의 첫 구와 둘째 구는 사계四季 풍광을 노래했다. 그러나 단지 자연경관만을 이야기한 것은 아니다. 기분 좋으면 꽃이 피고 달이 휘영청 빛나는 것이 돋보이겠지만, 마음이 불편하고 슬프면 바람이 불고 눈이 내리는 것이 적적하고 쓸쓸하기만 하다.

"하찮은 일을 마음에 걸어 두지 않는다면 바로 이것이 인간의 호시절이다."

만약 미혹과 깨달음, 행복과 불행 등 쓸데없는 망상을 마음에 두지 않기만 한다면, 이것이야말로 인간세계에서의 행복한 생활이라는 것이다. 마음에 미혹함이 있으면 이 세상은 괴로운 암흑의 세계가 되고, 마음에 미혹함이 없으면 이 세상은 그대로 즐거운 극락이 된다. 사계를 통하여 인간세계를 그려 보이고, 미혹과 의심이라는 티끌이 한 점 없는 마음, 이것이 그대로 '호시절'임을 노래했다.

제20칙

송원의 대역량인

대 역 량 인
大力量人

본칙

송원 화상이 말했다. "힘이 센 사람이 어째서 다리를 세워 일어나지 못할까."

또 말했다. "입을 여는 것은 혓바닥에 있지 않다."

송 원 화 상 운 대 역 량 인 인 심 대 각 불 기 우 운 개 구 부 재 설 두 상
松源和尚云 大力量人[1] 因甚擡脚[2]不起。又云 開口不在舌頭上。

---

1 대역량인大力量人: 힘이 센 사람.

2 대각擡脚: 좌선 후 일어서는 자세.

【평】

송원은 배를 뒤집어 내장을 다 쏟아 보였다고 할 수 있을 정도인데, 다만 이를 승당承當[3]할 사람이 없었다. 설사 직하에 승당했다고 해도, 바로 무문의 처소에 오면 아프도록 몽둥이로 갈기겠다. 무엇 때문인가. 왜지? 진짜 금을 알려면 불 속을 봐라!

무 문 왈 송 원 가 위 경 장 도 복 지 시 흠 인 승 당 종 요 직 하 승 당 정 호
無門曰 松源可謂 傾腸倒腹。只是欠人承當。縱饒直下承當 正好
래 무 문 처 끽 통 봉 하 고 니 요 식 진 금 화 리 간
來無門處喫痛棒。何故。聻[4]。要識眞金火裏看。

【송】

다리를 세우니 향수해香水海[5]를 뒤집고

머리 숙여 굽어보니 사선천四禪天.[6]

이 몸을 둘 처소가 없구나.

청컨대 일구를 계속해보라.

대 각 답 번 향 수 해 저 두 부 시 사 선 천
擡脚踏翻香水海 低頭俯視四禪天
일 개 혼 신 무 처 저 청 속 일 구
一箇渾身無處著 請續一句

---

3 승당承當: 받아들이다, 알아차리다.

4 니聻: 뭔가를 지시하거나 반문, 혹은 주의를 끄는 의미의 간투사間投詞.

5 향수해: 고대 인도의 세계관으로, 세계의 중심에 있다는 수미산을 둘러싼 일곱 겹의 바다.

6 사선천: 삼계(욕계·색계·무색계) 중 색계의 네 번째의 하늘.

송원 숭악松源崇嶽(1132-1202)은 임제계 양기파 원오 극근圜悟克勤(1063-1135)의 5대 손제자이며, 밀암 함걸密庵咸傑(1118-1186)의 법을 이었다. 그의 면밀한 선풍을 '송원흑두松源黑豆의 법'이라고 부른다. 무문 화상과 동시대인이다. 항주 영은사에 주석했다. 송원은 찾아오는 납자에게 '삼전어三轉語'로 공부를 시험했다고 한다. 그중 두 개가 본칙에 나온 구이고, 다른 하나는 '눈 밝은 사람이 어째서 다리 아래 붉은 실을 끊지 못할까'이다.

송원 화상이 말했다.

"힘이 대단히 센 건장한 사람이 어째서 다리를 세워 (자리에서) 일어나지 못할까."

이렇게 뜻밖의 일을 묻는 것은 주의를 집중시키기 위해서이다. 당연한 말을 하면 사람들이 주의를 기울이지 않는다. 지도의 효과도 없다. 한마디로 군중을 놀라게 하는 말을 던져야 한다. 다리에 문제가 있는 사람이라면 다리로 설 수 없겠지만, 아무 문제 없이 건강한 사람이 일어설 수 없는 것은 무슨 이유일까.

건강한 사람이 걸을 때는 다리로 걷는다는 것에 대해 별 관심이 없다. 다리가 있는지 없는지조차 모른다. 이를 선가에서는 '다리로 걸어도 되고 다리 없이 걸어도 된다'고 한다.

두 번째, "입을 여는 것은 혓바닥에 있지 않다."

왜일까? 첫 번째와 마찬가지로 뜻밖의 질문이다. 언어 장애가 있는 사람은 말할 때 혀를 의식한다. 그런데 아무런 문제 없는 사람이 지껄일 때는 혀로 말을 하는지 어떤지 의식하지 않는다. 혀가 있는지 없는

지조차 의식하지 못한 채 말한다. 그래서 선가에서는 혀 없이 말한다고 한다.

무문이 평하여 말한다.

"송원은 배를 뒤집어 내장을 다 쏟아 보였다고 할 수 있을 정도인데, 다만 이를 승당할 사람이 없었다."

'배를 뒤집어 내장을 다 쏟아 보였다'라는 말은 완전히 남김없이 다 보여주었다는 의미이다. 이 공안에서 송원은 선의 정신, 즉 깨달음을 충분히 투명하게 보였다고 말할 수 있지만, 이를 알아차릴 사람이 없다는 것이다. 즉 많은 수행자가 이 공안의 정신을 진실로 받아들이지 못하고 있다는 것이다. 견성을 하면 누구라도 일단은 투과한 것 같지만, 진실로 다리를 생각하지 않고 걷고 혀를 의식하지 않고 지껄이는 경지가 되기는 쉽지 않다는 말이다.

"설사 직하에 승당했다고 해도, 바로 무문의 처소에 오면 아프도록 몽둥이로 갈기겠다. 무엇 때문인가. 왜지? 진짜 금을 알려면 불 속을 봐라!"

만일 무문 앞에 진정 깨달았다고 여기는 자가 온다면, 몽둥이로 아프도록 후려치겠다고 한다. 왜 후려친다는 것일까. 가짜가 드러났기 때문이다. '깨달음'이라는 쓸데없는 짐을 짊어지고 있는 것이 보이기 때문이다. 그래서 무문은 '진짜 금을 알고 싶으면 불 속을 보라'고 했다. 가짜 금인지 진짜 금인지 시험해보려면 불 속으로 집어 넣어보면 안다는 것이다. 이는 깨달음의 진위는 다만 명안 조실의 방에서만 살펴볼 수 있다는 뜻이다.

"다리를 세우니 향수해香水海를 뒤집고, 머리 숙여 굽어보니 사선천四禪天."

이 송은 한마디로 언제나 광활한 우주의 세계에서 생활하고 있다는 뜻이다. 시공간을 초월하여 자유자재하게 '수처작주隨處作主'로 살아간다는 말이다. 이 구가 표면적으로는 크게 깨친 자의 생활을 노래한 것처럼 보이지만, 실은 깨달아도 깨닫지 않아도 누구나 이처럼 훌륭한 생활을 하고 있다는 뜻이다. 범부는 '자아'라고 하는 착각에 속아 이 사실을 알지 못하고 살아간다. 깨달음은 자아의 착각을 부수고 본래의 자기 생활에 눈 뜨는 것이다.

'향수해'는 《화엄경》이나 《능엄경》에 나오는 '연화장세계蓮華藏世界'의 설화에 근거한다. 노사나불이 장엄한 국토는 아주 큰 연꽃 안에 있다. 이 세계의 마지막 하부에는 풍륜風輪이 있고, 그 위에 향수해가 가로놓여 있다고 한다.

'사선천'은 고대 인도의 세계관으로, 그들은 삼계三界(욕계欲界·색계色界·무색계無色界) 중 색계에 초선천初禪天, 이선천二禪天, 삼선천三禪天, 사선천四禪天이 있다고 생각했고, 욕계에 있는 자가 선을 닦으면 색계에 태어날 수 있다고 믿었다. 이 구에서는, 욕계에서 좌선한 이가 색계의 초선천과 이선천, 삼선천을 건너뛰고 한 번에 색계의 네 번째 경지로 올랐다는 의미이다.

"이 몸을 둘 처소가 없구나. 청컨대 일구를 계속해보라."

대역량인이 되면, 시비와 명암, 미혹과 깨침 등이 있는 대립적이고 한정된 작은 장소에는 들어갈 수가 없다는 말이다. 마지막의 '일구를 계속해보라'라는 말은, 다리를 세우면 망망한 바다가 뒤집히고 머리 숙여 허리를 구부리면 사선천까지 훤히 내다볼 수 있는 대역량인의 생활에 대해, 노래 한 수 붙여 이 송을 완성해보라는 것이다. 무문이 우리에게 주는 과제이다.

제21칙

운문의 똥 막대기

운 문 시 궐
雲門屎橛

본칙

운문에게 승이 "부처가 무엇입니까"라고 물으니, 운문이 말했다.

"마른 똥 막대기."

운 문 인 승 문 여 하 시 불 문 운 간 시 궐
雲門因僧問 如何是佛。門云 乾屎橛[1]。

---

1 간시궐乾屎橛: 중국 당대, 마을의 민가에서 똥을 치우는 데 사용하던 대[竹]로 된 막대기이다.

【평】

운문은 집이 가난하여 소박한 음식조차 마련하기 어렵고, 일이 바빠 글을 휘갈길 틈도 없다. 느닷없이 바로 똥 막대기를 가져와서 문을 받치고 집을 지탱하니, 불법의 쇠퇴가 보인다.

무문왈 운문가위 가빈난변소식 사망불급초서 동변장시궐래 탱
無門曰 雲門可謂 家貧難辨素食 事忙不及草書。動便將屎橛來 撐
문주호 불법흥쇠가견
門拄戶。佛法興衰可見。

【송】

번쩍하는 번개,
돌에 튀는 불꽃
눈 깜빡하는 사이,
이미 스쳐 지나갔네

섬전광 격석화
閃電光 擊石火
잡득안 이차과
眨得眼 已蹉過

해설

운문 문언雲門文偃(864-949)은 석두계 설봉 의존의 법을 이었다. 어떤 승이 운문에게 "부처가 무엇입니까?"라고 물었다. 그 승은 초학자도 초납자初衲子도 아니었다. 이 문제에 대해 깊이 파헤쳐도 바닥이 보이

지 않아 선사를 찾은 것이다. 중생이 본래 부처라 할 때의 이 '본래 부처', 즉 '청정법신 비로자나불'이 도대체 무엇인지 물은 것이다.

'여하시불'이라는 물음에 대해 고인古人은 여러 가지로 답했지만, 그것은 해답을 제시한 것이 아니다. 사실, 이는 부처가 부처를 묻고 있으므로 애초에 답을 할 수가 없는 문제이다. 그래서 이렇게 저렇게 말해 줌으로써, 묻는 자에게 힌트를 줄 수밖에 없다.

'부처가 무엇인가'라는 질문에, 앞 칙에서 동산은 '마 삼 근'이라고 했고 여기서는 운문이 '마른 똥 막대기'라고 했다. 이처럼 《무문관》의 공안들은 '개' '들여우' '손가락' '수염' '발우' '수레' 등 다양한 소재를 통해 '자기 본래불'을 자각시키고 있다. 이러한 소재들은 장소와 사람에 따라 그때그때 적절하게 사용된 수단이다. 본칙에서 운문이 들고나온 '마른 똥 막대기'에는 어떤 의미도 없다. '돌이 대나무에 부딪히는 소리'와 같은 것이다. 운문과 승이 대화하는 현장에서 운문의 눈에 똥 막대기가 띄지 않았다면 그렇게 말하지 않았을 것이다.

'간시궐乾屎橛'에 대해서는 몇 가지 설이 있는데, 대표적인 한 가지는 이렇다. 당시 중국에서는 소나 말의 똥을 말려 연료로 사용했는데, 똥을 햇볕에 말리기 위해 주로 막대기를 사용했다고 한다. 그래서 운문은 주변에서 쉽게 볼 수 있는 하찮은 '마른 똥 막대기'를 문답의 소재로 사용했을 것이다. 중생 모두가 본래 부처임을, 누구나 손쉽게 쓰는 똥 막대기에 비유한 것이다.

무문이 평하여 말한다.

"운문은 집이 가난하여 소박한 음식조차 마련하기 어렵고, 일이 바빠 글을 휘갈겨 쓸 틈도 없다."

가난해서 소박한 식사조차 만들어 먹지 못한다는 말은, 범부의 세속적인 재산은 물론이고 깨달음이라는 재물도 가지지 않은 빈털터리라는 뜻이다. 그뿐 아니라, 너무 바빠서 글의 초안을 잡아 휘갈겨 쓸 틈도 없을 정도라는 것이다. 승이 "무엇이 부처입니까"라고 묻는 순간, 찰나의 틈이라도 주면 상대 승이 본래불을 자각할 절호의 기회를 잃을까봐, 생각할 겨를도 없이 곧바로 '간시궐!'이라고 들이댄 것을 가리킨다.

"느닷없이 바로 똥 막대기를 가져와서 문을 받치고 집을 지탱하니, 불법의 쇠퇴가 보인다."

'여하시불'이라고 물은 납자의 의식이 굴러가기 전에 느닷없이 '간시궐'을 가지고 나와, 굴러가려는 의식을 틀어막았다는 말이다. 이러한 접심接心의 수단이, 선종의 문호門戶가 쓰러지려는 것을 받치고 지탱한다는 뜻이다. 납자에 대한 운문의 뛰어난 지도력을 찬탄하는 말이다. 그러면서도 무문은 운문의 지도로 인해 불법이 쇠퇴하고 있다고 한탄한다. 이는 무문이 표면적으로는 운문을 헐뜯으면서, 사실은 운문의 뛰어난 지도력을 떠받들고 있는 말이다. 말하자면 일부러 운문을 나쁘게 말하고 있지만, 실은 '간시궐'을 들고나온 운문의 수치羞恥를 높이 평가하고 있다. 특히 '대단한 선사'라는 수행자들 사이에서의 평판마저 내려놓고 친절히 후학을 지도하는 운문의 자비심을 은연중에 드러내려는 무문의 의중이 비평 속에 내포되어 있다.

"번쩍하는 번개, 돌에 튀는 불꽃"

승의 물음에 느닷없이 '간시궐!'이라고 대답한 운문의 지도가 분별이 들어갈 틈이 없을 만큼 재빠르다는 것을 번개에 비유하였다. 천둥이 치기 전에 번개가 번쩍하는 것을 보려고, 눈을 크게 뜨고 찾아봐도 빛은 이미 어딘가로 가버려 찾을 수 없다. 이처럼 운문의 '간시궐'이 무슨 의미인지 머리를 굴려 생각해본들, '간시궐'은 절대 보이지 않는다.

"눈 깜빡하는 사이, 이미 스쳐 지나갔네."

'간시궐!'이라고 한 이유가 무엇인지 생각할 때, 이미 '간시궐'이라는 '본래불'과는 십만팔천 리 멀어졌다.

인간은 생각하는 동물이다. 생각은 인간의 뛰어난 장점이지만, 반면에 허물이 되고 폐해가 되기도 한다. 인간의 생각은 종교를 낳고 철학·과학·예술을 낳고, 문화를 발달시키는 능력이다. 그런데 이 귀한 능력이, 사람을 괴롭게 만들고 마음을 혼란 시켜, 급기야 자살로 유도하기도 하고, 가정에 파탄을 일으키고, 국가나 사회가 서로 다투게 하고, 인류를 대립·투쟁으로 이끌기도 한다. 이 모든 것은 생각이 주는 병폐이다.

불교에서 말하는 '구제'라는 것은 인간을 생각이라는 병폐에서 해방시키는 것을 포함한다. 생각의 병폐로부터의 해방이란 필요와 불필요, 유해무해, 유익무익을 생각하지 않고, 본래의 건전한 자세로 돌아가게 하는 것이다. 따라서 사실을 사실대로 바르게 보고 바르게 생각하는 것을 가르치는 것이 불교의 기초이다. 이 가르침이 팔정도八正道이다.

팔정도의 첫 번째는 정견正見이다. 즉 바른 견해이다. 불교에서는 생각이라는 마음의 작용을 거부하지는 않는다. 다만 사실을 사실대로 바르게 보는 정견을 확립해야 한다고 가르친다. 그러기 위해서는 자타 대립의 망견 착각을 부수어야 한다. 대립의 망견이 깨지고 절대의 자기로 향해야만 비로소 정견이 확립되기 때문이다. 이것이 견성오도이다.

공안은 불조佛祖들이 범부의 '사상思想' 병을 치료하기 위해 자유분방하게 내놓은 이상적인 작품이다. 모두가 각각 방편 가설이다. 진실한 불법은 '사상'이라고 하는 추접스러운 것은 털끝만큼도 용납하지 않는다. 따라서 조사祖師들은 일순간의 생각으로 머뭇거리는 것조차 용납하지 않았다. 그래서 자아를 홀리는 분별의 생각을 가차 없이 내치는 방법의 일환으로 일상의 다양한 소재들을 들어 제시한 것이다. 이는 수행자의 정견을 위해서이다.

제22칙

가섭의 찰간

가 섭 찰 간
迦葉刹竿

본칙

가섭에게 아난이 “세존께서는 금란가사를 전하신 외에 따로 어떤 물건을 전하셨습니까?”라고 물으니, 가섭은 “아난이여!”라고 불렀다. 아난이 대답하자 가섭이 말했다.

“문전의 찰간刹竿[1]을 넘어뜨려라!”

가 섭 인 아 난 문 운　세 존 전 금 란 가 사 외　별 전 하 물　섭 환 운　아 난　난
迦葉因阿難問云 世尊傳金襴袈裟外 別傳何物。葉喚云 阿難。難
응 낙　섭 운　도 각 문 전 찰 간 착
應諾。葉云 倒却門前刹竿著。

---

1 찰간: 설법이 있음을 알리기 위해 절 문 앞에 세우는 깃발[幡]을 의미.

【평】

만약 이 자리에서 딱 맞는 한마디를 내릴 수 있다면, 바로 영축산의 모임이 아직도 흩어지지 않고 있음을 엄연히 볼 것이다. 그렇지 않다면, 비바시불毘婆尸佛[2]이 일찍이 오로지 수행해왔다 하더라도 당장 지금에 이르기까지 깨달음[妙]을 얻지 못했을 것이다.

무 문 왈　약 향 자 리 하 득 일 전 어 친 절　변 견 영 산 일 회 엄 연 미 산　기 혹
無門曰　若向者裏下得一轉語親切　便見靈山一會儼然未散。其惑
미 연　비 바 시 불 조 류 심　직 지 이 금 부 득 묘
未然　毘婆尸佛早留心　直至而今不得妙。

【송】

묻는 곳은 대답의 성실함에 비해 어떤가.
이것에 눈을 부릅뜨는 사람이 몇이나 될까.
형이 부르고 아우가 응하여 집안의 추태를 드러낸다.
음양에 속하지 않은 또 다른 봄이다.

문 처 하 여 답 처 친　기 인 어 차 안 생 근
問處何如答處親　幾人於此眼生筋[3]
형 호 제 응 양 가 추　불 속 음 양 별 시 춘
兄呼弟應揚家醜　不屬陰陽別是春

2　비바시불: 산스크리트어 Vipaśyin의 음사. '정관淨觀' '승관勝觀' 등으로 의역한다. 석가모니불 이전 과거 7불 중 첫 번째 부처님.

3　안생근眼生筋: 눈동자에 힘줄이 설 정도로 눈을 똑바로 떠 응시하는 것.

가섭 존자는 석존의 십대제자 중 제일인자로, 당시 인도의 사성계급 중 바라문 계급에 속했다. 가섭이 세상에 태어날 때 금광이 방안에 가득하였고, 그 빛이 존자의 입으로 들어가서 가섭이라는 이름을 지었다고 한다. 이름의 뜻은 '음광飮光'이다.

가섭은 인도에서 제일가는 부자였으며 석존보다 연상이다. 더구나 바라문교의 장로로서 많은 제자를 거느리고 있었다. 석존이 정각을 성취하고 바라문교와는 다른 가르침을 설하는 것을 듣고, 처음에는 반대했다가 나중에 결국 석존에게 귀의하였다.

가섭은 석존의 제자가 된 후 두타행을 깊이 닦았다. 언제나 비루한 법의를 걸쳤고, 너무나 야위어 다른 제자들은 가섭을 경멸하기까지 했다. 석존은 설법할 때마다 자리 반쪽을 가섭에게 내주고 앉도록 하여, 석존과 나란히 했다. 앞의 제6칙에는 석존이 마하가섭에게 법을 전했던 내용이 나왔었다.

아난 존자는 석존과 마찬가지로 크샤트리아 계급으로, 석존과는 사촌 간이다. 석존이 성도成道하신 날 밤에 태어났다고 한다. 그는 총명하여 한 번 들은 것은 절대 잊어버리지 않았다고 한다. '아난'은 산스크리트어 Ānanda를 음사한 것인데, '환희歡喜' '경희慶喜'라는 뜻으로, 그의 모습이 단정하여 많은 사람이 그의 얼굴을 보는 것만으로도 기뻐하였기에 지어준 이름이다.

아난 존자는 석존이 입멸할 때까지 20여 년을 시자侍者로 살았다. 그렇다면 약 30세 때부터 부처님을 시봉한 셈이다. 어릴 때부터 석존의 설법을 들었겠지만, 석존의 최초의 설법은 아난이 막 태어난 갓난

아기 때 있었기 때문에 듣지 못했을 것이다. 설령 들었어도 알지 못했을 것이니, 나중에 아난 존자가 일종의 도력으로 석존의 설법을 기억해내어 설했다고 할 수 있을 것이다.

석존 입멸 두 달 후 처음 결집했을 때, 깨달음을 얻은 500인의 아라한 제자들이 칠엽수七葉樹의 숲속에 있는 굴[칠엽굴七葉窟]에 모여 석존의 일대 설법을 기록하여 편집하게 되었다. 그때 아난은 아직 아라한의 깨달음을 얻지 못했기 때문에 동료들과 함께할 수가 없었다. 모두가 상심했고 아난 존자 역시 유감으로 생각했다. 그래서 아난은 일주일간 피나는 용맹정진으로 드디어 아라한의 경지를 얻었다. 그리고는 처음으로 경전 편집회의 무리 속에 들어가게 되었다. 그때부터 대중과 가섭 존자의 권유로, 아난 존자가 석존의 설법을 기억하여 낭송하면 일동이 그것을 듣고 잘못이 없음을 확인한 후 기록하였다고 한다. 지금 모든 경의 첫머리에 '여시아문如是我聞'(이와 같이 내가 들었다)이라고 쓰여 있는 것은 이러한 이유에서이다.

이 정도로 머리가 명석한 아난 존자가 석존을 20년간 시봉했는데도 견성하지 못한 것을 볼 때, 견성은 머리의 좋고 나쁨과는 관계가 없다는 것을 알 수 있다. 아난 존자가 석존 입멸 후 가섭 존자를 20여 년 시봉하였을 때 본칙의 이 공안이 나왔고, 가섭 존자의 지도로 대오大悟에 이른 것이다.

본칙에서의 '금란가사金襴袈裟'는 존경한다는 의미이지, 금을 사용하여 만든 가사라는 의미가 아니다. '찰간刹竿'은 설법이 열리고 있음을 표시하려고 절 문 앞에 세우는 장대로 된 깃발이지만, 이 공안에서는 아난 존자의 분별 망상을 가리켜 '문전의 찰간'이라고 말한 것이다.

아난 존자가 가섭 존자에게 "세존께서는 금란가사를 전하신 것 외에 따로 어떤 물건을 전하신 것이 있습니까?"라고 물었다. 석존이 가섭에게 금란가사를 전하여 후계자로 삼았다는 사실은 익히 알고 있지만, 그것 말고 또 무엇인가 불법의 극의極意를 전하셨는지 물은 것이다. 대의심大疑心이 일어난 것이다. 무엇인가 자신은 사형인 가섭 존자에게 미치지 못한 데가 있다고 생각한 것이다.

이때 가섭 존자는 아난의 깨달음이 열릴 시기가 왔음을 보고, 곧바로 "아난이여!"라고 불렀다. 아난은 아무 생각 없이 "예"라고 대답했다. 그러자 가섭은 "문전의 찰간을 넘어뜨려라!"라고 했다. 본칙은 여기서 끝나지만, 바로 이 자리에서 아난은 크게 깨달았다고 한다.

아난은 '본래면목'을 완전히 갖추고 있었지만, 그동안 좀처럼 깨치지 못하고 있었는데, 이때 가섭 존자가 아난이 오래전부터 보고 듣고 알고 있던 것이 본래의 진면목을 가리는 장애가 되었음을 발견하고, 그 알음알이를 완전히 버리라고 크게 질타한 것이다.

무문이 평하여 말한다.

"만약 이 자리에서 딱 맞는 한 마디를 내릴 수 있다면, 바로 영축산의 모임이 아직도 흩어지지 않고 있음을 엄연히 볼 것이다."

말하자면, 이 공안에 대해 묘소妙所를 단적으로 나타내는 적절한 한 마디, 즉 일전어一轉語을 말할 수 있다면, 석존을 비롯하여 가섭과 아난, 영산회상의 모든 대중이 건재하고 있음을 볼 것이라는 말이다. 이는 불법이 완전히 실현되어 어떤 형태로든지 면면히 계승되고 있다는 것을 의미한다.

"그렇지 않다면, 비바시불이 일찍이 오로지 수행해왔다 하더라도 당장 지금에 이르기까지 깨달음[妙]을 얻지 못했을 것이다."

만약 한마디[일전어一轉語]를 내릴 수 없다면, 부처님보다 멀리 옛날부터 마음에 두고 수행을 계속해온 비바시불이라도 지금까지 '이것이다!'라고 하는 것이 손에 잡히지 않은 채 그대로일 것이라고 말할 수 있을 것이다. 이는 선정삼매를 닦는 비바시불毘婆尸佛이라도 머리로만 도리를 묘사했다면 그때부터 지금까지 대자유를 얻지 못했을 것이라는 의미이다. 어떤 사람이라도 본질적으로는 훌륭한 비바시불인데, 머리로 갖가지 미혹한 이치만을 생각한다면 그대로 범부가 되어 자유를 잃는다는 뜻이다. 무문이 수행자들에게 크게 자각할 것을 촉구하는 말이다.

"묻는 곳은 대답의 성실함에 비해 어떤가. 이것에 눈을 부릅뜨는 사람이 몇이나 될까."

질문하는 아난보다 답하는 가섭이 훨씬 친절하다고 해야 할까. 이 공안에 대해 많은 사람이 눈에 핏대를 세우고 여러 가지 법론法論을 하지만, 그것은 추태에 불과하다는 것이다.

"형이 부르고 아우가 응하여 집안의 추태를 드러낸다. 음양에 속하지 않은 또 다른 봄이다."

사형 가섭이 "아난아"라고 부르고, 아우 아난이 "예"라고 답하여, 두 형제 모두가 집안의 추태를 천하에 드러냈다는 것이다. 표면적으로는 불가佛家의 수치심을 드러냈다고 말했지만, 실은 내면에는 훌륭한 불도의 정신이 드러나 있음을 시사한다. 무문은 이러한 불도의 정신을 '음양에 속하지 않은 또 다른 봄'이라고 했다. 춘하추동에 속하지 않는, 음양 이원 대립의 세계가 아닌, 깨달음의 세계이다.

제23칙

육조의 선악

불 사 선 악
不思善惡[1]

본칙

명 상좌[2]가 쫓아와 대수령에 이르자, 육조는 명이 온 것을 보고 바로 가사와 발우를 바위에 던지고 말하였다.

"이 옷은 믿음을 나타내는 것이니 힘으로 다투려고 하지 마시오. 그대가 가지려면 가지시오."

명 상좌는 그것을 집어 들려 했으나 산처럼 움직이지 않아 두려워하며 떨었다. 명 상좌가 말했다.

"저는 법을 구하러 왔지 옷 때문에 온 것이 아닙니다. 원컨대 행자께

---

1 불사선악不思善惡: '가섭의 미소' '아난찰간'과 함께 선종의 전법을 보인 대표적인 공안.

2 명明 상좌上座: 몽산 혜명蒙山慧明(혹은 道明).

서는 불법을 보여주시오."

육조가 말했다.

"선도 생각하지 않고 악도 생각하지 않은 바로 그때, 어디가 명 상좌의 본래면목인가?"

명 상좌는 바로 그 자리에서 대오하고 온몸이 땀투성이가 되었다. 눈물을 흘리며 예를 갖추고 물었다.

"조금 전 비밀의 말씀과 비밀의 내용 외에 더 깊은 다른 무엇이 또 있습니까?"

육조가 말했다.

"내가 그대를 위해 설한 데는 비밀이랄 게 없소. 그대가 만약 자기 면목을 반조한다면, 비밀은 도리어 그대에게 있소."

명 상좌가 말했다.

"제가 비록 황매에서 대중을 따르고 있지만, 실은 아직 저의 진면목을 깨치지 못했습니다. 지금 들어가야 할 곳을 가르쳐주셔서, 마치 물을 마셔 차고 더운 것을 스스로 아는 것과 같습니다. 지금 행자께서는 저의 스승이십니다."

육조가 말했다.

"그대가 만약 그렇다면 우리 함께 황매[3]를 스승으로 합시다. 자신을 잘 호지護持하시오."

육조인명상좌 진지대수령 조견명지 즉척의발어석상운 차의표
六祖因明上座 趁至大庾嶺。祖見明至 卽擲衣鉢於石上云 此衣表
신 가력쟁야 임군장거 명수거지 여산부동 지주송률 명왈 아
信。可力爭耶 任君將去。明遂擧之 如山不動 踟躕悚慄。明曰 我

---

3 황매黃梅: 호북성의 기주蘄州 황매산에서 주석하는 오조 홍인弘忍을 뜻함.

래구법 비위의야 원행자개시 조운 불사선 불사악 정여마시
來求法 非爲衣也。願行者開示。祖云 不思善 不思惡 正與麽時
나개시명상좌본래면목 명당하대오 변체한류 읍루작례문왈 상래
那箇是明上座本來面目。明當下大悟 遍體汗流 泣淚作禮問曰 上來
밀어밀의외 환갱유의지불 조왈 아금위여설자즉비밀야 여
密語密意外 還更有意旨否。祖曰 我今爲汝說者卽非密也。汝
약반조자기면목 밀각재여변 명운 모갑수재황매수중 실미성자
若返照自己面目 密却在汝邊。明云 某甲雖在黃梅隨衆 實未省自
기면목 금몽지수입처 여인음수 냉난자지 금행자즉시모갑사야
己面目。今蒙指授入處 如人飮水 冷暖自知。今行者卽是某甲師也。
조운 여약여시즉오여여동사황매 선자호지
祖云 汝若如是則吾與汝同師黃梅。善自護持。

【평】

육조가 이 일이 다급해진 것은 친절한 노파심 때문이라 할 수 있다. 마치 신선한 리치의 껍질을 벗겨 알맹이를 파서 상대의 입속에 넣어주어, 다만 상대가 한입에 꿀꺽 삼키기만 하면 되는 것과 같다.

무문왈 육조가위 시사출급가 노파심절 비여신려지 박료각거
無門曰 六祖可謂 是事出急家[4] 老婆心切。譬如新荔支[5]剝了殼去
료핵 송재이구리 지요이연일연
了核 送在爾口裏 只要爾嚥一嚥。

【송】

그릴 수 없으니 그림이 될 수 없네.
찬탄의 말도 미치지 않으니 애쓰지 말게.

---

4 시사출급가是事出急家: '시사是事'는 육조가 불법을 개시開示하는 것을 가리키고 '출급가'는 다급해졌다는 뜻이다.

5 여지荔支: 리치. 중국 남방에 나는 과실. 껍질을 벗겨 속의 알맹이를 먹는다.

본래면목은 감추어지지 않아

세계가 무너져도 그것은 썩지 않는다네.

묘 불 성 혜 화 불 취 찬 불 급 혜 휴 생 수
描不成兮畫不就 贊不及兮休生受[6]
본 래 면 목 몰 처 장 세 계 괴 시 거 불 후
本來面目沒處藏 世界壞時渠[7]不朽

해설

육조 혜능惠能(638-713) 선사는 중국의 전등사傳燈史로 보면 달마 대사로부터 6대째 해당한다. 광동성 신주新州 출신이다. 오조 홍인五祖弘忍(601-674)의 법을 이었다. 이때는 아직 선이 남종과 북종으로 나뉘지 않았던 시기이다. 선사의 법을 이은 제자는 40여 명이고, 그중 남양 혜충, 영가 현각, 청원 행사, 남악 회양 등이 대표적이다. 선사의 설법을 기록한 책이《육조단경》으로, 이 책은 이본異本이 많고 후대에 가필된 내용도 많은데, 모두 육조의 선을 이상화한 것이다.

육조는 노盧 씨의 아들이고 이름은 능能이다. 혜능이라는 이름은 나중에 인종 법사를 만나 '비풍비번非風非幡'(제29칙)의 문답을 한 후에, 그에게 수계를 받으며 얻은 법명이다.

혜능은 어려서 아버지를 잃고 집이 극히 가난하여 장작을 내다 팔아가면서 어머니와 둘이 생계를 꾸려나갔다. 어느 날, 혜능이 객점에 나

---

6 휴생수休生受: 고생한다는 의미

7 거渠: 3인칭 대명사. '이伊'와 같다. 선 수행자가 진실한 자기를 가리켜서 하는 말.

무를 팔러 갔다가 《금강경》 한 구절을 듣고 크게 놀라워, 독경하는 손님에게 경의 뜻을 물었다. 황매산의 오조 큰스님을 찾아가면 자세히 배울 수 있을 것이라는 말을 듣고 바로 결심하여, 자신을 의지하며 살아가는 어머니를 두고 멀리 북쪽 황매산 오주 홍인 선사를 찾아 나섰다.

오조가 혜능을 보고 물었다.

"어디서 왔는가?"

"영남에서 왔습니다."

"무엇 때문에 왔는가?"

"부처가 되기 위해 왔습니다."

"영남의 무지렁이가 어떻게 부처가 될 수 있겠는가?"

"사람에게는 남과 북이 있다고 해도, 불성에 남북이 있겠습니까?"

오조 대사는 혜능이 보기 드물게 유망한 청년임을 알아보고 일부러 큰 소리로 질타했다.

"그런 건방진 소리는 하지 말고 방아 찧는 데 가서 쌀이나 찧거라!"

혜능은 오조의 말대로 방앗간에 가서 전심일념으로 오로지 쌀을 찧었다. 그렇게 8개월이 지나고, 어느 날 오조가 대중을 모아 놓고 다음과 같이 명하였다.

"나도 이제 나이를 많이 먹어, 후계를 결정하지 않으면 안 되게 되었다. 그러니 각자가 깨친 심경을 시로 지어 내보여라. 가장 좋은 시를 지은 자를 후계자로 삼겠다."

오조의 도량에는 선 수행자가 7백 명 넘게 있었다. 그중에 신수神秀라는 학덕을 겸비하고 용모가 출중한 학인이 있었다. 그는 대중들에게 대단히 존경받고 있었다. 그래서 대중들은 오조의 후계자는 당연히 신수 상좌가 될 것으로 생각하고, 대개는 시 짓기를 포기하였다. 신수 상좌는 이를 알고 부담이 되어 마음이 편치 않았다. 신수는 학승이었기에 시를 잘 지을 수는 있겠지만, 아직 깨달음의 눈이 없어 오조의 마음에 들 만한 시를 지을 자신이 없었다. 그래도 어렵게 시를 지어 오조에게 바치려고 오조의 방문까지 갔지만, 시를 드릴 용기가 없었다. 그래서 시를 복도 벽에 붙였다. 그 시는 다음과 같다.

몸은 보리수, 마음은 명경대
때때로 부지런히 닦아
먼지가 끼지 않도록 하세.

오조는 이 시를 보고 칭찬하여, "이것은 대단한 시이다. 이 시를 마음에 두고 수행하도록 하라"라고 대중에게 지시했다. 대중이 모두 시를 암송했다. 혜능이 이를 듣고 자신도 시를 지었으나 글을 몰라, 어느 승에게 자신이 지은 시를 써달라고 부탁하여 신수의 시 옆에 붙여 두었다.

보리에는 나무가 없고
명경 또한 대臺가 없다.
본래무일물本來無一物
어느 곳에 때가 낄까.

이 시를 보고 대중이 놀라워했다. 그중에 신수는 특히 더 놀랐다. 오조 대사는 이 시를 보고 크게 꾸중하면서 곧바로 뜯어내도록 했다. 며칠 뒤, 삼경에 오조 홀로 방앗간에 가서 점검했다. 대중은 모두 잠들었는데 혜능만이 방아를 열심히 찧고 있었다.

오조가 혜능에게 물었다.

"쌀은 찧었는가?"

"그런대로 찧었습니다만 체로 치지 못했습니다."

그때 오조는 주장자로 절구를 세 번 쳤다. 그러자 혜능이 쌀을 세 번 까불렀다. 그러고 나서 혜능은 한밤중에 오조의 방에 들어가 어렵게 훈시를 받고, 석존으로부터 달마 대사를 거쳐 전해진 가사와 응량기應量器(발우)를 전법의 증거물로 받아 정대頂戴하고 중국 선종의 제6조가 되었다.

오조는 이 일이 만약 대중에게 알려지면 일대 소동이 일어나리라 염려하여, 그 밤에 남모르게 혜능을 절 밖으로 내보냈다. 다음날 대중은 혜능이 없어진 사실을 알았고, 오조 대사가 그때부터 설법을 하지 않자 대체로 그간의 사정을 알아차렸다. 그때 대중 가운데 군인 출신이었던 혜명이라는 자가 혜능을 쫓아가 의발을 찾아오리라 생각했다. 많은 사람을 지휘하며 팔방으로 손을 써서 혜능을 쫓아갔다. 위 공안은 여기까지의 설명을 생략하고 그 이후부터 언급한 것이다.

혜명 상좌가 육조를 쫓아가 대수령에서 육조를 따라잡았다. 육조는 혜명이 쫓아오는 것을 보고 바로 의발을 바위 위에 두고 말했다.

"이 옷은 믿음을 나타내는 것이니 힘으로 다투려고 하지 마시오. 그대가 가지려면 가져가시오."

혜명이 그것을 취하려고 하니 산처럼 무거워 움직이지 않았다. 그래서 놀라워하며 본심으로 돌아가 말했다.

"저는 법을 구하러 왔지 옷 때문에 온 것이 아닙니다. 원컨대 행자께서는 불법을 보여주시오."

머리가 백지가 되어 육조에게 간절히 물은 것이다. 육조는 "선도 생각하지 않고 악도 생각하지 않은 바로 그때, 어디가 명 상좌의 본래면목인가?"라고 말했다. 바꾸어 말하면, 혜명이 열심히 따라온 것, 선도 악도 그 어떤 것도 생각하지 않고, 자신을 잊고 의발을 뺏으려고 한 것, 그리고 의발이 무거워 놀란 것 등에서 그대의 본래면목이 드러나 있지 않은가 물은 것이다.

혜명은 언하에 대오하고 온몸이 땀투성이가 되었다. 눈물을 흘리며 예의를 갖추어 물었다.

"조금 전 비밀의 말씀과 내용 외에 다시 더 깊은 다른 것이 있습니까?"

그러자 육조가 말했다.

"내가 그대를 위해 설한 데는 비밀이랄 게 없소. 그대가 만약 자기의 본래면목을 반조하면 비밀은 도리어 그대 쪽에 있소."

혜명이 말했다.

"제가 비록 황매에서 대중을 따르고 있지만, 실은 아직 자기의 면목을 깨치지 못했습니다. 그런데 지금 행자께서 들어가야 할 곳을 가르쳐주셔서, 마치 물을 마셔 차고 더운 것을 스스로 아는 것처럼 환하게 알았습니다. 지금 행자께서는 저의 스승이십니다."

육조가 말했다. "그대가 만약 그렇다면 우리 함께 황매를 스승으로 합시다. 자신을 잘 호지하시오."

공안은 여기서 끝나지만, 육조는 오조의 명을 받들어 10여 년간 몸을 숨기고 법난을 피해 시절이 오기를 기다렸다. 다시 세상에 나온 일은 제29칙 비풍비번非風非幡의 공안에서 나온다. 혜명은 후에 한 산중에 법당을 세우고 몽산 혜명蒙山慧明(또는 도명道明) 선사가 되었다.

무문이 평하여 말한다.

"육조가 이 일이 다급해진 것은 친절한 노파심 때문이라 할 수 있다."

육조는 혜명에게 잡혀 더 이상 도망가지 못했지만, 한편으로는 불법을 전하는 일이 다급해졌다. 그것을 노파의 친절한 마음[노파심절老婆心切]이라고 했다. 예를 들면, 마치 "신선한 리치의 껍질을 벗겨 알맹이를 파서 상대의 입속에 넣어주어, 다만 상대가 한입에 꿀꺽 삼키기만 하면 되는 것"처럼 주는 것이다.

송으로 노래한다.

"그릴 수 없으니 그림이 될 수 없네. 찬탄의 말도 미치지 않으니 애쓰지 말게."

본래면목이라고 하는 본성은, 그림의 명인도 그릴 수가 없다는 것이다. 그 본성을 말로써 극찬한다 해도 되지 않으니 애쓰지 말라는 뜻이다. 본래면목은 사상이나 관념·인식으로는 절대로 납득할 수 없어서, 머리를 쓰는 것은 그만두라는 말이다.

"본래면목은 감추어지지 않아, 세계가 무너져도 그것은 썩지 않는다네."

진면목은 언제 어디서나 나타나 있지 감추어져 있는 것이 아니다. 이 세계가 무너지는 때가 와도 그것은 절대 무너지거나 어떻게 되지 않는다는 의미이다. 그렇다면 본래면목이란 무엇인가. 그것을 확실히 보는 것이 깨달음이다.

제24칙

풍혈의 말

이 각 어 언
離却語言

본칙

풍혈 화상에게 어느 승이 물었다.

"말해도 말하지 않아도 이離와 미微에 미치는데, 어찌하면 과오를 범하지 않고 살 수 있겠습니까?"

그러자 풍혈이 말했다.

"나는 언제나 강남의 춘삼월을 생각하지. 두견새가 울고 백화가 향기로웠지."

풍 혈 화 상 인 승 문 어 묵 섭 리 미 여 하 통 불 범 혈 운 장 억 강 남 삼 월 리
風穴和尙因僧問 語默涉離微 如何通不犯。穴云 長憶江南三月裏
자 고 제 처 백 화 향
鷓鴣啼處百花香。

【평】

풍혈의 기機는 번개를 끌어당기듯 재빨라, 길을 찾아 바로 걸어간다. 그런데 어째서 고인古人의 언구를 말끔히 끊어버리지 못했을까. 만약 여기서 탁 와닿는 게 있다면, 스스로 출신出身[1]의 길이 있을 것이다. 자, 말과 문구를 떠난 그 자리를 한마디 해보라.

무문왈 풍혈기여체전 득로변행 쟁나좌전인설두부단 약향자리
無門曰 風穴機如掣電 得路便行。爭奈坐前人舌頭不斷。若向者裏
견득친절 자유출신지로 차리각어언삼매 도장일구래
見得親切[2] 自有出身之路。且離却語言三昧 道將一句來。

【송】

풍골風骨[3]의 구句가 드러나지 않고

말하기도 전에 이미 전했다.

한 걸음 나아가 지껄였다면

알지 못하는 그대는 크게 허둥대겠지.

불로풍골구 미어선분부
不露風骨句 未語先分付
진보구남남 지군대망조
進步口喃喃 知君大罔措

---

1 출신: '벗어나다' '해탈하다'라는 뜻이지만, 여기서는 오경悟境에 이른다는 의미이다.

2 친절親切: 가슴에 딱 와 닿는다는 의미이다.

3 풍골風骨: '풍골'은 본래 2세기에서 3세기 초 중국 위나라의 시풍을 평할 때, 그 울림이 높고 세련된 서정성抒情性을 보인다는 뜻으로 쓰인 말.

풍혈 연소風穴延沼(896-973) 화상은 임제 의현의 4대 법손이다. 처음에는 유학을 공부했지만, 진사 시험에 낙제하고 출가했다. 천태 교학을 배우고 25세 때 경청鏡淸 선사 곁에서 참선하였으며, 나주의 남원 혜옹 선사에게 가르침을 받았다. 나중에 풍혈사風穴寺를 재흥하고, 여기서 많은 운수雲水를 지도하고 임제의 종풍을 드날렸다.

한 승이 풍혈 화상에게 물었다. "말해도, 말하지 않아도 이離와 미微에 미치는데, 어찌해야 과오를 범하지 않고 살 수 있겠습니까?"

묻는 승은 철학적인 학문을 좋아하는 사람이었나 보다. '말과 침묵, 이미에 미친다[語默涉離微]'라는 말은 승조僧肇(383-414)의 《보장론寶藏論》〈이미체정품離微體淨品〉에 나오는 말이다. 승조 법사가 좌선 중 마음자리를 나타내기 위해 썼던 말이다. '이離'는 주관, 즉 체體를 뜻하고 '미微'는 객관, 즉 용用을 가리킨다. 교학적으로 말하면 모든 색상色相을 끊은 진여 평등이 이離이며, 현상 차별로 나타난 용이 미微이다. 평등과 차별이 섞여 한 몸이 된 것이 본래 청정한 진리의 모습이다. 따라서 그 본체를 '이미離微'라고 했다.

그런데 우주의 근원이나 법의 본체를 말로써 표현하면 '미', 즉 현상에 떨어져버린다. 만약 침묵으로써 표현하면 '이', 즉 평등 융합에 떨어진다. 가만히 있으면 평등 융합의 일면에 떨어지고 말을 하면 차별의 일면에 떨어진다. 이것이 '말과 침묵은 이와 미에 미친다'라는 말의 의미이다.

지금 이 승은 어떻게 하면 과오를 범하지 않고 살 수 있겠는지 물었다. 차별에도 저촉되지 않고 평등에도 저촉되지 않으려면, 사事에도 치우치지 않고 이理에도 치우치지 않으려면, 말에도 미치지 않고 묵에도 미치지 않도록 하려면 어떻게 해야 하는가. 어떻게 하면 어느 일면에도 떨어지지 않고 참되고 자유롭게 살 수 있는가. 이 승은 논리적이고 지적인 설명이 아니라, 풍혈 선사 자신의 체험에 근거한 선적禪的 사실로서 대답해주기를 요구하고 있다.

즉시 화상은 아무런 조작 없이 생동하는 진실의 세계를 곧바로 들이댔다.

"나는 언제나 강남의 춘삼월을 생각하지, 두견새가 울고 백화가 향기로웠지."

본래 청정한 세계를 깔끔하게 보여준다. 어묵語默을 초월하고, 평등과 차별이 상즉相卽한 본체를 그대로 드러낸 것이다. 이 한마디로 승의 망각妄覺을 한 번에 지워버렸다. 여기서 화상의 '언제나 생각하지'라는 말은 공안의 실천적인 안목을 보여준다.

무문이 평하여 말한다.

"풍혈의 기機는 번개를 끌어당기듯 재빨라, 길을 찾아 바로 걸어간다."

풍혈 화상의 선은 번쩍하는 번개와 같은 작용이 있고, 그는 한결같이 자신의 길을 향해 돌진해 간다는 의미이다. 그러나 무문이 보기에는 아직 뜨뜻미지근하다.

"그러나 어째서 고인古人의 언구를 말끔히 끊어버리지 못했을까."

풍혈이 본칙에서 승에게 대답한 말은 두보杜甫(712-770)의 시를 인용한 것이다. 무문은 풍혈이 옛 시인의 언구를 깔아뭉개지 않았다는 점이 참 유감스럽다고 한다. 풍혈 화상만이 아니라, 당시의 선장들은 고인의 시구를 인용하여 자신의 선경禪境을 표현하는 경우가 많았다.

무문은 풍혈이 타인의 시구를 인용하여 자신의 선을 나타낸 데 대해 이렇게 야유적인 말을 하면서도, 도리어 그 속에는 찬탄의 뜻을 감추고 있다. 그러고 나서 무문은 이렇게 수행자들을 독려한다.

"만약 여기서 딱 와닿는 게 있다면 스스로 출신의 길이 있을 것이다."

공안의 문답에서 풍혈 선사의 선적인 정신을 명료히 보았다면, 자신의 심안이 열려 스스로 모든 속박에서 벗어나, 자유로운 천지가 이미 열려 있음을 알게 된다는 의미이다.

"자, 말과 문구를 떠나 한마디 일러보라."

문제를 내었으니 어언삼매,[4] 즉 입으로만 놀리지 말고 머리도 굴리지 말고 일구를 말해보라고 요구한다.

송의 첫 두 구는 풍혈의 대답하는 태도를 평하고 있다.

"풍골의 구가 드러나지 않고, 말하기도 전에 이미 전했다."

'풍골의 구'는 '풍채골격風采骨格이 있는 당당한 언구'라는 의미이다. 풍혈 화상은 임제의 법손답게 기봉機鋒이 준엄하고 격렬한 사람이다. 그런데 무문은 풍혈의 말에 풍골의 구가 드러나지 않는다고 했다. 즉 이 공안에서는 '언제나 생각하지' 운운 하며 유연한 말만 할 뿐 풍혈다운 지도를 보이지 않았다는 말이다. 그러나 그런 부드러운 말은 표면적인 것일 뿐, 말 이전에 이미 상대방에게 전할 것은 다 전했다고 한다.

선의 묘지妙旨는 천지가 나누어지기 이전에도, 지금도, 눈앞에 당당

---

4 삼매三昧: 산스크리트어 samādhi의 음역어. '삼마지三摩地' '삼매지三昧地'라고도 한다. '정定' '정수正受' '정혜定慧' '등지等持' 등으로 번역한다. 마음을 한 곳에 집중하는 것.

히 드러나 있어서, 일구를 말하기 이전에 이미 명료하게 거기에 있다는 것이다. 바꾸어 말하면 깨달음이란 지금부터 깨달아야 할 무엇이 아니라, 이미 깨달아 있음을 자각하는 것이다.

"한 걸음 나아가 지껄였다면, 알지 못하는 그대는 크게 허둥대겠지."

후반의 두 구는 무문이 수행자들에게 경고하는 말이다. 뭐라고 말하기 전에 이미 뜻을 전해주었는데도 이를 알지 못하는 그대들일진대, 만일 풍혈이 한 걸음 몸을 내밀고 이렇다저렇다 설명했다면, 그대들은 정말 어떻게 해볼 수도 없을 것이라는 의미이다. '관념적인 해석[지해知解]'으로 닿을 수 없는 세계에 대해서 이러쿵저러쿵 분별하여 언구로 논의를 거듭한다면, 그렇게 어리석은 사람은 결국 참된 방향을 잃게 될 것이라는 말이다.

이 공안에 나오는 '말과 침묵은 이미에 미친다'라는 구는 앞에서도 언급했지만 《보장론》을 지은 승조의 말이다. 그는 구마라집의 천재적인 네 제자 가운데 한 사람이다. 집이 가난하여 밭을 일구며 살았지만 많은 책을 읽었다. 처음에는 노자의 《도덕경》에 대단한 관심을 가졌다가, 나중에 《유마경》을 읽고 감흥 받아 불교에 들어섰다. 그의 문장이 너무나 훌륭해 당시 천자가 환속해서 비서가 되라고 명할 정도였다. 법사가 황제의 명을 거절하자, 천자는 "칙명을 어기면 참죄斬罪에 처한다"고 하였다. 법사는 그즈음 《보장론》을 쓰고 있었다. 천자에게 일주일만 연기해달라 하고, 그 사이에 《보장론》 집필을 마쳤다. 그리고 평화로운 마음으로 참죄斬罪를 받았다. 그의 나이 31세(414)였다. 그때 지은 시가 다음과 같다.

사대四大는 본래 주인이 없고
오온五蘊은 본래 공하네.
목을 백도白刀에 맡기니
춘풍을 베는 것과 같구나.

제25칙

앙산과 미륵

삼 좌 설 법
三座說法

본칙

앙산 화상은 꿈에 자신이 미륵 처소에 가서 세 번째 자리에 편안하게 앉아 있는 것을 보았다. 어느 존자가 추를 두드리며 말했다. "오늘은 세 번째 자리가 설법할 차례입니다." 앙산은 이에 일어나 추를 두드리며 말했다. "마하연[1]의 법은 사구[2]를 떠나 백비[3]를 끊은 것입니다. 잘 들으시오, 잘 들으시오."

앙 산 화 상 몽 견 왕 미 륵 소 안 제 삼 좌 유 일 존 자 백 추 운 금 일 당 제 삼
仰山和尙 夢見往彌勒所 安第三座。有一尊者 白槌云 今日當第三

---

1 마하연摩訶衍: 마하야나mahāyāna의 음역이다. 대단히 큰 수레, 즉 대승을 뜻한다.

좌설법 산내기백추운 마하연법리사구 절백비 제청제청
座說法。山乃起白槌云 摩訶衍法離四句 絶百非。諦聽諦聽。

【평】

자, 말해보라. 이는 설법을 한 것인가, 설법하지 않은 것인가. 입을 열면 잃어버리고 입을 닫으면 다친다. 열지 않아도 닫지 않아도 십만팔천 리[4]이다.

무문왈 차도 시설법불설법 개구즉실 폐구우상 불개불폐 십만팔천
無門曰 且道 是說法不說法。開口卽失 閉口又喪。不開不閉 十萬八千。

【송】

백일청천,

꿈속에서 꿈을 말하네.

---

2 사구四句: 인도 논리학의 용어이다. 모든 사실과 개념을 '일一/이異' 혹은 '유有/무無'의 대립 개념을 가지고 네 가지 논리형식으로 분석한 명제를 말한다. 예를 들어 'A'라는 개념에 대하여, 제1구는 'A가 있다[有]', 제2구는 'A가 없다[無]', 제3구는 'A가 있으면서 없다[亦有亦無]', 제4구는 'A가 있지도 않고 없지도 않다[非有非無]'이다. 이를 '근본사구'라고 하는데, 이는 어떠한 개념에도 적용할 수 있는, 인간이 사유할 수 있는 모든 논리적 판단형식이다.

3 백비百非: 근본사구 각각의 일구에 대해 다시 네 가지 '비非'의 논리가 성립하기 때문에 16비가 된다. 이것을 과거, 현재, 미래의 삼세三世로 배치하면 48비가 된다. 다음 이것을 미기(未起, 아직 일어나지 않는 경우)와 이기已起(이미 일어난 경우)로 나누면 96비, 이것에 근본사구를 더하여 100비가 된다.

4 십만팔천 리拾萬八千里: 아주 멀리 떨어져 있다는 말.

괴이하다 괴이해,

대중을 속이고 있네.

백일청천 몽중설몽
白日青天 夢中說夢
날괴날괴 광호일중
捏怪捏怪 誑謼一衆

해설

앙산 혜적仰山慧寂(814-890)은 위산 영우潙山靈祐(771-853) 선사의 법을 이었다. 그는 육조 혜능의 6대 법손이다. 위산과 함께 '부자창화父子唱和'를 가풍으로 하는 위앙종을 열었다. 인도에서 온 나한승이 소석가小釋迦라고 찬탄했을 정도의 선사이다. 이 공안은 앙산의 꿈 이야기이다. 자기 본래의 면목을 꿈으로 나타낸 것이다. 깨달음의 눈으로 보면 우주는 전부 꿈이다.

미륵보살은 제5칙에도 나왔지만, 이 보살은 석존 입멸 후 56억 7천만 년이 지나 불교가 이 세계에서 완전히 없어졌을 때, 석존의 후예인 부처가 되어 이 세계에 출현하게 된다고 한다. 지금은 정토의 도솔천에서 천신들을 위해 설법하고 있다고 한다.

앙산 화상이 어느 때 꿈을 꾸었는데, 꿈에 앙산이 미륵보살의 도량으로 갔다. 그 도량에는 500인의 대보살이 미륵보살을 중심으로 불도 수행을 하고 있었다. 앙산이 그곳으로 가니, 상석에서 세 번째 자리에 앉게 했다. 그러고 나서 한 존자가 추를 두드리며, "오늘은 세 번째 자리에 계시는 분이 설법하실 차례입니다"라고 대중에게 보고했다. 앙산은 자리에서 일어서 추를 한 번 두드린 후, "마하연의 법은 사구를 떠나 백비도 끊은 것입니다. 잘 들으시오"라고 말하고는 그만 설법을 마쳤다.

'사구를 떠나고 백비를 끊는다'라는 말은 대단히 어려운 철학적 용어이지만, 간단히 말하면 '언어에도 미치지 않고 사의思意에도 도달하지 않는다'라는 뜻이다. 어떠한 사유의 형식을 취하더라도, 참된 진리는 그러한 사상의 형식으로 나타낼 수 있는 것이 아니라는 말이다. 그렇다면 앙산은 어떤 설법을 한 것일까? 이것을 구체적으로 명확히 제시하지 않으면 안 된다. 만약 그가 설법을 하지 않았다고 한다면, 대중을 향해 '잘 들으시오'라고 선언했을까? 이 공안의 요점은 여기에 있다. 앙산의 선적禪的 책략에 대해 운운한다든가, 도솔왕생의 사상을 논한다거나 하는 속론俗論은 선적 견지에서는 전혀 무의미한 것이다.

무문이 평하여 말한다.

"이는 설법을 한 것인가, 설법하지 않은 것인가."

이 공안의 급소를 바로 보이며 납자들에게 묻는다. 무문은 앙산 선사의 '사구를 여의고 백비를 끊는다'라는 말을 자신의 화법으로 다음과 같이 내놓는다.

"입을 열면 잃어버리고 입을 닫으면 다친다. 열지 않아도 닫지 않아도 십만팔천 리이다."

입을 열어 말을 하든, 입을 닫고 침묵하든, 입을 열지도 않고 닫지도 않든, 사실과는 십만팔천 리 멀어지고 대실패라고 했다. 이는 제24칙에서 말한 대로 '말과 침묵은 이미에 미치는데 어찌해야 과오를 범하지 않고 살 수 있겠습니까'라는 취지와 같다. 어떻게 해야 과오를 범하지 않고 앙산 선사의 설법을 알 수 있을까. 무문이 제시하는 또 하나의 공안이다.

"백일청천, 꿈속에서 꿈을 말하네."

'백일청천'은 기상이나 기후를 말하는 것이 아니다. 사상의 구름이나 안개가 조금도 끼지 않았다는 의미이다. 미혹도 깨달음도 전혀 붙어 있지 않고, 사구도 백비도 모두 떨어져 나갔다는 말이다.

인생은 본래 백일청천이다. 무문은 이 한 구절에서 본래의 자기를 자각하도록 엄하게 촉구한다. 누구라도 본래의 자기를 깨달아보면, 우주도 인생도 모두 꿈이다. 그것을 "꿈속에서 꿈을 말하네"라고 했다. 범부의 미혹도 꿈이지만 부처의 깨달음도 역시 꿈이다. 그래서 나쁜 꿈을 꾸지 않고 되도록 좋은 꿈, 즐거운 꿈을 꾸도록 하는 것이 불법이다.

이처럼 깊은 정신을 내면에 숨기고 겉으로는 다만 대낮에 꿈을 꾸었다고 꿈 얘기를 하는 앙산에 대해 "괴이하다, 괴이해, 대중을 속이고 있네"라고 했다. 무문이 표면적으로는 대중들에게 앙산 화상에게 속지 말라고 하지만, 실은 그것만을 뜻하는 것이 아니다. 앙산이 '마하연법' 운운하며 깨닫도록 설하고 있지만, 만약 깨달았다면 깨달음의 자취를 지워야 한다는 속뜻을 은근히 드러내는 것이다. 무문의 선지禪旨가 바로 여기에 있다.

제26칙

법안의 발

이 승 권 렴
二僧卷簾

본칙

청량의 대법안은 어느 때 승이 공양하기 전에 참문하러 오자 발을 가리켰다. 그때 두 승이 같이 가서 발을 말아 올렸다. 법안이 말했다. "한 사람은 얻었고 한 사람은 잃었구나."

청 량 대 법 안　인 승 제 전 상 참　안 이 수 지 렴　시 유 이 승　동 거 권 렴
清涼大法眼 因僧齊[1]前上參。眼以手指簾。時有二僧 同去卷簾。
안 왈　일 득 일 실
眼曰 一得一失。

1　제齊: 산스크리트어 upoṣadha의 역어로 '청정'이라는 뜻. 죄를 참회한다는 의미. 선원에서는 점심을 제라고 한다.

【평】

자, 말해보라. 누가 얻었고 누가 잃었다는 것인가. 만약 이 자리에서 일척안[2]을 얻었다면 바로 청량 국사가 실패한 곳을 알 것이다. 이와 같다 해도, 득실을 상량[3]해서는 안 되지.

무문왈 차도 시수득수실 약향자리저득일척안 변지청량국사패
無門曰 且道 是誰得誰失。若向者裏著得一隻眼 便知淸凉國師敗
궐처 연수여시 절기향득실리상량
闕[4]處。然雖如是 切忌向得失裏商量。

【송】

발을 올리면 밝고 밝아 태공太空이 환히 보이지만

태공조차 아직 나의 종지와 맞지 않네.

그보다는 공마저 모두 놓아버려

면면밀밀하여 바람도 통하지 않는 것이 좋으리.

권기명명철태공 태공유미합오종
卷起明明徹太空 太空猶未合吾宗
쟁사종공도방하 면면밀밀불통풍
爭似從空都放下 綿綿密密不通風

---

2 일척안一隻眼: 육안肉眼과는 다른 심안心眼. 즉 지혜의 눈.

3 상량商量: 상담 또는 협의한다는 뜻.

4 패궐敗闕: 실패. 청량이 '일득일실'이라고 실언한 것을 말한다.

금릉 청량원의 법안 문익法眼文益(885-958) 선사는 덕산 선감德山宣鑒(782-865)의 5대 법손으로 나한 계침(867-928)의 법을 이었다. 법안종의 시조이다. 그를 청량 문익, 또는 대지장대도사大知藏大導師라고도 한다. 법안은 영민하여 일찍이 불교 연구에 힘썼다. 특히 유식학의 '삼계유심 만법유식三界唯心萬法唯識'의 사상이나, 화엄학의 '이사무애理事無礙' 사상에 깊은 조예를 가지고 있었다. 그의 저술《종문십규론宗門十規論》은 당시 다섯 갈래로 발전하고 있는 선종계를 '오가五家'로 분류하여 각각의 특징을 서술한 책으로 유명하다.

법안에게는 다음과 같은 흥미로운 이야기가 있다. 그가 운수행각雲水行脚하고 있을 때의 일이다. 두세 명의 동료와 행각하던 중 큰비를 만나 지장원이라는 절에 체류하게 되었다. 며칠이 지나 비도 그치고 해서, 그들은 길을 나서려고 지장원의 주지 계침桂琛 선사에게 인사를 드리러 갔다. 현관 앞에서 계침 선사는 문간에 놓여 있는 돌을 가리키며 문익에게 물었다.

"상좌여, 삼계는 유심唯心 때문에 존재하고 일체 현상은 유식唯識 때문에 존재한다고 생각한다. 그래서 묻겠다. 이 돌은 마음 밖에 있는가, 마음 안에 있는가?"

문익은 곧바로 "마음 안에 있습니다"라고 말했다. 선사는 다시 "행각하는 승이 어찌해서 저렇게 무거운 돌을 마음속에 넣고 다니는가?"라고 물었다. 그때 문익은 한마디도 할 수 없었다. 이에 문익은 행각을 그만두고 지장원에 남아 계침 선사에게 사사하게 되었다. 계침이 문제를 내면 문익은 지금까지 알고 있는 불교 교리로 답을 했지만, 그때마다 계침은 "참된 불법은 그런 것이 아니야"라고 하였다.

문익은 침식도 거르며 열심히 참구를 계속했다. 그러나 깊이 구하면 구할수록 절망뿐이었다. 어느 날 문익이 스승에게 "말씀드릴 것도 없고 제시할 이론도 없습니다"라고 말하니, 선사는 조용히 "만약 거기서 불법을 보게 되면 그것은 원만히 현성現成하네"라고 하였다. 이때 문익은 언하에 선의 묘지를 깨우쳤다. 그 후, 대자재를 얻고 선사의 법을 잇게 되었다. 법안은 이후 불교 교리에 정통하여, 화엄 철학에 근거한 교선일미教禪一味의 선풍을 드날렸다.

어느 날 점심 공양 전에 두 승이 법안 선사의 처소로 가서 참문參問했다. 먼저 선사의 말씀을 듣고 싶었던 것이다. 법안은 묵묵히 입구에 드리워져 있는 발을 가리켰다. 두 승은 알아차리고 같이 가서 발을 말아 올렸다. 그때 법안은 "한 사람은 잘했고 한 사람은 틀렸네"라고 했다. 이것이 이 공안의 핵심이다. 두 승이 동시에 같은 행동을 했는데, 법안은 왜 한 사람은 뜻을 얻었고 한 사람은 뜻을 얻지 못했다고 했을까.

고인古人이 말하기를, "이 공안은 수행자의 마음에 대의심을 일으키려고 한 것이다. 만약 지성이나 이론으로 이해하려 한다면, 그것은 토끼나 말에서 뿔을 구하는 것과 같은 것이다"라고 하였다. 또 어떤 선사는 "같이 발을 걷어 올렸는데 법안이 득실의 차별로 본 것은 왜일까? 이는 동중이同中異이고 이중동異中同이다"라고 하였다.

동산 양개洞山良价(807-869)의 〈보경삼매가〉에는 '은쟁반에 눈이 소복, 명월은 백로를 감춘다'라는 표현이 있다. 여기서 은쟁반과 눈, 명월과 백로는 모두 흰색이라 차이가 없어 보인다. 그러나 은쟁반은 은쟁반이고 눈은 눈이며, 백로는 백로이고 명월은 명월이다. 구별이 있다. 만약 법안 선사가 차별의 견해로 양자를 보았다고 한다면, 발을 걷어 올린 승들의 수완조차 알지 못하는 것이 된다.

이 공안에서는 시비득실이라고 하는 것이 본래 있는 것인가, 없는 것인가 하는 것이 근본문제이다. 이 문제를 법안이 두 승에게 제기하며 자각을 촉구한 것이다.

무문이 평하여 말한다.

"자, 말해보라. 누가 얻었고 누가 잃었다는 것인가. 만약 이 자리에서 일척안을 얻었다면 바로 청량 국사가 실패한 곳을 알 것이다."

발을 걷어 올린 두 승의 똑같은 행위에 대해 법안 선사가 '일득일실'이라고 하며 구별한 진의는 무엇인가? 무문은 만약 우리가 '일득일실'의 공안을 투견하는 깨달음의 눈을 갖추었다면, 청량 국사의 대실패를 볼 것이라고 한다. 무문은 겉으로는 청량 국사의 '일득일실'이 실패라고 말하지만, 실은 여기에 참된 뜻이 있다고 역설하는 것이다.

"이와 같다 해도, 득실을 상량해서는 안 되지."

즉 득실시비에 대해 이래저래 분별하는 어리석은 짓은 하지 말라고 일축한다.

"발을 올리니 밝고 밝아 태공이 환히 보인다."

무문은 공안의 궁극의 묘지妙旨를 네 구로 노래했다. 우선, 발은 내외를 나누는 '차별'을 상징한다. 지금 이 차별을 철거하면 환하고 평등하여 차별이 사라진다.

"태공조차 아직 나의 종지와 맞지 않네."

그러나 이렇게 맑은 절대 평등의 경지가 되었다 해도, 아직 나의 근본적 입장인 참된 선경禪境에 계합하지 않는다고 하며 앞의 구를 부정한다. 그리고 무문은 한 번 더 격하게 주장한다.

"그보다는 공마저 모두 놓아버려"

공도 그 어떤 것도 모두 방하放下해야 한다는 것이다. 말하자면 성취한 어떤 경계에 정체되어 있다면, 도리어 상대적 편공偏空에 떨어져 참된 공으로부터 크게 일탈하게 된다는 것이다.

"면면밀밀하여 바람도 통하지 않는 것이 좋으리."

모든 것을 크게 놓아버리면, 그때 비로소 '면면밀밀'한 세계, 즉 부정도 긍정도 넘어선 진경이 여기서 현성한다는 뜻이다. 법안 선사의 '일득일실'이라는 말은, 시비득실을 넘어선 생동하는 사실을 제시해보라는 암시이다. 그렇게 할 수 없다면 득실 속에서 헤매는 사람에 불과하다는 뜻이다.

제27칙

남전의 '불시심불'

불 시 심 불
不是心佛

본칙

남전 화상에게 어느 승이 "그런데도 사람들에게 말씀하시지 않은 법이 있습니까?"라고 물으니, 남전 화상이 "있다"라고 말했다.

승이 말했다.

"사람들에게 말씀하시지 않은 법은 무엇입니까?"

남전이 대답했다.

"이것은 마음도 아니고, 이것은 부처도 아니고, 이것은 중생도 아니다."

남전화상 인승문운 환 유불여인설저법마 전운 유 승운 여하
南泉和尙 因僧問云 還[1]有不與人說底法麽。泉云 有。僧云 如何

---

1 환還: '그런데도' '오히려'라는 뜻.

시 불 여 인 설 저 법　전 운　불 시 심　불 시 불　불 시 물
是不與人說底法。泉云 不是心 不是佛 不是物[2]。

【평】

남전 화상은 질문을 받고 바로 사재를 전부 털어놓아 보잘것없이 되어 버렸네.

무 문 왈　남 전 피 자 일 문　직 득 췌 진　가 사　낭 당　불 소
無門曰 南泉被者一問 直得揣盡[3]家私 郎當[4]不少。

【송】

지나친 친절은 그대의 덕을 손상시킨다.

말하지 않음이 참된 공덕.

설사 큰 바다가 육지로 변한다 해도

결코 그대들을 위해 말하지 않겠다.

정 녕 손 군 덕　무 언 진 유 공
叮嚀損君德 無言眞有功

2　물物: 《화엄경》 〈야마천궁보살설게품〉 제16품에 "심불급중생心佛及衆生 시삼무차별是三無差別(마음과 부처 및 중생, 이 셋은 차별이 없다)"이라고 하는 것에서, '물物'은 중생(모든 것에 미혹한 것)을 가리킨다.

3　췌진揣盡: 모두 내놓다, 털어버리다.

4　낭당郎當: 노쇠해져 볼꼴이 사납거나 진이 빠진 모습을 뜻한다.

임종 창해변 종불위군통
任從[5]滄海變[6] 終不爲君通

해설

남전 보원南泉普願(748-834) 화상은 앞에 나온 제14칙의 공안, '남전참묘南泉斬猫'로도 유명한 선사이다. 마조 도일의 법을 이었고, 제자로는 조주 종심, 장사長沙, 자호子湖가 있다. 남전산에서 가풍을 떨치고 독자적인 선풍을 일으켜 그의 문하를 '남조종南趙宗'이라고 불렀다. 이 공안은《벽암록》제28칙에도 나오는데, 여기와는 약간 다르다.《벽암록》의 문답에서는 백장 열반百丈涅槃 선사가 주역인데, 여기서는 남전 화상이 주역이 되어 무명의 승과 문답하는 내용이다. 무문 선사가 운수들을 위해《벽암록》의 문답을 발췌하여 간결하게 한 칙의 공안으로 바꾸었기 때문에《벽암록》의 내용과 약간 차이가 난다.

승은 남전 화상이 대자비심으로 중생을 위해 다양한 방식으로 불교의 진수를 설해왔다고 생각하고 있었다. 하지만 그럼에도 아직 사람들에게 설하지 않은 특별한 법이 있는지 물었다. '있다'라는 남전의 예기치 못한 대답에 놀라 승은 다시 물었다.

"사람들에게 말씀하시지 않은 법이란 무엇입니까?"

"이것은 마음도 아니고, 이것은 부처도 아니고, 이것은 중생도 아니다."

---

5 임종任從: '가령' '설사'라는 뜻의 부사.

6 창해변滄海變: 큰 바다가 변해 누에 밭이 된다는 것을 생략해서 한 말. 세상이 격하게 변한다는 의미.

바로 '이것'을 참구하는 것이 공안의 안목이다. '이것'은 무엇을 가리키는가. 뭔가를 가리킬 때 우리는 '이것'이라고 한다. 이것은 산이고, 강이고, 달이고, 꽃이고, 나이고, 다른 사람이고, 이것은 알고 이것은 알지 못한다고 한다. 어떠한 것도 다 '이것'으로 지시한다. 그런데 여기서 이것은 마음도 아니고 부처도 아니고 미혹한 중생도 아니라고 하였다. 이 말의 의중에는 무엇이라고 말해도 맞지 않는다는 의미가 들어 있다. 지금 여기에 이렇게 있는 나는, 마음도 아니고 부처도 아니고 중생도 아니다. 모든 지칭을 넘어선 다만 이대로의 '나'이다. 이것을 대체 무엇이라고 해야 할까. 어언語言을 붙일 수 없다는 말을 하는 것이 아닐까. 이렇게 미묘하게 얽혀 있는 자리를 보고 '이것'에 투철하여 진실의 세계를 투견透見하는 것이 선이다.

무문은 이 공안에 대해 간결하게 평했다.

"남전 화상은 질문을 받고 마침내 사재를 모두 털어내놓아, 보잘것 없이 되어버렸네."

이렇게 매도하는 말은 선계에서 선승의 역량을 평할 때 자주 쓰는 상투적인 어법이다. 남전은 마치 피할 수 없는 빚 재촉을 받고 발가벗게 되어버린 것과 같다는 것이다. 적나라赤裸裸, 즉 발가벗으면 우리 본래의 모습이 드러난다. 무문의 이 같은 극단적인 말은, 남전에 대한 최고의 찬사를 나타낸다.

"지나친 친절은 그대의 덕을 손상시킨다. 말하지 않음이 참된 공덕"

송의 첫 두 구는 승의 물음에 대한 남전의 대답을 평한 말이다. 남전의 지나친 친절이 도리어 남전의 가치를 손상했다고 노래했다. 오히려 가만히 있는 쪽이 좀 더 유효적절했을 것이라는 말이다. '지나친 친절은 그대의 덕을 손상시킨다'라는 말은 중국의 우화에서 나왔다.

옛날에 '혼돈'이라는 왕이 있었다. 그에게는 눈·코·귀·입·몸·생각 등의 육문六門이 없었지만, 나라를 잘 다스렸다. 어리석은 대신들은 왕에게 육문이 있으면 천하를 더욱 잘 다스릴 것이라고 조언하고, 억지로 혼돈왕에게 육문을 붙여주었다. 그렇지만 그 결과 왕은 바로 죽어버렸고 나라는 혼란에 빠졌다는 이야기이다. 무문이 이 우화를 빌려 남전의 답을 풍자한 것이다.

"설사 큰 바다가 육지로 변한다 해도, 결코 그대들을 위해 말하지 않겠다."

설령 큰 바다가 변해 육지가 된다고 해도, 이 무문은 절대로 그대들을 위해 설명할 일이 없을 것이라는 의미이다. 그것은 왜일까? 본래 다 드러나 있는 것을 달리 말할 필요가 있겠는가. 원래 이미 훌륭하게 통해 있는데, 이 이상 더 통할 것이 무엇이 있겠는가. 이 구는 무문이 납자들에게 부디 자신 스스로가 깨쳐보도록 촉구하는 당부의 말이다.

제28칙

덕산과 용담

구향 용담
久響[1]龍潭

본칙

덕산이 (용담에게) 가르침을 청하고 있는 중 밤이 되어버렸다.

용담이 말했다.

"밤이 깊었으니 이제 돌아가지 그래?"

덕산은 작별 인사를 하고 발을 걷어 올리고 덧문 밖으로 나가려 했다. 밖을 보니 캄캄하여 되돌아보며 말했다.

"밖이 캄캄합니다."

이에 용담은 종이로 싼 밀랍 초에 불을 붙여 건네주었다. 덕산이 막 잡으려고 하자, 용담이 훅 불어 껐다. 이 순간 덕산은 홀연히 깨치고

1 구향久響: 우러러보고 존경함

바로 절을 올렸다.

용담이 물었다.

"그대는 무슨 도리를[2] 보았는가?"

덕산이 말했다.

"저는 오늘 이후로 천하의 노화상의 말씀을 의심하지 않겠습니다."

다음날 용담은 당에 올라 말했다.

"만약 대중 가운데 한 놈이, 이빨은 검수劍樹 같고, 입은 핏빛 동이[분盆] 같고, 몽둥이를 휘둘러 쳐도 뒤돌아보지 않을 정도라면, 언젠가 고봉 정상을 향해 서서 자신의 도를 세울 것이다."

덕산은 거기서《금강경》의 소초[3]를 꺼내고 법당 앞에서 횃불을 치켜들며 말했다.

"불교의 교의를 밝힌다 해도 털끝 하나를 공중에 두는 것 같고, 세상살이를 위해 대단한 기술을 만든다고 해도 물 한 방울을 큰 계곡에 던지는 것과 같다."

그리고는 소초를 가지고 나와 바로 불태우고 그 자리에서 인사를 하고 떠났다.

龍潭因德山請益抵夜。潭云 夜深。子何不下去。山遂珍重[4]揭簾而出。見外面黑却回云 外面黑。潭乃點紙燭度與。山擬接。潭便吹滅。山於此忽然有省。便作禮。潭云 子見箇甚麼道理。山云 某甲

---

2 도리道理: 여기서는 원리나 진리라는 뜻이 아니라 구체적 문제나 사건을 의미한다.

3 소초疏抄: 경론의 주석서를 말함.

4 진중珍重: 물러갈 때의 인사.

종금일거불의천하로화상설두야 지명일 용담승당운 가중 유개
從今日去不疑天下老和尙舌頭也[5]。至明日 龍潭陞堂云 可中[6]有箇
한 아여검수 구사혈분 일봉타불회두 타시이일 향고봉정상
漢 牙如劍樹[7] 口似血盆[8]。一棒打不回頭。他時異日 向孤峰頂上[9]
립군도재 산수취소초어법당전 장일거화제기운 궁제현변 약일
立君道在。山遂取疏抄於法堂前 將一炬火提起云 窮諸玄辨[10] 若一
호치어태허 갈세추기 사일적투어거학 장소초변소 어시례사
豪致於太虛 竭世樞機[11]似一適投於巨壑 將疏抄便燒 於是禮辭。

【평】

덕산은 일찍이 고향을 나오기 전에는 마음이 분심으로 가득 찼고 말은 격하고 예리했다. 일부러 남방에 와서 교외별전敎外別傳의 종지를 멸각滅却시키려고 작정했다. 풍주에 이르러 노상에서 한 노파에게 점심을 사 먹을 수 있을지 물었다.

노파가 말했다.

"대덕이여, 상자 속에는 무슨 책이 있습니까?"

덕산이 말했다.

"《금강경》의 소초요."

노파가 물었다.

"그런데, 경에 '과거심불가득 현재심불가득 미래심불가득'이라는 말

---

5 불의천하노화상설두不疑天下老和尙舌頭; '의疑'는 여우 같은 의심. '두頭'는 조사.

6 가중可中: '만약'이라는 뜻.

7 검수劍樹: 칼을 세워놓은 것처럼 빽빽한 숲.

8 혈분血盆: 핏빛 같은 동이. 입이 새빨갛다는 것을 비유한 말로 건장한 모습을 의미.

9 고봉정상孤峰頂上: 고고준엄孤高峻嚴한 종풍을 의미.

10 궁제현변窮諸玄辯: 불교의 교의 전부를 철저히 연구하는 것.

11 갈세추기竭世樞機: 세상을 이끄는 기술을 만드는 것

이 있는 것 같은데, 대덕께서는 어느 마음에 점을 찍으려 합니까?"

덕산은 질문을 받고 바로 입을 굳게 다물어버렸다. 그러나 아직은 노파의 말에 기죽을 것은 아니었다. 그래서 노파에게 물었다.

"이 근처에 어떤 종사가 계신가?"

"5리 밖에 용담 화상이 계시오."

용담에 이르러 덕산은 완전히 패배감이 들었다. 이는 앞의 말과 나중의 말이 서로 맞지 않는다 할 수 있다. 용담도 아이가 너무나 귀여워 (아이의) 추태를 알지 못하여, 아이에게서 아주 작은 불씨를 보고는 황급히 머리 위로 더러운 물을 확 끼얹어버린 것과 같다. 냉정히 잘 보면 이것은 모두 한판의 웃음거리이다.

무문왈 덕산미출관시 심분분구비비 득득래남방 요멸각교외별
無門曰 德山未出關時 心憤憤口悱悱[12] 得得來南方 要滅却教外別
전지지 급도풍주로상 문파자매점심 파운 대덕거자 내 시심마
傳之旨。及到澧州路上 問婆子買點心。婆云 大德車子[13]內 是甚麼
문자 산운 금강경소초 파운 지여경중도 과거심불가득 현재심
文字。山云 金剛經抄疏。婆云 只如經中道 過去心不可得 現在心
불가득 미래심불가득 대덕요점나개심 덕산피자일문 직득구사
不可得 未來心不可得。大德要點那箇心。德山被者一問 直得口似
편첨 연수여시 미긍향파자구하사각 수문파자 근처유심마종
匾檐[14]。然雖如是 未肯向婆子句下死却。遂問婆子 近處有甚麼宗
사 파운 오리외유용담화상 급도용담납진패궐 가위시전언불
師。婆云 五里外有龍潭和尙。及到龍潭納盡敗闕。可謂是前言不

---

12 심분분구비비心憤憤口悱悱: 마음이 분개하여 입에서 말이 나오지 않는 것.

13 거자車子: 책을 넣는 상자

14 구사편첨口似匾檐: 편첨은 천평봉天坪棒. 무엇이라고 답할 수 없을 때 입이 ㅅ형태로 다물어져 천평 같다고 한다.

응 후 어　용 담 대 사 련 아 불 각 추　견 타 유 사 자 화 종　낭 망　장 악 수 맥
應後語[15]。龍潭大似憐兒不覺醜。見他有些子火種 郎忙[16]將惡水驀
두 일 요 요 살　냉 지 간 래　일 장 호 소
頭一澆澆殺。冷地看來[17] 一場好笑。

【송】

이름을 듣기보다 얼굴을 보는 쪽이 더 낫다.

얼굴을 보기보다 이름을 듣는 쪽이 더 낫다.

비록 콧구멍은 얻었다 해도

어찌할까, 눈이 멀었으니.

문 명 불 여 견 면　견 면 불 여 문 명
聞名不如見面 見面不如聞名
수 연 구 득 비 공　쟁 나 할 각 안 정
雖然救得鼻孔 爭奈瞎却眼睛

해설

용담 숭신龍潭崇信(?-?)은 육조 혜능의 5대 법손이며, 천황 도오天皇道悟(748-807)의 법을 이었다. 본칙은 덕산이 용담을 만나 득도하는 내용이지만, 무문은 제창에서 용담을 만나기까지의 일화를 소개하고 이에

15 전언불응후어前言不應後語: 덕산이 고향을 나오기 전에 남방의 선을 없애버린다고 했던 앞의 말과 용담을 만나 한순간에 깨달음을 얻었다는 뒤의 말이 서로 맞지 않는다는 의미.

16 낭망郎忙: 매우 당황해하는 것.

17 냉지간래冷地看來: '지地'는 조사이며, 냉정히 잘 살핀다는 뜻.

대한 자신의 비평을 뒤이어 기술했다. 먼저 덕산의 경력을 잠시 살펴본다.

덕산의 시대는 이미 선이 남쪽에서 번성하고 있을 때이다. 덕산은 서촉西蜀 지역에서 교학을 연구했는데, 특히《금강경》연구에서는 천하에 따를 자가 없다고 자부하였고, 다른 사람들도 인정했다. 사람들은 덕산의 성이 주周 씨였으므로 '주금강'이라고도 불렀다.

불교학에서는 범부가 부처가 되기까지는 아주 오랜 세월 수행을 해야 한다고 보는데, 선禪에서는 깨달으면 바로 부처가 된다고 한다. 덕산은 선이 그런 바보 같은 주장을 한다면 그것은 불법이 아니라 불법의 가면을 뒤집어쓴 천마외도임이 틀림없다고 외쳤다. 그래서 선이 유행하고 있는 남방으로 가서 그러한 외도들을 항복시키겠다고 다짐하고 자신만만하게 남쪽으로 출발한 것이다. 그때 덕산은《금강경》주석서를 잔뜩 책 상자에 넣어 짊어지고 있었다. 만일 법론이 필요할 경우 하나하나 전거를 대며 자신의 주장을 증명하기 위함이었다.

무문의 비평은 덕산이 남방 풍주의 노점에서 노파를 만난 이야기부터 시작된다. 분심으로 가득 찬 덕산은 오로지 교외별전을 종지로 하는 선을 멸각시키는 데에 사로잡혀 있었다.

시장기를 느낀 덕산이 길가 점포에서 점심을 먹으려고 그곳의 노파에게 다가갔다. 그 노파는 다년간 참선을 했는지, 한눈에 덕산이 강석講釋을 주로 하는 교학승임을 알아챘다. 노파는 점심을 사 먹고자 하는 덕산에게, 짊어지고 있는 책 상자에 무엇이 들어 있는지 물었다. 덕산이《금강경》주석본이라고 말하자, 노파는 "경에는 '과거심불가득 현재심불가득 미래심불가득'이라는 말이 있는 것 같은데, 대덕께서는 어느 마음에 점을 찍으려 합니까?"라고 물었다. 덕산은 노파의 질문을 받고 입이 떼어지지 않았다. 한 짐 잔뜩 지고 온《금강경》소초에는 그 답이 없었다. 덕산은 답을 찾기 위해 노파에게 물었다. "가까운 곳에 선의 종장이 계십니까?" 노파는 "5리쯤 떨어진 곳에 용담 화상이 계십니다"라고 했다. 여기까지가 무문의 평창에 있는 내용이다. 이후의 이야기를 알아야 본칙의 내용이 이해될 것이다.

다른 등사燈史에는 이런 일화가 소개된다. 노파가 일러준 대로 덕산은 곧장 용담산으로 갔다. 덕산은 용담산 입구에서 큰 소리로 말했다. "용담, 용담이라는 굉장한 평판을 들었는데, 막상 와보니 용도 담도 없지 않은가!"《금강경》에 쓰인 공空의 정신을 이렇게 말한 것이다. 그때 용담 선사가 얼굴을 쑥 내밀고 "그대, 용담에 잘 왔구나"라고 말하고 쾌히 덕산을 맞이했다. 덕산은 용담의 처소에 들어가 법전을 벌였다. 여기서부터 본칙이 시작된다.

밤늦도록 덕산은 그동안 자신이 공부한 것을 말하고 지도를 청했다. 이미 밤이 깊었다. 계속 듣고만 있던 용담은 취침 시간이 되었으니 가서 쉬라고 했다. 덕산은 인사를 드리고 발을 걷어 올리고 밖으로 나왔다. 밖이 캄캄하여 덕산은 "밖이 어두워 아무것도 보이지 않습니다"라고 했다. 용담이 밀랍 초에 불을 붙여 건네주었다. 덕산이 그것을 받자마자 용담은 불을 껐다. 덕산은 홀연히 깨쳤다. 너무나 기뻐서 용담에게 삼배구배三拜九拜[18] 했다. 용담이 "그대는 무슨 도리를 보았는가?" 라고 물으니, 덕산은 "저는 오늘 이후로 천하의 노화상의 말씀을 의심

---

18 삼배구배三拜九拜: '3배의 예와 9배의 예'라는 뜻으로, 몇 번이고 되풀이해서 경의敬意를 표한다는 말이다.

하지 않겠습니다"라고 말했다. 바로 지금, 자신은 깨달아 '즉신성불卽身成佛'했기 때문에, 거기서 나온 확신에 찬 말이다.

다음 날 용담은 법당에 대중을 모이게 하고 법좌에 올라 설했다.

"이 대중 가운데 대단한 한 남자가 있다. 그는 검수 같은 이빨을 가졌고, 커다란 입은 아주 붉다. 한 방 내쳐도 꿈쩍도 안 할 놈이지. 장래에 그는 반드시 자신의 길을 가고 자신의 도를 떨칠 것이다."

덕산은 감사의 기쁨을 억누르고 자신이 가장 중요시했던《금강경》의 주석서를 법당 앞으로 들고 나와, "불교의 교의를 밝힌다 해도 털끝 하나를 공중에 두는 것 같고, 세상살이를 위해 대단한 기술을 만든다고 해도 물 한 방울을 큰 계곡에 던지는 것과 같다"라고 말하고는 주석서를 모두 태워버렸다. 불교 교학의 어떠한 이론을 밝힌다 해도, 깨달은 진실의 세계에 비하면 마치 미세한 털끝과 태허를 비교하는 것과 같고, 세상을 이끌만한 명론탁설名論卓說도 진실의 세계에 비하면 물 한 방울과 큰 강물을 비교하는 것과 같다는 것이다. 그리고는 가벼운 몸이 되어 용담산을 떠났다.

무문의 평창의 마지막 부분은 덕산이 용담의 처소에서 법전 끝에 패배한 일에 대한 평이다.

"이는 앞의 말과 나중의 말이 서로 맞지 않는다 할 수 있다."

덕산이 고향에서 나올 때 남방의 선을 멸각시키겠다고 호언장담했는데, 나중에 용담을 만나 깨닫고 나서는 화상의 말을 의심하지 않겠다고 말했으니, 앞뒤가 맞지 않는다는 말이다.

"용담도 아이가 너무나 귀여워 (아이의) 추태를 알지 못하여, 아이에게서 아주 작은 불씨를 보고는 황급히 머리 위로 더러운 물을 확 끼얹어버린 것과 같다. 냉정히 잘 보면 이것은 모두 한 판의 웃음거리이다."

이 말은 용담 선사가 "언젠가는 고봉 정상을 향해 자신의 도를 세울 것이다"라고 덕산을 칭찬한 것에 대한 비평이다. 은근히 덕산과 용담의 선의 진가를 칭찬하면서도, 용담이 덕산을 인가하는 것은 조금은 성급했다는 뉘앙스를 풍기고 있다.

송에는 여러 가지로 중요한 울림이 있다.

"이름을 듣기보다 얼굴을 보는 쪽이 더 낫다. 얼굴을 보기보다 이름을 듣는 쪽이 더 낫다."

이 두 구는 복잡미묘한 선지禪旨를 노래하고 있다. 덕산은 '주금강'이라고 할 정도로 천하에 대단한 명성을 떨치고 있는 인물이지만, 만나고 보니 단지 불교 학자일 뿐 '깨달음'의 근처에는 가보지도 못한 사람이었다. 차라리 만나지 말고 평판만 듣는 쪽이 나을 뻔했다는 말이다. 실지로 깨달아 '자기 본래의 부처'를 보지 않으면 안 된다는 울림이 있다. 그러나 어찌 보면, 깨달음을 동경하고 깨달음의 평판만 듣는 쪽이 더 나을지도 모른다. 깨달아 보면 본래 있는 그대로일 뿐이고 어떠한 변함도 없기 때문이다. 그러니 깨달음의 냄새도 지우라는 울림도 있다.

"비록 콧구멍은 얻었다 해도 어찌할까, 눈이 멀었으니."

덕산의 깨달음은 아직 거칠고 미숙하여 절반 정도밖에 안 되어, 콧구멍은 얻었지만 아직 눈이 떠지지 않았기 때문에 깨달음을 더욱 깊게 해야 한다는 것이다. 그러니 멀리서 평판만을 듣고 절하는 쪽이 오히려 낫고, 곁에 가서 보면 면밀한 불법이 부족하고 거짓이 드러나니 경계해야 한다는 의미이다.

제29칙

육조의 바람과 깃발

비 풍 비 번
非風非幡

본칙

육조는 절의 깃발이 펄럭거리는 것에 대해 두 승이 토론하는 것을 보았다. 한 승은 깃발이 움직인다고 말하고 다른 승은 바람이 움직인다고 다투기에, 두 승의 대화가 이치에 맞지 않는 것을 보고 육조가 말했다.

"이것은 바람이 움직이는 것도 아니고 깃발이 움직이는 것도 아니오. 그대들 마음이 움직이는 것이오."

두 승은 놀라워하며 당황했다.

육 조 인 풍 양 찰 번　유 이 승 대 론　일 운 번 동　일 운 풍 동　왕 복 증 미 계
六祖因風颺刹幡。有二僧對論。一云幡動 一云風動。往復曾未契
리　조 운 불 시 풍 동　불 시 번 동　인 자　심 동　이 승 송 연
理。祖云不是風動 不是幡動 仁者[1]心動。二僧悚然。

【평】

이것은 바람이 움직이는 것도 아니고 깃발이 움직이는 것도 아니고 마음이 움직이는 것도 아닌데, 어디에서 조사를 볼까. 만약 이 자리에서 볼 수만 있다면, 분명 두 승이 철을 내다 팔아 금을 얻으려고 한다는 것을 알 수 있을 것이다. 조사는 자비로운 마음을 억누르지 못한 나머지 한바탕 웃음거리가 되었다.

무문왈 불시풍동 불시번동 불시심동 심처견조사 약향자리견득
無門曰 不是風動 不是幡動 不是心動 甚處見祖師。若向者裏見得
친절 방지이승매철득금 조사인준불금 일장루두
親切 方知二僧買鐵得金。祖師忍俊不禁[2] 一場漏逗[3]。

【송】

바람, 깃발, 마음이 움직인다니
영장 하나로 구인한다.
다만 입을 연 것은 알아도,
잘못 말한 것은 알지 못하네.

풍번심동 일장령과
風幡心動 一狀領過[4]

---

1 인자仁者: 2인칭의 경칭.

2 인준불금忍俊不禁: '인준'은 참을 수 없이 우습다는 뜻인데, '불금'이 붙어서 웃음을 억제하지 못한다는 의미.

3 일장루두一場漏逗: '루두'는 파탄이 났다는 뜻. 즉 한바탕의 실패 극.

4 일장령과一狀領過: '장'은 영장令狀. 한 통의 영장으로 여러 사람을 같은 죄로 구인하는 것.

지 지 개 구 불 각 화 타
只知開口 不覺話墮[5]

해설

육조 혜능에 대해서는 앞의 제23칙에서 자세히 언급했으므로 여기서는 생략한다. 혜능은 오조 홍인으로부터 의발을 받고 황매를 떠나 남방으로 가서 몸을 숨겼다. 제23칙의 사건 이후 15년, 혜능은 행자의 모습으로 광주 법성사에 나타났다. 오랫동안 도피 생활을 한 후, 법성사에서 인종印宗 법사의《법화경》강의를 들으러 왔을 때 일어났던 일이 본칙 공안의 내용이다.

어느 날, 혜능은 두 승이 바람에 펄럭이는 깃발에 대해 논쟁하고 있는 것을 들었다. 한 승은 깃발이 흔들린다고 말하고 다른 한 승은 바람이 움직인다고 말했다. 보통 우리는 깃발이 펄럭이면 바람이 불고 있다고 생각한다. 바람은 눈에 띄지 않으므로, 바람이 움직인다는 사실은 우리의 감각에 의한 직접 인식의 밖에 있다. 간접적으로 인식할 수밖에 없다. 옛날 어느 화가가 바람을 그림으로 그려달라고 부탁을 받았을 때, 바람에 흔들리는 버드나무 가지를 그려주었다고 한다.

두 승의 소박한 논의를 듣고 있던 혜능 행자는 "이것은 바람이 움직이는 것도 아니고 깃발이 움직이는 것도 아니네. 그대들 마음이 움직이는 걸세"라고 말했다. 행자의 말을 들은 두 승은 크게 놀라워했다. 두 승은 불교 수행자인 이상 '만법유심' '심외무법'이라는 불교 교리의

---

5 화타話墮: 잘못 말하거나 틀리게 말한 것.

기본을 모를 리가 없었을 것이다. 그러나 행자의 '마음이 움직인다'라는 말이 개념적 해석을 넘어선 체험적 사실로 두 승의 마음에 그대로 와 닿은 것이다. 《경덕전등록》에는 이 본문에 이어지는 다음과 같은 이야기가 나온다.

인종 법사는 두 승에게서 행자의 이야기를 듣고 경탄했다. 다음 날 행자를 자신의 방으로 맞이하고 바람과 깃발의 문답을 물었고, 행자는 명확히 이것에 대답했다. 법사는 자신도 모르게 일어나 "행자여, 정말 보통 분이 아닙니다. 대체 어떤 분입니까?"라고 물었다. 행자는 일찍이 황매에서 법을 이은 경위를 숨기지 않고 말했다. 이를 들은 인종 법사는 행자에게 제자로서의 예를 취했고, 선 지도자가 되어주기를 요청했다. 거기서 혜능은 법성사의 지광智光 율사에 의해 출가 삭발을 하고 정식으로 승려가 되었다. 여기서 육조 혜능 선사의 생애가 시작되고 선사로서의 활동이 전개되었다.

무문이 평하여 말한다.

"이것은 바람이 움직이는 것도 아니고 깃발이 움직이는 것도 아니고 마음이 움직이는 것도 아닌데 어디서 조사를 볼까?"

무문의 이 말에는 다음과 같은 옛이야기가 있다.

옛날 위산 영우 선사의 제자인 앙산 혜적의 문하에 묘신妙信이라는 비구니가 있었다. 산문 밖 암자의 암주였다. 어느 날 멀리 촉나라에서 17인의 승려가 앙산을 참배하러 가던 도중 이 암자에 머물렀다. 밤에 그들은 화롯가에 모여 '비풍비번'의 공안에 대해 논의를 시작하였다.

지나가다 이 논의를 들은 묘신은 전부 틀렸다고 생각하고, "그대들 17마리 당나귀들은 꿈에서도 불법을 만나지 못했군. 참으로 딱하네"라고 쏘아붙였다. 바로 그 자리에서 그들은 가르침을 청했다. 묘신은 "이것은 바람이 움직이는 것도 아니고 깃발이 움직이는 것도 아니고 마음이 움직이는 것도 아니다"라고 했다. 그 목소리는 냉정하고 차디차서 마음을 꿰뚫고 지나가는 것 같았다. 순간 17명의 승은 모두 깨달았다. 그들은 깊이 감사하며 인사하고 앙산을 만나지도 않고 촉나라로 돌아갔다.

무문은 묘신의 말을 인용하여, 이같이 생각하는 것이 전부 인간의 망상이고 관념 유희에 불과하다고 하면서, '인자의 마음이 움직인다'라고 한 육조의 뜻은 어디에 있는가, 즉 "어디에서 조사를 볼까"라고 묻는다.

"만약 이 자리에서 볼 수만 있다면, 분명 두 승이 철을 내다 팔아 금을 얻으려고 한다는 것을 알 수 있을 것이다. 조사는 자비로운 마음을 억누르지 못한 나머지 한바탕 웃음거리가 되었다."

만약 이 자리에서 볼 수만 있다면 뜻밖의 횡재를 얻게 될 것이다. 철을 팔 생각이었는데 뜻하지 않게 순금을 얻은 것처럼 말이다. 그러나 두 승의 별 볼 일 없는 법론을 보고 혜능이 해준 말에 대해, 무문은 "조사는 자비로운 마음을 억누르지 못한 나머지 한바탕 웃음거리가 되었다"라고 했다. 무문의 눈으로 보면, 혜능이 두 승에게 "그대들 마음이 움직이는 것"이라고 이류 삼류의 설법을 한 것은, 결국은 대실패가 되고 말았다는 것이다.

이 공안에 대해 무문은 간결하게 송을 붙였다.

"바람, 깃발, 마음이 움직인다니 영장 하나로 구인한다."

첫 두 구는 두 승의 대론과 혜능의 평을 합쳐서 노래했다. 무문이 보기에 두 승과 혜능은 모두 같은 죄를 지었다. 그래서 영장 한 장으로 모두 구인하다는 말이다.

"다만 입을 연 것은 알아도, 잘못 말한 것은 알지 못하네."

혜능이 '인자의 마음이 움직인다'라고 말을 했을 때, 바로 그 말에 떨어져 진실을 잃어버렸다는 것이다. 입을 열면 진실은 이미 거기에 없기 때문이다.

제30칙

마조의 '즉심즉불'

즉 심 즉 불
卽心卽佛

본칙

마조에게 대매가 "무엇이 부처입니까"라고 물으니, 마조가 "마음이 부처다"라고 말했다.

마 조 인 대 매 문 여 하 시 불 조 운 즉 심 시 불
馬祖因大梅問 如何是佛。祖云 卽心是佛。

【평】

만약 바로 알아차릴 수 있다면, 부처의 옷을 입고 부처의 밥을 먹고 부처의 교설을 말하고 부처의 행동을 하니, 바로 이것이 부처라고 했다.

이와 같다 하더라도, 대매는 많은 사람을 이끌어 정반성[1]을 잘못 보게 한다. '불佛' 자라고 말만 해도 삼 일간 입을 씻었다는 것을 어찌 알까. 만약 이런 자라면 '즉심시불'이라고 말하는 것을 보고 귀를 막고 바로 도망갈 것이다.

무문왈 약능직하령략득거 착불의 끽불반 설불화 행불행 즉시불
無門曰 若能直下領略得去 著佛衣 喫佛飯 說佛話 行佛行 卽是佛
야 연수여시 대매인다소인 착인정반성 쟁지도설개불자 삼일
也。然雖如是 大梅引多少人 錯認定盤星。爭知道說箇佛字 三日
수구 약시개한 견설즉심시불 엄이변주
漱口。若是箇漢 見說卽心是佛 掩耳便走。

【송】

구름 한 점 없는 밝은 대낮,

묻고 찾는 것은 절대 피해야 한다.

다시 '무엇인가'라고 물으면

장물을 싸고 무죄를 외친다.

청천백일 절기심멱
靑天白日 切忌尋覓
갱문여하 포장규굴
更問如何 抱贓叫屈[2]

---

1 정반성定盤星: 저울의 눈금

2 포장규굴抱贓叫屈: '장'은 도적질한 물품. '굴'은 억울한 죄로 절박한 상태에 빠진 것.

마조 도일馬祖道一(709-788)은 성이 마 씨이므로 마조라고 부른다. 육조의 법손에 해당하며, 그 문하에 백장, 남전, 대매, 불광 등 걸출한 인물이 130여 명이 있다. 한주漢州 출신으로 처음 투주渝州의 원圓 율사에게 출가 득도하였지만, 이후에 남악 회양南嶽懷讓(677-744)을 만나 법을 이었다. 마조는 '평상심시도' '즉심시불'을 주창하여 선을 중국에 토착시켰다. 강서의 마조, 호남의 석두로 나란히 칭송받으며 마조는 남종선을 크게 거양했다.

마조가 남악 회양을 만나 얻은 법이 '즉심시불'이다. 남악 선사가 형산衡山의 반야사에 있을 때 마조도 같은 산의 전법원에 있었는데, 마조는 주야로 좌선만 하고 있었다. 어느 날 남악이 마조에게 물었다.

"대덕이여! 여기서 무엇을 하고 있는가?"

마조가 대답했다.

"좌선하고 있습니다."

"좌선은 해서 뭣하게?"

"부처가 되려고 합니다."

남악은 아무 말 없이 뜰에서 기왓장 한 장을 가지고와 부싯돌에 갈기 시작했다. 이상한 생각이 들어 마조가 남악에게 물었다.

"기와를 갈아 무엇 하시려 합니까?"

"갈아서 거울로 만들려고."

"기와를 갈아 거울이 됩니까?"

그러자 남악이 마조에게 되물었다.

"사람이 좌선한다고 해서 부처가 될까?"

"그렇다면 어떻게 해야 합니까?"

"소에 수레를 묶어 수레가 움직이지 않을 때 수레를 때릴까, 소를 칠까?"

마조는 아무 말도 하지 못했다. 남악은 그 자리에서 친절하게 말했다.

"그대는 앉는 것으로 부처가 된다고 하는데, 만약 좌선을 배우는 중이라면, 선은 앉거나 눕는 데 있는 것이 아님을 알아야 하네. 만약 좌선해서 부처 되기를 배우는 중이라면, 부처에게는 정해진 상이 없음을 알아야 해. 집착이 없어야 할 법인데, 취하고 버리고 해서는 안 되네. 만약 좌선해서 부처가 된다고 하면 이는 부처를 죽이는 일이네. 만약 앉는 것만을 취하게 되면 결코 불도를 이룰 수 없어."

이로부터 마조는 남악 선사 곁에서 사사를 받고 열심히 수행을 거듭하여 탁월한 선승이 되었다.

대매 법상大梅法常(752-839)은 양양襄陽 출신이다. 청년 시절 불교 교리 연구하기를 20년, 마조를 참배하고 '즉심즉불卽心卽佛'의 가르침에 크게 깨쳤다. 마조의 법을 이은 후, 세간을 떠나 천태산의 한 봉우리인 대매산으로 들어가 초암을 짓고 은거하기를 30여 년, 오로지 '즉심즉불'을 신조로 삼고 좌선삼매로 일관했다. 이 선사는 언제나 높이 한 자 정도 되는 철탑을 머리 위에 올려놓고 좌선을 했다. 자세가 흐트러지면 탑이 떨어진다. 떨어지지 않도록 스스로 책려하며 좌선한 것이다. 대매의 제자로는 천동 화상이 있고, 손가락 선으로 유명한 구지 선사가 대매의 손제자이다.

대매가 좌선을 열심히 한다는 소문을 마조가 듣고 시자를 보내 시험을 했다. 시자가 마조의 명을 받고 깊은 산중에 있는 대매를 방문하여 물었다.

"그대는 마조 화상의 처소에서 무엇을 깨달아 이 산중에 계시는 것이오?"

대매가 대답했다.

"내가 일찍이 마조 화상께 '무엇이 부처입니까'라고 물었더니, 화상께서 '즉심시불卽心是佛'이라고 하셨네. 나는 그 말에 크게 깨닫고 그 때부터 이 산에 있다네."

"마조 스님의 불법은 요사이 변했습니다."

대매가 어떻게 변했는가를 물으니 시자가 말했다.

"마조 스님은 요즈음은 '비심비불非心非佛'이라고 하십니다."

"그런가? 그것은 마 대사가 수행자를 혼란시키는 것이네. 마 대사가 '비심비불'이라고 하신 것은 훌륭하지만, 나는 다만 '즉심즉불'로 공부해도 부족함이 없네."

시자는 이 말을 마조에게 보고했다. 마조는 "매실이 익었구나"라고 말했다. 대매의 경계가 원숙해졌다고 인정한 말이다.

무문이 평하여 말한다.

"만약 바로 알아차릴 수 있다면, 부처의 옷을 입고 부처의 밥을 먹고 부처의 교설을 말하고 부처의 행동을 하니, 바로 이것이 부처라고 했다."

만약 이 '즉심즉불'의 핵심을 깨닫게 되면 어떠한 사람도 자신이 부처의 옷을 입고 부처의 밥을 먹고 부처의 교설을 말하고 부처의 행동을 하고 있음을 알아차릴 수 있다는 것이다. 바꾸어 말하면, 자신이 완전무결한 부처임을 실증한다는 것이다. '즉심시불'도 '즉심즉불'과 같은 의미이다.

"이와 같다 하더라도, 대매는 많은 사람을 이끌어 정반성을 잘못 보게 한다. '불佛' 자를 말만 해도 삼 일간 입을 씻었다는 것을 어찌 알까."

무문의 눈으로 보면, 대매 자신이 '즉심즉불'을 깨달았다고 하지만, 그 때문에 '즉심즉불'이 고정관념이 되어, 결국 그것을 깨달음으로 잘못 알게 되었다는 것이다. 무문은 어느 고인이 '부처라는 말을 입에 담은 것만으로도 입이 더러워졌다고 하여 삼 일간이나 입을 씻었다'는 옛일을 대매가 알지 못하는 것이 아닌가 하고 비판하고 있다. '부처'라는 말만 해도, 그것은 이미 부처와 범부를 구별하는 이원론적인 냄새가 난다는 것이다. 무형무상無形無相의 참된 부처를 체득한 자로서는, '부처'라고 말하는 것만으로도 부처를 더럽힌다고 여기기 때문이다.

"만약 이런 자라면 '즉심시불'이라고 말하는 것을 보고 귀를 막고 바로 도망갈 것이다."

진실로 깨달아 심안이 밝은 납자衲子라면, '즉심시불'이라는 말을 듣기만 해도 귀를 막고 도망쳐버린다는 말이다. 말에 집착하고 '그대로의 마음이 바로 부처'라는 표면적 말뜻만 쫓는 수행자들에게 무문이 이렇게 경고하였다.

송은 극히 간명직절簡明直截하다.

"구름 한 점 없는 밝은 대낮"은 하늘의 기상을 뜻하는 말이 아니다. '즉심즉불'을 진실로 체득하면 구름 한 점 없는 하늘처럼, 애매모호한 것이 단 한 점도 없게 된다는 말이다. '즉심즉불'이 행주좌와行住坐臥 어디에서나 확연 명백히 드러나 있다는 것이다. 그래서 "묻고 찾는 것은 절대 기피해야 한다"라고 했다.

"다시 '무엇인가'라고 물으면, 장물을 싸고 무죄를 외친다."

즉 어느 곳에서나 드러나 있는 '즉심즉불'을 다시 '무엇인가'라고 묻는다면, 그것은 마치 도둑이 훔친 장물을 싸면서 자신은 무죄라고 외치는 것과 같다는 말이다. 진실로 무심으로 살아가면 보배는 자신의 발아래 있다. 그렇지만 본래 '즉심즉불'의 진아眞我를 잊고 밖으로 부처를 구하고자 하는 한 생각이 일어날 때, 한순간에 범부로 떨어져 부처는 천리만리 저쪽으로 멀어진다는 것이다. 장물을 싸면서 무죄라고 외치는 것과 같은 어리석음이다.

제31칙

조주의 감파

조 주 감 파
趙州勘婆

본칙

어느 승이 (길을 가다가) 한 노파에게 "대산으로 가는 길이 어디요?"라고 묻자, 그 노파는 "곧바로 가시오"라고 했다. 승이 겨우 서너 걸음을 가는데 노파가 말했다.

"그럴듯한 대사 같으신데 또 저렇게 가시네."

나중에 다른 승이 이를 조주에게 말했다. 조주는 "너를 위해 내가 가서 저 노파를 한번 감파해보지"라고 했다. 다음 날 바로 가서 노파에게 같은 질문을 하니, 노파 역시 같은 답을 했다. 조주가 돌아와 대중에게 말하였다.

"대산의 노파, 내가 그대들을 위해 감파해버렸지."

趙州因僧問婆子 臺山路向甚處去。婆云 驀直去。僧纔行三五步。婆云 好箇師僧 又恁麽去。後有僧擧似州。州云 待[1]我去與爾勘過這婆子。明日便去亦如是問。婆亦如是答。州歸謂衆曰 臺山婆子我與爾勘破了也。

【평】

노파는 다만 휘장 속에 앉아서 일을 꾸밀 줄만 알았지 적에게 당할 줄은 몰랐다. 조주 노인은 적의 본영에 들어가 요새를 습격하는 작용은 보였지만, 반면 대인의 상相은 없다. 점검을 좀 해보면, 두 사람 모두 잘못이 있다. 자, 말해보라. 조주가 노파를 감파한 곳은 어디인가.

無門曰 婆子只解坐籌帷幄[2] 要且著賊不知。趙州老人 善用偸營劫塞之機[3] 又且無大人相。檢點將來 二俱有過。且道 那裏是趙州勘破婆子處。

---

1 여기서 '대待'는 '기다리다'라는 뜻이 아니라, '한번 ~해주겠다'라는 뜻. '내가 한번 가서 노파의 정체를 간파해주겠다'라는 의미.

2 좌주유악坐籌帷幄: 본영의 휘장 안에서 술책을 꾸며, 천 리 밖 전장에서의 승리를 결정짓는다는 뜻. 여기서는 왕래하는 운수납자를 끽소리도 못하게 만든다는 의미.

3 투영겁색지기偸營劫塞之機: 본영本營에 잠입한다든가 요새를 침략하는 기機.

【송】

질문은 이미 본래대로이며,

답 역시 비슷하다.

밥 속에 모래가 있고

진흙 속에 가시가 있네.

문 기 일 반 답 역 상 사
問旣一般 答亦相似
반 리 유 사 니 중 유 자
飯裏有砂 泥中有刺

해설

《무문관》에는 조주에 관한 공안이 무려 일곱 칙이나 된다. 조주 종심 선사에 대해서는 앞에서 이미 설명했으므로 생략한다. 중국 선종의 전성기인 당대唐代에는 본칙에 등장하는 노파와 같이 선에 대한 깊은 안목을 갖춘 분들이 많았던 것 같다. 제28칙에서 덕산 선사와 문답한 주막의 노파도 그 한 사람이다.

대산臺山은 중국 산서성의 동북에 있는 오대산이며 문수보살의 영장靈場으로도 유명한 성산聖山이다. 예부터 많은 이름난 승들이 이곳에 머물렀고, 일반 불교도들도 참배를 많이 한다.

이 대산으로 가는 길에 노점이 있었던 모양이다. 그곳에 노파가 있었다. 오대산으로 오르는 길이 두 갈래였던지, 거기서 행각승이 노파에게 "대산으로 가려면 어느 길로 갑니까?"라고 물었다. 노파는 "곧바로 가시오"라고 답했다. 옛날 석존도 아난 존자에게 "진리는 시방十方

에 있다. 열반으로의 길은 곧바로 한 길이다"라고 가르쳤다. 이 같은 깊은 자신의 내면의 길을 벗어나, 노파가 한 말의 표면적 의미만 붙잡고 그대로 걸어가는 행각승. 세 걸음 네 걸음 다섯 걸음.

"그럴듯한 대사 같으신데 또 저렇게 가시네."

노파는 그 행각승에게 들릴 정도로 큰 소리로 말했다. 이러한 일이 몇 번 거듭된 모양이고, 그 소문이 퍼져나갔다. 어느 때, 다른 승이 조주에게 이 일에 대해 말했다. 조주 선사도 이미 들어 알고 있었다. 조주가 말했다.

"너를 위해 내가 가서 한번 저 노파를 감파해보지."

다음 날 조주는 노파에게 바로 가서 앞의 행각승과 똑같이 "대산으로 가는 길이 어디요?"라고 물었다. 노파도 역시 똑같이 "곧바로 가시오"라고 답했다. 조주가 네댓 걸음을 걸어가니, 노파는 역시 마찬가지로 "그럴듯한 대사가 또 저렇게 가시네"라고 말했다.

조주는 돌아와 대중에게 "대산의 노파, 내가 완전히 그 뱃속까지 보고 왔지"라고 말했다. 대체 무엇을 보고 왔다는 것인가. 조주도 그것을 말하지 않았다. 이것이 이 공안의 가장 중요한 핵심이다.

위산의 모철慕喆 선사는 "세상의 운수들은 대산으로 가는 길을 노파에게 물을 줄만 알지, 이 물음에 어떤 결정적인 의의가 있는지는 알지 못한다. 조주 노장이 없었더라면 좀처럼 이런 효과를 거둘 수가 없었을 것이다"라고 평했다. 이처럼 조주 선사를 높이 찬탄은 했지만, 모철 선사 역시 조주 선사가 무엇을 감파勘破했는지에 대해서는 구체적으로 언급하지 않았다. 다만 승들이 노파에게 길을 물을 줄만 알았지, 다시 말해서 자기 밖에서 진리를 구하려고 두리번거릴 줄만 알았지, 자기 안에서 찾아야 함을 알아차리지 못했다는 뜻으로 여겨진다. 그리고는 조주 노장 같은 역량 있는 선사니까 "내가 감파했지"라고 하며 대중에게 적나라하게 보일 수 있었다고 찬탄하였다.

무문은 두 사람의 태도를 전쟁에 비유하여 교묘히 비판한다.

옛날 한나라 고조의 신하인 장량張良이라는 사람이 있었다. 이 사람은 대단한 전략가여서, 막사 안에서 작전을 세워도 그것으로 천 리 밖에서 싸우는 전쟁을 승리로 이끌었다고 한다. 무문은 명장의 대전對戰을 인용하여 노파와 조주를 평한다.

"노파는 다만 휘장 속에 앉아서 일을 꾸밀 줄만 알았지, 적에게 당할 줄은 생각 못 했다. 조주 노인은 적의 본영에 들어가 요새를 습격하는 일은 대단했지만, 반면 대인의 상相은 없다."

노파의 한마디는 마치 장량 같다. 앉아서 천하의 수행자를 손안의 구슬처럼 이리저리 굴린다. 그런데 단수가 높은 조주라는 노련한 대장이 일개 운수로 변장하여 노파의 본영에 들어가 정찰하고, 노파의 작전을 완전히 파악해버린 것이다. 그러나 이러한 조주를 대장군이라고 할 만하지는 않다고 했다. 무문은 조주의 어디를 보고 이처럼 평했을까. 노파와 조주 둘 다를 향하여, "점검을 잘 해보면 두 사람 모두 잘못이 있다"라고 평했다. 그렇다면 두 사람 모두에게 있는 '잘못'이란 무엇을 말하는 것일까. 무문은 이어 "자, 말해보라, 조주 선사가 노파를 감파한 곳은 어디인가"라고 문제를 던지며 평을 마친다.

"질문은 이미 본래대로이며, 답 역시 비슷하다."

대산을 향해 가는 승들은 누구나 노파에게 길을 물었다. 노파는 한결같이 "곧바로 가시오"라고 대답했다. 조주도 보통의 승들과 마찬가지로 묻고 노파 역시 같은 대답을 했다. 그렇지만 그 속에는 생각지 못했던 가시가 있었다.

"밥 속에 모래가 있고 진흙 속에 가시가 있네."

밥 속의 모래, 진흙 속의 가시. 겉으로는 부드럽게 보이지만 그 속에 날카로운 칼날이 숨어 있다. 자칫 잘못하면 상처가 날 수 있으니 주의하라고 무문은 경고한다.

노파와 조주의 말은, 표면상으로는 하염없이 평범하고 부드럽다. 어떠한 일도 일어나지 않은 것처럼. 그러나 그 말속에는 모래와 가시, 즉 진의眞意가 들어 있다는 것이다. 이 말은 무엇을 시사하는 것일까. 무문이 수행승에게 제시하는 공안이다.

제32칙

세존과 외도

외 도 문 불
外道問佛

본칙

세존世尊에게 어느 외도外道[1]가 "유언有言도 여쭙지 않고 무언無言도 여쭙지 않겠습니다"라고 말하자, 세존은 말없이 앉아만 계셨다. 외도는 "세존께서는 대자대비하십니다. 저의 미혹한 구름을 거두고 깨달음으로 이끌어주셨습니다"라고 찬탄하며 예배드리고 나갔다. 아난이 부처님께 여쭈었다. "외도는 무엇을 깨달았기에 찬탄하고 나갔습니까?" 세존이 말씀하셨다. "좋은 말이 채찍의 그림자만 봐도 달려나가는 것과 같다."

---

1 외도外道: 불교도가 불교 이외의 다른 종교에 속하는 자를 가리키는 말.

세존인외도문 불문유언 불문무언 세존거좌 외도찬탄운
世尊因外道問 不問有言 不問無言。世尊據座[2]。外道贊嘆云
세존대자대비 개아미운령아득입 내구례이거 아난심문불 외도
世尊大慈大悲 開我迷雲令我得入。乃具禮而去。阿難尋問佛 外道
유하소증찬탄이거 세존운 여세량마견편영이행
有何所證贊嘆而去。世尊云 如世良馬見鞭影而行。

【평】

아난은 불제자이면서도 외도의 견해에 미치지 못한다. 자, 말해보라. 외도와 불제자, 어느 정도의 차이가 있는지를.

무문왈 아난내불제자 완불여외도견해 차도 외도여불제자상거다소
無門曰 阿難乃佛弟子 宛不如外道見解 且道 外道與佛弟子相去多少。

【송】

칼날 위를 걷고
빙판 위를 달리네
사다리를 딛지 않고
절벽에 매달려 손을 뗀다.

검인상행 빙릉상주
劍刃上行 氷稜上走

2 거좌據座: '거據'는 '안安'의 뜻으로, '안좌하다'라는 의미이다. 《벽암록》 제65칙에는 '양구良久'로 되어 있다.

불섭계제 현애철수
不涉階梯[3] 懸崖撤手

해설

이 공안의 등장인물은 불교의 교조인 세존, 세존의 옆에서 시봉하는 제자 '다문제일多聞第一' 아난 존자, 무명의 한 외도, 이렇게 3인이다. 여기 나오는 외도는 아마 석존 당시 인도에서 번성한 바라문 철학자의 한 사람이었을 것으로 생각된다. 당시의 바라문은 많은 학파가 있었지만, 이를 두 부류로 나눌 수 있다. 하나는 자아의 존재나 만물의 차이, 유언의 교설 등을 긍정하는 유물론적 경향의 학파이고, 다른 하나는 자아의 존재도 만물의 차별도 부정하고, 유언의 교설도 부정하는 관념론적 경향의 학파이다. 이들에 대한 중도의 가르침을 내건 것이 불교이다. 즉 부정·긍정, 주관론·객관론의 대립의 세계를 넘어선 실상實相의 입장에 선 것이 불교의 묘리妙理이다.

한 바라문 철학자가 와서 세존께 여쭈었다.

"유라고 말해도 맞지 않고, 무라고 말해도 맞지 않고, 유무 초월이라고 말해도 맞지 않습니다. 말 밖의 묘소妙所를 보여주십시오."

말하자면 유언의 긍정론에도 떨어지지 않고, 무언의 부정론에도 떨어지지 않는 절대의 진실을 보여달라는 것이다. 이에 세존은 '거좌據座'로 보여주었다. 유언도 아니고 무언도 아닌, 다만 '앉은 그대로'를

---

3 불섭계제不涉階梯: 보살이 열 단계[十地] 수행 단계를 거치며 점차 선경이 깊어지는 것이 아니라, 단번에 부처의 지위에 드는 것.

보여준 것이다. 고인古人은 이를 '은산철벽銀山鐵壁'이라고 평했다.

석존의 모습을 본 외도는 바로 찬탄하여 말했다.

"세존께서는 대자대비하십니다. 저의 미혹한 구름을 거두고 깨달음으로 이끌어주셨습니다."

그리고는 예를 갖추어 인사를 드리고 나갔다. 세존의 '거좌' 모습을 보고 전광석화電光石火처럼 알아차린 것이다. 그는 내면의 갈등을 한순간 분쇄하고 유무를 넘어선 묘지妙旨를 자각하였다. 그로서는 그지없이 감사드리고 싶었을 것이다. 수년간의 의단疑團이 녹아 없어져버렸기 때문이다. 원오圜悟는 《벽암록》에서 외도의 말에 대해, "세존의 대자대비란 무엇인가. 자, 말해보라"라고 썼다. 실천적 참구자로서 놓칠 수 없는 한마디였다.

언제나 세존의 가까이에서 충실히 시봉해 온 아난 존자도, 이때는 아직 아쉽게도 심안心眼이 열리지 않았던 모양이다. 세존과 외도의 심상치 않은 모습을 보고 세존에게 여쭈었다. "외도는 무엇을 깨달았기에 찬탄하고 갔습니까?" 세존은 "좋은 말이 채찍의 그림자만 봐도 달려 나가는 것과 같다"라고 했다. 즉 채찍의 그림자만 봐도 달려가는 좋은 말처럼, 그는 실로 뛰어난 자라고 하며 외도를 크게 칭찬한 것이다.

《잡아함경》에서는 비구들의 이둔利鈍을 네 종류의 말에 비유한다.

"세상에는 네 종류의 말이 있다. 첫째, 채찍의 그림자만 봐도 바로 달리는 말. 둘째, 채찍이 털에 스치면 달리는 말. 셋째, 채찍이 가죽에 닿을 때 달리는 말. 넷째, 채찍으로 골육을 때려야 비로소 달리는 말."

구도자마다 법연法緣의 심천深淺과 구도심의 냉열冷熱에는 차이가 있어서, 가장 영명英明한 비구는, 채찍의 그림자만 봐도 달려 나가는 말처럼 진실의眞實義를 견파見破한다는 말이다.

무문의 비평은 극히 간결하지만, 공안의 핵심만을 물어 꽤 흥미가 깊다. 우선 먼저 세존의 다문제일 제자인 아난 존자를 평하여, "아난은 불제자이면서도 외도의 견해에 미치지 못한다"라고 했다. 말하자면 세존의 '거좌'의 진의를 수긍하지 못하는 것은 외도의 견해에도 미치지 못한다는 말이다.

"자, 말해보라. 외도와 불제자, 무슨 차가 있는가."

마지막 구에서 무문이 납자들에게 질문하였다. 말할 것도 없이 '만약 이해하면 불제자이고 이해하지 못하면 외도이다'라고 하는 어리석은 대답은 완전히 빗나간다. 이것은 유무를 넘어선 하나의 진실에 서서 묻는 것이다. 모든 이원론적 해석이 떨어져 나간 대자대비의 일문이다.

송의 첫 두 구,

"칼날 위를 걷고 빙판 위를 달리네."

세존과 외도의 문답이 이렇다는 것이다. 표면적으로는 외도의 기민함을 노래하고 있지만, 실은 분별심이 조금이라도 있다면 발이 꺾이고 넘어진다는 것을 암시한다. 순간 상신실명喪身失命하기도 한다는 뜻이 내포되어 있다.

"사다리를 딛지 않고 절벽에 매달려 손을 뗀다."

외도의 준민함이 바로 또한 이렇다는 것이다. 이원론적 대립의 틀에서 헤매다가, 세존의 '거좌'를 보는 순간 기암절벽에서 손을 뗀 듯하다는 것이다. 어디에도 의지할 곳 없이 바로 우뚝 서버린 것이다. 본래 부처로 돌아온 것이다.

범부도 깨달으면 부처가 된다고 한다. 그런데 교학적으로 볼 때, 범부가 부처가 되는 데는 상당히 오랜 세월이 걸린다. 그 과정에 52단계가 있다고 한다. 그러나 선문禪門에서는 누구라도 깨달으면 바로 부처가 된다고 한다. 그렇지만 이 두 가지 견해가 별개의 것이라고 생각하면 안 된다. 사실 이 둘은 서로서로 뒷받침하고 있기 때문에, 동전의 양면에 지나지 않는다.

'중생은 본래 부처이다'라는 진리를 깨닫는 것은 한순간이다. 외도이든 불제자이든, 모두 본래 부처이다. 다만 인연 따라 표면상 옷을 다르게 입고 있을 뿐이다. 그러나 한순간 깨치는 것은, 단계를 거치는 수행을 하든 단계 없이 부처의 경지[如來地]에 오르든, 각자의 근기에 따라 다를 뿐이다. 무문은 외도와 불제자를 차별하지 않았다.

제33칙

마조의 '비심비불'

비 심 비 불
非心非佛

본칙

마조에게 어느 승이 "부처가 무엇입니까"라고 물으니, 마조가 "마음도 아니고 부처도 아니다"라고 답했다.

마 조 인 승 문 여 하 시 불 조 왈 비 심 비 불
馬祖因僧問 如何是佛。祖曰 非心非佛。

【평】

만약 이 자리에서 깨치면, 공부할 일은 없다.

무문왈 약향자리 견득 참학사필
無門曰 若向者裏[4]見得 參學事畢。

【송】

길에서 검객을 만나면 반드시 검을 바치고,

시인을 만나지 못했으면 시를 바치지 말라.

사람을 만나서는 삼분三分만 설해야지,

전부를 온통 베풀어서는 안 된다.

노봉검객수정 불우시인막헌
路逢劍客須呈 不遇詩人莫獻[5]
봉인차설삼분 미가전시일편
逢人且說三分 未可全施一片[6]

해설

이 공안은 앞의 제30칙에 나오는 '즉심즉불'과 연관되어 있다. 마조는 '무엇이 부처입니까'라는 같은 질문에 대해, 이번에는 먼저와는 완전

---

4 자리者裏: '여기'라는 뜻. 마음도 부처도, '즉심즉불'도 '비심비불'도, 무엇이라고도 말할 수 없는 곳을 의미.

5 노봉검객수정路逢劍客須呈 불우시인막헌不遇詩人莫獻: 본래는 '정呈' 자 다음에 '검劍', '헌獻' 자 다음에 '시詩'를 넣어 각각 칠언 구로 읽어야 한다.

6 봉인차설삼분逢人且說三分 미가전시일편未可全施一片: 본래 속담에는 '삼분三分' 다음에 '화話'가, '일편一片' 다음에 '심心'이 있다. 타인에게 본심을 완전히 드러내는 말을 해서는 안 된다는 뜻. '일편심'은 온 마음을 뜻한다.

히 다른 대답을 내놓았다.

이 물음은 보신불이나 응신불이 아닌 자기 본래의 부처를 묻는 것이다. 그런데 자신의 밖에서 부처를 찾고 있다면 '중생본래불'이라는 참된 부처는 절대로 볼 수가 없다. 그것을 알도록 마조가 '즉심즉불'이라고 대답했고, 이 설법을 듣고 바로 대오한 사람이 많았는데, 그 가운데서 특히 유명한 사람이 대매 법상이었다는 것은 제30칙에서 설명하였다.

그러나 그 후 '즉심즉불卽心卽佛'이라는 말에 집착하는 자가 많아지자, 마조는 이제 이러한 집착을 분쇄하기 위해 '비심비불非心非佛'을 설하였다.

"무엇 때문에 '즉심즉불'이라고 설하십니까?"
"아이가 우는 것을 그치게 하기 위해서이다."
"우는 것이 그쳤을 때는 어떻게 합니까?
"비심비불."

마조의 법을 이은 자재自在 선사는 "즉심즉불은 무병無病인데 약을 구하는 자에게 쓰는 어구, 비심비불은 약과 병을 서로 다스리는 어구"라고 평했다. 원래 병이 없는데 병들었다고 생각하여 약을 구하는 자에게는 '즉심즉불'을 설하여 이를 구제하고, 이미 병이 나았는데도 이를 모르고 약에 집착하는 자에게는 '비심비불'을 설하여 일깨운다는 것이다. '비심비불'은 건강한 자에게는 병도 없고 약도 없음을 알려주기 위한 말이라는 의미이다.

말은 불완전한 것이므로, 참된 사실을 완전히 표현할 수는 없다. 말은 달을 가리키는 손가락 같은 것이므로, 손가락의 지시에 따라 스스로 직접 달을 보지 않으면 안 된다. 그러나 말은 비록 참된 사실이 아니지만, 참된 사실을 깨닫도록 길을 안내할 수는 있다.

모든 존재는 성공인연性空因緣의 모습이다. 우리의 몸과 마음 역시 그렇다. 우리의 상식으로는 단지 인연의 모습만을 알지, 성공性空에 대해서는 생각할 수도 묘사할 수도 없다. 절대로 머리로 알 수 없는 이러한 세계를 마조는 '즉심즉불'이라는 말로 보였다. 그 세계를 마음으로 체득하지 않으면 안 된다. 그런데 우리의 영육靈肉이 그대로 부처라고, 말 그대로만 받아들이기 때문에 완전히 틀려버리고 만다. 그래서 이번에는 '비심비불'을 꺼내 보인 것이다. 그러나 '즉심즉불'이라는 말도 '비심비불'이라는 말도, 달을 가리키는 손가락일 뿐이다. 어느 쪽이라 해도 똑같은 것이다.

'부처'라는 달은, 우리의 관념으로는 도저히 묘사할 수 없다. 그것은 스스로 바로 깨달아 체험해야만 알 수 있다. 굳이 말로 설명하자면, 그것은 마음도 몸도 아니고, 부처도 범부도 아니고, 유도 무도 아닌, 그 어떤 것도 아니라고나 해야 할까. 그것을 '비심비불'이라는 일구로 보인 것이다. 다만 손가락일 뿐.

무문이 평하여 말한다.

"만약 이 자리에서 깨치면 공부할 일은 없다."

마조가 '비심비불'이라고 말한 그 뜻이 진실로 보인다면 불도 수행은 그것으로 졸업했다는 것이다. 마조의 '즉심즉불'과 '비심비불'은 모순되고 사리가 통하지 않는다. 선승들도 그 진실을 발견하기가 어렵다. 마조가 말한 '즉심즉불'이나 '비심비불'에 고착되어 그 말에 헤매서는 안 된다. 그 말을 뛰어넘어야 마조의 복심腹心을 체득할 수 있다. 바로 본래불의 견득見得이다. 이 자리를 깨치면 참구의 공부가 끝난다. 그 자리가 '비심비불'의 자리이다.

"길에서 검객을 만나면 반드시 검을 바치고, 시인을 만나지 못했으면 시를 바치지 말라."

송의 첫 두 구는 오래된 시구를 인용하였다. '즉심즉불'이든 '비심비불'이든, 아니면 또 다른 어떠한 훌륭한 말이든, 그 묘지妙旨를 알 만한 역량이 있는 사람에게 '한마디' 해야지, 그런 능력이 없는 자에게 묘지를 바쳐봐야 쓸데없는 일이라는 것이다. 무문은 '검'이나 '시'라는 비유어를 통해 마조의 말이 얼마나 훌륭한가를 찬탄했다.

"사람을 만나서는 삼분三分만을 설해야지, 전부를 온통 베풀어서는 안 된다."

아무리 좋은 어구라도 납자 자신이 참구할 여지가 없다면 소용없다. 사람들에게 설할 때는 삼 할 정도로 해두는 것이 좋다는 뜻이다. 전부 설해버리면 궁구해야 할 현지玄旨가 눈에 띄지 않는다. 있어도 스쳐 지나간다. 무문은 마조 선사가 말을 지나치게 많이 한 감이 있지만, 이 정도로 마조가 충분히 설했는데도 아직 수긍하지 못하는 납자가 있는가 다그치고, 수긍이 되지 않으면 직접 참구해보라고 은근히 일갈하였다.

제34칙

남전의 '지불시도'

지불시도
智不是道

본칙

남전이 말했다.

"마음은 부처가 아니고, 앎은 도가 아니다."

남전운 심불시불 지불시도
南泉云 心不是佛 智不是道。

【평】

남전은 노인이 되니 가히 부끄러움을 알지 못하네. 냄새나는 입을 조금만 벌려도 집안의 추태가 밖으로 샌다. 이와 같다고 해도 은혜를 아는 자는 적다.

무문왈 남전가위 노불식수 재개취구 가추외양 연수여시 지
無門曰 南泉可謂 老不識羞。纔開臭口 家醜外揚[1]。然雖如是 知
은자소
恩者少。

【송】

하늘은 맑고 해는 떴으나

비 온 뒤 땅은 축축하다.

정을 다해 모두 설했는데

다만 걱정은, 믿지 않는다는 것이네.

천청일두출 우하지상습
天晴日頭出[2] 雨下地上濕
진정도설료 지공신불급
盡情都說了 只恐信不及

해설

남전 보원南泉普願(748-834)은 마조의 법을 이었다. 백장 회해, 서당 지장과 함께 마조 문하의 3대사大師이며 조주 종심의 스승이다. 이 공안에는 '마음' '부처' '지智' '도道' 등 네 가지 중요한 용어가 나온다. 이 용어들은 모두 '깨달음'이라는 의심을 지우기 위해 사용되었다. 아직 투철히 깨치지 못한 사람이 '마음이 부처다'라는 말을 듣고 그것을 머

1 가추외양家醜外揚: 선자가 자신의 본령本領을 보임.

2 일두출日頭出: 일출. '두頭'는 조사.

리로 그린다면, 이는 깨달음이 아니다. 다만 망상일 뿐이다.

기독교 성경에는 "태초에 말씀이 계시느니라"라는 말이 있지만, 불교에서는 말은 나중에 만들어진 것이라고 한다. '부처'도 '지'도 '도'도 모두 나중에 붙여진 이름이다. 이름이 붙여지면 그것이 개념이 되어 의미가 결정되고, 그것의 색채가 나오고, 그것이 고정 관념이 되고, 그 관념에 속아 본래의 사실은 잊어버리고 만다.

일단 과감히 그러한 관념이나 말을 전부 버리면 본래의 백지가 된다. 그렇게 되면 거기에 본래의 면목, 참된 사실이 현성現成하는 것이다. 바로 이 순간이 깨달음이다. 이 깨달음에 이르게 하려고 남전은 '마음은 부처가 아니다' '지는 도가 아니다'라고 말하였다.

무문이 평하여 말한다.

"남전은 노인이 되니 가히 부끄러움을 알지 못하네. 냄새나는 입을 조금만 벌려도 집안의 추태가 밖으로 샌다."

말하자면, 남전은 '마음은 부처가 아니다' '앎은 도가 아니다'라고 하는 우리 집안의 중요한 비사秘事를 통째로 폭로했다는 것이다. 이렇게 얼빠진 바보가 어디 있느냐며 일축하고 있다. 이 말을 보면 무문이 남전을 통렬히 비난하는 것 같지만, 내면으로는 남전의 투철한 경지와 제자들에 대한 정을 찬탄하고 있다.

"이와 같다 해도 은혜를 아는 자는 적다."

무문의 비평의 진의가 여기서 나온다. 남전이 참으로 바보같이 보이지만 제자를 향한 자애로움은 지극하기 이를 데 없는데, 이를 알고 보답할 수 있는 자가 몇이나 될까 개탄한 것이다.

"하늘은 맑고 해는 떴으나 비 온 뒤 땅은 축축하다."

송의 첫 두 구는 불법의 진실에 대해서 비유적으로 이야기하고 있다. 남전의 '마음은 부처가 아니다' '지는 도가 아니다'라는 진의를, 아무런 분별심 없이 구체적 사실로 제시하였다. '불법' '선禪' '깨달음'은 이렇게 간단명료하다는 것을 나타낸 구절이다.

"정情을 다해 모두 설했는데, 다만 걱정은 믿지 않는다는 것이네."

무문이 비평에서 '은혜를 아는 자 적다'라고 개탄했던 것을 반복하는 구이다. 남전 선사가 억누를 수 없는 자비심으로 모든 정을 다해 설한 엄청난 비사秘事를 진실로 수긍할 수 있는 자가 참으로 드물다는 말이다. 왜 그럴까? 믿지 못해서이다.

도겐道元(1200-1253)의 《정법안장》 가운데, 스승에 대한 순수한 믿음을 잘 보여주는 흥미로운 일화가 있다.

석존 재세시在世時에 있었던 일이다. 한 순진한 청신녀(우바이)가 석존의 제자를 초대하여 재(공양)를 올리려 했다. 당시 석존의 교단에서는 특정인을 지명하여 초대하는 것은 금기라, 순번대로 초대에 응하게 되어 있었다. 그때 순번이 되어 초대에 응한 제자는 수행이 아직 미숙했다. 그런데 공양이 끝나고 부인이 "부디 설법해주시기 바랍니다"라고 부탁하자, 그 스님은 정직하게 "저는 수행이 미숙하여 설법 같은 것은 할 수 없습니다"라고 했다. 부인은 "그렇게 겸손해하지 마시고 무엇이라도 좋으니 한마디 가르쳐주십시오"라고 말하고는, 머리를 깊게 숙이고 꼼짝도 하지 않았다. 스님은 너무나 곤란하여 재빨리 일어나 소리를 내지 않고 발끝으로 걸어나가, 말도 없이 도망쳐버렸다. 부인이 아무리 기다려도 설법이 없기에 머리를 조금 들어보니 스님은 계시지 않았다.

그 순간 생각이 번쩍 들었다. '일체개공一切皆空을 보이셨구나.'

순일한 마음으로 스승을 믿는 일은 자신을 깨달음의 세계로 향하게 하는 근원이 된다. 무문의 송은 이를 크게 강조하며 납자들을 훈계한다.

제35칙

오조의 '청녀이혼'

청 녀 이 혼
倩女離魂

본칙

오조가 승에게 물었다.

"청녀는 혼이 떠났는데 어떤 것이 진짜지?"

오 조 문 승 운　청 녀 이 혼　나 개 시 진 저
五祖問僧云 倩女離魂 那箇是眞底。

【평】

만약 이 자리에서 진짜를 깨달으면, 껍데기에서 나와 껍데기로 들어가는 것이 마치 여관에 머무는 것과 같음을 바로 알게 될 것이다. 혹 모르겠다 하더라도 절대 허둥대며 도망치지 말라. 순간 지수화풍이 분산하여 마치 방게가 뜨거운 물속에서 팔과 다리를 버둥거리는 것과 같다. 그때 말해주지 않았다고 말하지 말라.

무 문 왈 약 향 자 리 오 득 진 저 변 지 출 각 입 각 여 숙 려 사 기 혹 미 연 절
無門曰 若向者裏悟得眞底 便知出殼入殼 如宿旅舍。其或未然 切
막 란 주 맥 연 지 수 화 풍 일 산 여 락 탕 방 해 칠 수 팔 각 나 시 막 언 부 도
莫亂走。驀然地水火風一散[1] 如落湯螃蟹七手八脚。那時莫言不道。

【송】

구름과 달은 같고

계곡과 산은 각기 다르다.

만복만복,

이것은 하나인가 둘인가.

운 월 시 동 계 산 각 이
雲月是同 溪山各異
만 복 만 복 시 일 시 이
萬福萬福 是一是二

해설

여기서 '오조'는 오조산五祖山 법연法演(?-1104) 선사를 말한다. 35세 때 발심 출가하여, 처음에는 유식 교학을 배웠다. 의심이 일어나 원조

1 지수화풍일산地水火風一散: 고대 인도인이 믿던, 세계를 구성하고 있는 네 가지 기본 원소[四大]가 분산한다는 것. 인간의 죽음을 의미한다. '사대각리四大各離'라고도 한다.

圓照 선사에게 참례하고, 다음 부산 법원浮山法遠에게 나아가 의심이 풀렸다. 그때 이미 부산은 연로하여, 그의 권유로 백운 수단白雲守端(1025-1072)에게 가르침을 받고 정진 후 인가를 받았다.《벽암록》을 저술한 원오 극근圓悟克勤 선사가 법연의 제자이다.

청녀倩女에 대해서는 다음과 같은 이야기가 있다.

옛날 중국 형양衡陽에 장감張鑑이라는 사람이 살았는데, 그에게는 청녀라는 예쁜 딸이 있었다. 그리고 장감의 생질甥姪로 왕주王宙라는 소년이 있었는데 아주 미남자였다. 어느 날, 장감은 왕주에게 성인이 되면 청녀를 주겠다고 했고, 왕주와 청녀는 기뻐하며 장래를 기다렸다.
그러나 장감은 그 후 마음이 변하여, 당시 상당한 지위에 있는 관리에게 딸을 시집보내 자신도 그 인연으로 출세를 하려고 했다. 청녀는 이 말을 듣고 우울해했고, 왕주도 크게 화가 났다. 왕주는 가출하여 배를 타고 강을 거슬러 몇 리를 올라갔는데, 밤중에 언덕을 따라오는 자가 있었다. 그가 끊임없이 왕주를 불러, 자세히 보니 청녀였다. 두 사람은 함께 배를 타고 촉나라로 들어가 수년간 부부로 살며 두 아이를 얻었다.
그 후 왕주와 청녀는 부모가 보고 싶고 고향이 그립기도 했다. 결국 두 사람은 고향으로 돌아왔다. 왕주가 먼저 배에서 내려 홀로 장감의 집으로 사죄하러 갔다. 그리고 지금까지 살아온 사정을 이야기하니, 장감이 납득이 되지 않는다는 표정으로, "바보 같은 소리 하지 마라. 우리 청녀는 네가 가출하고 바로 병이 들어 지금도 그대로 침실에 누워 있다. 이상한 병이 들었는지 음식도 먹지 않고 꾸벅꾸벅 졸고 있기만

하네. 침실에서 한 발자국도 나오지 않아"라고 말했다. 왕주는 "아닙니다. 그럴 리가 없습니다. 청녀는 지금 배에서 기다리고 있습니다"라고 했다.

장감이 노비를 시켜 배를 살펴보고 오라 하니, 노비가 서둘러 보고 돌아와, "주인님, 정말입니다"라고 말했다. 그 사이 청녀가 문으로 들어왔다. 그때 침실에서 청녀가 나와 문 쪽으로 걸어갔다. 두 사람이 도중에 만나 살짝 웃는 듯하더니 곧 한 사람이 되어버렸다.

오조 법연이 문하의 수행자에게 이 이야기를 해주고는, "어떤 것이 진짜인가"라고 물었다. 이 질문은 두 사람의 청녀 중 어느 쪽이 진짜인지를 가려보라는 것이 아니다. 한 몸으로 두 사람의 청녀가 된 이 이야기를 통해, 문하의 납승들에게 선적인 심안을 열게 하려는 의도였던 것이다. 말하자면 본래의 자기를 자각하도록 하려는 의중이 들어 있다.

무문이 평하여 말한다.

"만약 이 자리에서 진짜를 깨달으면, 껍데기에서 나와 껍데기로 들어가는 것이 마치 여관에 머무는 것과 같음을 바로 알게 될 것이다."

만약 이 '청녀이혼'이라는 공안을 참구하여 진실의 세계를 깨닫게 되면, 생사 문제는 간단히 해결된다는 말이다. 인생의 궁극적 문제인 '생'과 '사'의 여로를 '껍데기에서 나와 껍데기로 들어가는 것' '여관에 머무는 것'이라고 표현하였다. 이 공안에서 제시하는 '진짜'를 진실로 체득하면 그때야말로 '생'도 참된 자기의 모습이고 '사'도 참된 나[眞我]의 모습이라, 생사는 곧 불이不二임을 깨닫는다는 말이다. 그것은 바다에서 일어나는 파도에 비유할 수 있을 것이다. '진짜'는 물에 해당하고,

'껍질'과 '여관'은 파도에 해당한다. 파도는 때때로 크고 작은 모습으로 보이지만 물이라는 사실은 변하지 않는다. 그래서 고인古人은 '생사 가운데 부처가 있으면 생사는 없다'라고 말했다. 여기서 부처는 영원히 변하지 않은 '진짜'의 다른 말이다.

"혹 모르겠다 하더라도 절대 허둥대며 도망치지 말라. 순간 지수화풍이 분산하여 마치 방게가 뜨거운 물속에서 팔과 다리를 버둥거리는 것과 같다."

아직 '진짜'가 수긍되지 않는다고 허둥대며 달아나지 말라는 것이다. 이 사상 저 사상, 이 종교 저 종교 쫓아다니며 소란을 피우다 결국 도망쳐서는 안 된다는 것이다. 만약 그렇게 하다가 어느 순간 느닷없이 '지수화풍이 분산'하면, 즉 죽음이 찾아오면, 마치 '방게가 뜨거운 물속에서 버둥거리는' 듯할 것이다. '진짜'를 자각하지 못하고 진실로 안심할 수 없는 자는 임종을 맞이하여 공포와 불안, 번민에서 벗어날 수 없어, 절대 편안하게 죽음을 맞이할 수 없다는 말이다.

"그때 말해주지 않았다고 말하지 말라."

그때가 되어 무문이 왜 미리 크게 경각심을 주지 않았는가 원망해서는 안 된다는 것이다.

"구름과 달은 같고 계곡과 산은 각기 다르다."

'구름과 달'이나 '계곡과 산' 모두 각각 안방에 있는 청녀와 촉나라로 간 청녀를 비유한다. 두 청녀가 같기도 하고 다르기도 하다는 말이다. 대체 이게 무슨 뜻일까. 이것이 이 송의 주요한 참구점參究點이다. 하나이지만 둘이고 둘인 것 같지만 하나, 즉 '평등즉차별 차별즉평등'이다. 이것은 청녀에게만 국한되지 않는다. 천지 만물, 사회 전반의 일도 각각 하나로서 둘이자, 둘로서 하나이다.

선적禪的으로 볼 때, 하나로서 둘이고 둘로서 하나라고 하는 '평등즉차별'을 깨달으면, 이를 일러 평등 자체로서 무엇 하나 부족함이 없고 평등으로 완전무결한 '절대 평등' '전동全同'이라고 한다. 또한, 진실의 세계를 깨달으면 차별 자체에서 어떠한 부족함이 없다. 이것을 '절대 차별' '전별全別'이라고 한다. 전동이기 때문에 전별이며, 전별이기 때문에 전동이다. 이를 '전동전별'이라고 한다.

촉나라로 가서 살다 온 청녀와 집에 누워 있는 청녀가 완전히 동일한 사람이라고 할 때, 이는 '전동'이다. 양쪽으로 나뉘어 있지만 그래도 한사람이다. 마치 집안의 가장이 회사에서는 사장이지만, 이 둘이 한 사람인 것과 같다.

'전별'이라는 측면에서 보면 이렇게 설명할 수 있다. 촉나라에서 살다 온 청녀와 집에 있는 청녀는, 한 명의 청녀가 나뉜 반쪽의 청녀가 아니다. 각각 청녀의 전부이다. 바꾸어 말하면 어느 쪽도 그대로 다른 쪽을 내포한 완전무결 그 자체이다. 이것을 전별이라고 하는 것이다. 이러한 소식을 송에서 "구름과 달은 같고 계곡과 산은 각기 다르다"라고 노래한 것이다.

"만복만복, 이것은 하나인가 둘인가."

어떤 누구라도, 설령 한 사람이 둘로 나누어진다 해도 각각 전 우주이다. 촉에 있는 청녀도 안방에 누워 있는 청녀도 각각 자신의 우주를 담고 있다. 분별해서도 안 되고 합쳐서도 안 된다. 그대로 각각 전 우주이며 그래서 '만복'이다. 모두 축하할 만한 일이다. 무문은 만물의 평등과 차별을 제각각 보인 것을 만복이라고 거듭 찬사했다.

무문은 마지막으로 "이것은 하나인가 둘인가"라고 문제를 냈다. 법연 선사는 처음, "청녀이혼, 어떤 것이 진짜인가"라고 물었지만, 이 '진짜'를 '평등'이라는 한마디의 간단한 '공무空無'로 착각해서는 안 된다. 그래서 무문은 묻는다. "이것이 하나인가 둘인가?"

선에 밝은 자라면, 모두가 그대로 참되다. 서면 선 자리가 그대로 '이것'이며, 앉으면 앉은 그대로 '진짜'이다. 그대로 전 우주이다.

제36칙

오조의 달도인

路逢達道

노봉달도

본칙

오조가 말하였다. "길에서 달도인達道人을 만나면, 말로써도 침묵으로써도 대하지 말라.[1] 자, 말해보라. 어떻게 대할까."

오조왈 노봉달도인 부장어묵대 차도 장심마대
五祖曰 路逢達道人 不將語默對。且道 將甚麽對。

1 이 공안은 본래 향엄 지한香嚴智閑의 송頌인 〈담도譚道〉에 나오는 구이다. 법연이 이 송의 후반 두 구를 인용하여 공안으로 삼은 것이다. 그 전문은 다음과 같다.

명료 투철하니 어떤 거리낌도 없다.
홀로 여기에 있고 어디에도 의지하지 않네.
길에서 달도인을 만나면
어묵語默으로 대하지 말라.

【평】

만약 이 자리에서 딱 맞는 답을 내놓을 수 있다면 대단히 경쾌하겠다. 혹 그렇지 않다면 모든 곳을 착안著眼[2]해야 한다.

무문왈 약향자리대득친절 불방경쾌 기혹미연 야수일체처착안
無門曰 若向者裏對得親切 不妨慶快。其或未然 也須一切處著眼。

【송】

길에서 달도인을 만나면
말로도 침묵으로도 대하지 말라.
턱을 붙잡고 일격을 가하면
순간, 아는 자라면 바로 안다.

노봉달도인 부장어묵대
路逢達道人 不將語默對
난시벽면권 직하회변회
攔腮劈面拳[3] 直下會便會

해설

이 공안도 앞의 것과 마찬가지로 법연 선사의 것이다. '달도인達道人'은 깨달은 자를 뜻한다. 여기서는 선의 진수, 근원적인 진리를 체득한

---

2 착안着眼: 정신을 집중해서 보는 것.

3 난시벽면권攔腮劈面拳: 턱을 잡고 정면에서 주먹으로 일격을 가하는 것.

사람을 가리킨다. 당연히 '어묵語默'이라는 이원 대립의 차원을 뛰어넘은 사람이다. 불도 수행을 하는 자가 깨달은 노사老師를 만나 가만히 있는 것도 무례하지만, 쓸데없이 지껄여대는 것도 맞지 않는다. 이러한 사람을 만났을 때 어떠한 태도로 대응할 것인지 묻고 있다.

제24칙 '이각어언離却語言' 장에서 말한 것처럼, 우주의 진리나 선의 진수는 원래 모든 이름과 상相을 떠나 있다. '묵默(무언)'은 하나의 진실의 반쪽에 지나지 않는 '평등'의 측면에서만 표현되고, '어語(유언)'는 진실의 또 다른 반쪽인 '차별'에서만 표현된다. 선자는 평등·차별의 상대를 뛰어넘은 절대성을 완전히 파악하여, 평등에도 차별에도 저촉되지 않는 어묵을 자유자재하게 사용할 수 있어야 한다. 진정한 선자라면 말할 때는 혀가 없고, 가만히 있을 때도 활발발한 움직임이 있다.

《유마경》에는 이 어묵語默에 관한 문제가 문수보살과 유마 거사의 문답이라는 신화적인 이야기로 나타나 있다. 문수보살은 많은 보살을 대동하고 병상에 있는 유마 거사를 문병했다. 유마가 "보살은 어떻게 불이법문不二法門에 들어갑니까?"라고 물으니, 문수는 "저의 불이법문은 무언, 무설, 무시無示, 무식無識으로 모든 문답을 떠나는 것입니다. 보살은 이렇게 불이법문에 듭니다"라고 답했다. 그러고는 "우리는 각각 자신의 의견을 말했습니다만 거사의 설을 듣고 싶습니다"라고 청했다. 유마는 다만 '가만히 있고[默然]' 한마디도 설하지 않았다. 그러자 문수보살은 "훌륭하십니다. 훌륭하십니다. 이것이야말로 바르게 불이법문을 체득하신 분입니다"라고 찬탄했다고 한다.

불이법문을 '무언, 무설, 무시, 무식'이라고 입으로 설명하면 그것은 이미 언설이 된다. '일체의 법문을 떠났다'라고 말해도, 그 말 또한 언

설이다. 유마 거사의 '일묵'을 '대사자후大獅子吼의 설법'이라고 칭찬한다면, '일묵'에는 이미 상처가 나버린다. "어묵으로 대하지 말라"라는 선사의 다그침은 사람들에게 미혹의 근본을 제거하게 하는 일갈이다. 이 공안과 거의 같은 문답이 다른 선사들의 문답에서도 발견된다.

승이 물었다.

"길에서 달도인을 만나면 어묵으로 대하지 말라고 했습니다. 어떻게 대해야 할지요?"

수산首山 선사가 말하였다.

"삼천계를 견통했다."

승이 물었다.

"고인이 말하기를, 길에서 달도인을 만나면 어묵으로 대하지 말라고 했다는데, 그럼 어떻게 대해야 합니까?"

설봉 선사가 말했다.

"차나 마셔라!"

도대체 이것이 어떻게 해서 어묵에 걸치지 않는 이야기가 되는 것일까. 이에 대해 명확하고 구체적인 답을 내놓지 못한다면, 계속해서 허둥댈 뿐일 것이다.

무문이 평하여 말한다.

"만약 이 자리에서 딱 맞는 답을 내놓을 수 있다면 대단히 경쾌하겠다."

적절한 대응을 한다면, 이는 지극히 축하해야 할 일이다. 그러나 이처럼 역량 있는 선자는 극히 소수일 것이라는 의미가 들어 있다.

"혹 그렇지 않다면 모든 곳을 착안해야 한다."

법연 선사의 이 물음에 명확히 대답할 수 없다면, 행주좌와行住坐臥 모든 때와 장소에서 방심하지 말고, 심안을 붙여 언제나 수행을 게을리하지 않도록 해야 한다는 의미이다. 고인古人은 관음보살의 그림에 '눈으로 계곡의 물소리를 듣고 귀로 산색을 본다'라고 썼다. 수행을 계속하게 되면 어묵을 넘어선 선의 묘처妙處에 눈이 뜨일 때가 반드시 온다. 이는 모든 것을 심안으로 보기 때문이다.

"길에서 달도인을 만나면 말로도 침묵으로도 대하지 말라."

송의 첫 두 구는 법연 선사의 말을 그대로 인용하였다. 누구를 만나도 어떤 일을 해도 백지처럼 행해야 한다는 것이다. 백지란 자기를 모두 버리고, 상대와 꼭 맞는 하나가 되는 것이다. 상대에게 자신을 바치는 것이다. 청소할 때는 청소에 자신을 바치고 차를 끓일 때는 차에 자신을 바치는 것이다. 이것은 바로 어묵으로 대하지 않고 어묵을 넘어선 자유로운 경지에서 가능한 일이다.

"턱을 붙잡고 일격을 가하는 순간, 아는 자라면 바로 안다."

그렇게 얘기해줘도 못 알아듣는다면, 주먹으로 때려, 아프다고 하는 순간 본래의 자기로 정신이 들지도 모른다. 이는 공안을 치열하게 들고 있는 납자에 한해서일 것이다.

제37칙

조주의 잣나무

정 전 백 수
庭前柏樹

본칙

조주에게 승이 "조사가 서쪽에서 온 뜻이 무엇입니까"라고 물으니, 조주가 "뜰 앞의 잣나무"라고 답했다.

조 주 인 승 문 여 하 시 조 사 서 래 의 주 운 정 전 백 수 자
趙州因僧問 如何是祖師西來意。州云 庭前柏樹子[1]。

【평】

만약 조주가 답한 자리를 딱 알아차린다면, 과거 석가도 미래 미륵도

1 '자子'는 어조사.

없다.

무 문 왈 약 향 조 주 답 처 견 득 친 절 전 무 석 가 후 무 미 륵
無門曰 若向趙州答處見得親切 前無釋迦 後無彌勒。

【송】

말은 사실을 전개하지 못하고

어구는 기에 맞지 않는다.

말을 그대로 받아들이는 자는 상실하고

구에 걸리는 자는 미혹하다.[2]

언 무 전 사 어 불 투 기
言無展事 語不投機[3]
승 언 자 상 체 구 자 미
承言者喪 滯句者迷

해설

이 공안은 조주 선사의 '무자無字' 공안과 함께 널리 알려져 있다. 어느 때 한 승이 조주 선사에게 "조사서래의祖師西來意가 무엇입니까?"라고 묻자, 조주가 "뜰 앞의 잣나무"라고 답했다는 것이 이 공안이다. 여기

2 송의 네 구는 동산수초洞山守初(910-990)의 상당법문에서 나온 말. 그는 운문 문언의 법을 이었다.

3 투기投機: 불조佛祖의 심기心機와 들어맞는다는 의미.

서 조사는 보리달마이다. '조사서래의'는 인도의 보리달마 대사가 중국에 전한 불법, 즉 선禪의 정신을 뜻한다. 그렇지만 나중에, 선이 중국에서 새로운 종파로 번성하면서 이 '조사서래의'는 선계禪界에서 하나의 상투어가 되어 '선의 본지本旨' '선의 진수'라는 의미로 사용되었다. 당대 이후의 선서禪書에는 자주 '여하시조사서래의如何是祖師西來意'라는 물음이 나오는데, 이는 '선의 진수가 무엇인가'라는 뜻으로 보아야 한다.

승이 조주에게 물은 '조사가 서쪽에서 온 뜻'은 승이 몰라서 묻는 것이 아닌 것 같다. 《무문관》에는 생략되어 나오지 않지만, 이 문답 뒤에는 다음과 같은 대화가 계속된다.

> 승이 조사가 서쪽에서 온 뜻을 물었다. 조주가 "뜰 앞의 잣나무"라고 답하니, 승은 "화상, 경계를 가지고 사람에게 보이지 마십시오"라고 하였다. 그러자 조주 선사는 "나는 경계를 보이는 것이 아니야"라고 말했다. 승이 다시 "조사가 서쪽에서 온 뜻은 무엇입니까?"라고 물으니, 조주는 "뜰 앞의 잣나무"라고 했다.

'뜰 앞의 잣나무'라고 말하면 사람들은 보통 객관 대상으로서의 사물만을 생각하지만, 조주의 대답은 그런 의미가 아니다. 우주와 하나인 진실의 자기를 빗대어 '뜰 앞의 잣나무'라고 한 것이다. 진실한 자기가 바로 '뜰 앞의 잣나무'이다. 이 진실한 자기를 깨닫고 그리로 돌아가 낙착落着하여 영원히 미혹함 없는 자가 되는 길이 불도이다. 영원히 평안을 얻은 도이다.

당시 조주 선사가 머물던 하북 지방에는 잣나무가 많았다고 한다.

역시 선사가 거처하는 관음원에도 잣나무가 있었던 것 같다. 승의 물음에 선사는 눈앞에 있는 잣나무를 가리키며 진실한 자기를 깨닫도록 다그친 것이다. 승은 그 뜻을 알아들었지만, 짐짓 모른 체하며 선사에게 외부의 대상적 경계로써 말씀하지 말라고 하였다. 말하자면 승이 선사를 뒤흔들어본 것이다. 선사도 이 승의 복심腹心을 알고 "나는 경계를 보인 것이 아닐세"라고, 조금도 각을 세우지 않고 부드럽게 말했다. 승은 재차 '조사서래의'를 물었다. 그때도 선사는 미동도 하지 않았고, 변함없이 조용히 똑같은 답을 했다.

조주 선사의 법을 이은 각철자覺鐵觜라는 사람이 있었다. 조주 선사가 천화遷化한 후, 법안 선사가 각철자에게 물었다.

"조주 화상에게 '잣나무' 공안이라는 것이 있다고 하던데, 정말인가?"

이에 각철자가 말했다.

"나의 스승께서는 그 같은 쓸데없는 말씀은 하시지 않았습니다. 화상! 저희 스승에 대해 나쁜 말은 삼가주십시오."

역시 조주를 잘 알았기에 할 수 있는 말이고, 그래서 그의 법을 이었다고 하는 것이다.

무문이 평하여 말한다.

"만약 조주가 답한 자리를 딱 알아차렸다면, 과거의 석가도 미래의 미륵도 없다."

조주가 대답하여 말한 '뜰 앞의 잣나무'라고 하는 한 구의 뜻을 완전히 이해한다면, 석가에게도 미륵에게도 아무 볼 일이 없는 사람이 된다. 즉 '독좌대웅봉獨坐大雄峰'하는 대자유인이 된다는 것이다.

이 칙의 송은 무문이 쓴 것이 아니라, 당대唐代 선사인 동산 수초洞山守初(910-990)의 말을 인용한 것이다.

“말은 사실을 전개하지 못하고 어구는 기에 맞지 않는다.”

말을 아무리 교묘히 잘해도 사실을 그대로 전달하거나 밝힐 수 없다. 입으로 불[火]이라고 말해도 입은 타지 않고, 물이라고 말해도 목은 젖지 않는다. 진실은 언어 표현을 만들어내는 힘을 가지지만, 일단 만들어진 언어 표현은 진실의 묘사에 지나지 않는다. ‘어구는 기에 맞지 않는다’라는 말은, 진실을 체득하지 않는 한 어떠한 교묘한 표현도 그것은 사상·개념밖에 되지 않는다는 의미이다. 체험을 수반하지 않은 개념은 진실을 나타낼 수 없다는 것이다. 이 두 구는, 완전무결한 말이라고 해도 불조의 심기心機에 맞지 않는 말은 수행자를 깨닫게 하기에는 참으로 어렵다는 의미이다.

“말을 그대로 받아들이는 자는 상실하고 구에 걸리는 자는 미혹하다.”

말을 듣고 그것을 그대로 진실이라고 수긍하는 자는 자기를 잃는다는 의미이다. 또한 언구의 표면에 정체되어 있는 자는, 진실을 상실해 버려 영원히 미혹에서 벗어날 수 없다는 것이다. 즉 ‘뜰 앞의 잣나무’라는 언어적 표현만으로 조주가 보이려고 한 진실한 의미를 알려고 해서는 안 된다는 말이다. 이 말은 자기와 세계를 하나로 꿰뚫은 ‘조주선’을 다만 언구로 드러냈을 뿐이다. 이 공안 역시 납자의 오도悟道를 위한 친절한 안내이다.

제38칙

오조와 소

우과창령
牛過窓櫺

본칙

오조가 말했다.

"예를 들면, 물소가 격자창을 지나가는데, 머리와 뿔, 네 다리는 전부 빠져나갔는데 꼬리는 빠져나가지 못한 것은 무엇 때문인가?"

오조왈 비여수고우과창령 두각사제도과료 인심마미파과부득
五祖曰 譬如水牯牛過窓櫺[1] 頭角四蹄都過了 因甚麽尾巴過不得。

1 창령窓櫺: 소 우리에 있는 창. 출입구.

【평】

만약 이 자리에서 거꾸로 일척안을 얻어 일전어를 내린다면, 위로는 사은[2]에 보답하고 아래로는 삼유[3]를 구하게 될 것이다. 혹 그렇지 못하다면, 오로지 꼬리를 잘 살펴야 비로소 안다.

무 문 왈 약 향 자 리 전 도 착 득 일 척 안 하 득 일 전 어 가 이 상 보 사 은 하
無門曰 若向者裏顚倒 著得一隻眼 下得一轉語 可以上報四恩 下
자 삼 유 기 혹 미 연 갱 수 조 고 미 파 시 득
資三有。其或未然 更須照顧尾巴始得。

【송】

지나가면 웅덩이에 떨어지고

돌아오면 도리어 무너진다.

이런 꼬리는

확실히 참으로 기괴하다.

과 거 타 갱 참 회 래 각 피 괴
過去墮坑塹[4] 回來却被壞

---

2 사은四恩: 부모·중생·국왕·삼보 등 네 가지 은혜.

3 삼유三有: 아귀·축생·아수라를 가리키기도 하고, 삼계(욕계·색계·무색계)를 뜻하기도 한다.

4 타갱참墮坑塹: 시체가 겹겹이 쌓인 구덩이 속으로 떨어짐. 이 문장의 주어는 불분명하지만, 뒤에 오는 구와 대응해서 생각하면 '소의 꼬리'가 된다.

자사 미파자 직시 심기괴
者些[5]尾巴子 直是[6]甚奇怪

해설

이 공안은 오조 법연 선사가 물소를 예로 들어 불법의 궁극적 뜻을 보인 것이다. '수고우水牯牛', 즉 거대한 물소는 말할 것도 없이 '참된 자기'를 상징한다. 즉 본래면목이다. 소 우리에 있는 격자로 된 출입구로 물소가 지나가는데, 머리와 뿔, 네 다리는 전부 빠져나갔는데 꼬리만 빠져나가지 못했다면, 작은 꼬리가 어째서 빠져나가지 못했을까? 왜? 오조가 참구 문제를 제시했다.

공안의 첫머리에 '비유하자면'이라고 했다. 소머리, 뿔, 네 다리, 꼬리 등은 모두 비유이다. '머리'는 우리들의 머릿속에 있는 지식·경험 등의 전부를 가리킨다. 머릿속의 사상·학식·철학·윤리학·종교학·선이론 등은 모두 망상이고 태어날 때부터 쌓아온 쓰레기에 불과하다. 이러한 쓸데없는 것을 모두 버리면 본래의 자기가 된다. 이렇게 청소해버린 것이 '머리, 뿔, 네 다리, 모두 지나갔다'는 것이다. 그러고 나서 꼬리만이 남았다. 이제 이 꼬리를 참구할 단계이다.

먼저 물소를 자기에 비유했지만, 머리·뿔·네 다리는 아직 참된 자기가 아니다. 이것은 거대한 소의 일부분으로, '소'에 붙어 있는 것들이다. 그것은 소가 짊어지고 있는 짐이다. 우리는 이 짐을 소라고 오해하

---

5 자사者些: '이러한'이라는 뜻. '사些'는 복수를 나타내는 어미이다.

6 직시直是: '확실히' '정말로' '설사'라는 뜻. 여기서는 '참으로'라는 의미.

고 있다. 말하자면 오온五蘊(색色 · 수受 · 상想 · 행行 · 식識)이 '나'라고 생각하는 것처럼 말이다. 이 짐을 전부 내려놓아야 비로소 진짜 소가 된다. 그것이 본래의 자기이다. 그런데 내려놓은 것 같은데 아직 꼬리가 남아 있지 않은가. 이 꼬리가 이 공안의 핵심이다.

무문이 송의 말미에 "심히 기괴하다"라고 했듯이, 이 꼬리는 실은 불가사의한 것이다. 오조는 왜 꼬리만 빠져나가지 못했을까 문제를 제기하였다. 왜인가?

이것은 사실은 우리 자신의 생존 문제이다. 우리는 '인생'이라고 하는 소 우리의 문을 매일매일 어떻게 빠져나갈까? 자유자재로 당당히 통과할 수 있을까? 희로애락에 빠져 자신을 잊고 살면서, 자유자재로 출입하고 있다고 생각하지는 않는가? 이것이 우리 인생의 진정한 공안이다. 어떤 공안도 마찬가지이겠지만, 이 공안도 자신이 스스로 해결해야 한다. 타인이 해결한 이야기는 아무리 들어도 자기의 것이 될 수 없다.

무문이 평하여 말한다.

"만약 이 자리에서 거꾸로 일척안을 얻어 일전어를 내린다면, 위로는 사은에 보답하고 아래로는 삼유를 구할 것이다."

이 공안을 향해 수없이 반복된 의심과 의단疑團으로 참구하다가 공안을 확 뒤집어 보면 굳어진 의단이 분쇄되어버리고, '일척안'이라고 하는 깨달음의 눈이 열린다. 그때 비로소 '일전어'를 내릴 수 있다는 의미이다. 이처럼 깨달음의 경지를 아주 훌륭하게 말할 수 있다면 '위로는 사은에 보답하고 아래로는 삼유를 구한다'고 한다.

'사은삼유四恩三有'는 수행자들이 조석으로 예불을 올릴 때 부처님을 향하여 축원하는 내용 중 일부이다. 우리가 무사히 살아갈 수 있는 것은 많은 은혜를 받은 덕이겠지만, 크게 분류하자면 부모·중생·국왕·삼보 네 가지 은혜로 구분할 수 있다. 이 네 가지 은혜 덕분에 성불을 위해 정진할 수 있으니 사은에 보답하자는 것이다.

삼유는 삼계三界이다. 미혹한 세계를 셋으로 분류한 것이다. 깨닫고 보면, 이 미혹의 세계에서 괴로워하는 모든 중생은 각기 자기 마음속에 있는 중생이므로, 앉거나 서거나 잠시도 쉬지 않고 이들을 구해야 한다는 원이 생긴다. 이것을 무연동체無緣同體의 자비심이라고 한다.

"혹 그렇지 못하다면 다시 오로지 꼬리를 잘 살펴야 비로소 안다."

아직 참된 깨달음의 눈이 열리지 않았다면, 꼬리를 아주 잘 탐색하면서 계속 눈여겨보라는 말이다. 그렇게 하기만 하면 거대한 물소의 꼬리가 빠져나가는 순간을 보게 될 것이다.

"지나가면 웅덩이에 빠지고 돌아오면 도리어 무너진다."

꼬리에 대해 묘사하는 구이다. 이 꼬리는 본래 모든 사람이 가지고 살아가고 있다. 위로는 하늘을 관통하고 아래로는 대지를 꿰뚫는 꼬리이다. 본래 지나가는 것도 돌아오는 것도 없는 꼬리이다. 그래서 꼬리는 보이지 않고 머리·뿔·네 다리만 보인다고 생각한다. 이 모든 것을 내려놓고 보니, 꼬리가 남아 있는 줄을 그제야 알아챘다. 꼬리는 있는 듯 없고, 없는 듯 있다. 꼬리가 요동을 치면 도리어 험한 꼴을 당한다. 다시 조용하고 조용하면 저절로 빠져나가는 것이다.

"이런 꼬리는 확실히 참으로 기괴하다."

이 꼬리는 크지도 작지도 않고, 불구부정不垢不淨, 부증불감不增不減이며 무명무상無名無相하여 뭐라고 말할 수 없는 기괴한 한 물건[一物]이다! 무문은 이렇게 납자에게 내던지는 말로 송을 마쳤다.

제39칙

운문의 '잘못 말했네'

운 문 화 타
雲門話墮

운문에게 어떤 승이 "광명적조변하사光明寂照遍河沙…"[1]라고 묻는 중, 운문은 아직 그 묻는 말 한 구절이 채 끝나기도 전에 갑자기 "이것은 장졸 수재[2]의 말이 아닌가?"라고 말했다. 승이 "예" 하고 말했다. 그러자 운문이 말했다. "잘못 말했네." 나중에 사심[3]이 이 일을 들어 말했

1 광명적조변하사光明寂照遍河沙: '부처의 광명은 고요히 두루 사방을 비춘다.' 장졸이 석상 경저에게 지어 바친 게偈의 첫 구이다.

2 장졸 수재張拙秀才: 장졸은 당말·오대·송초의 거사로, '장'은 성이고 '졸'은 이름이다. 석두 희천(700-790)의 4세손으로, 석상 경저石霜慶諸(807-888) 아래서 깨달았다. '수재'는 관리 등용 시험에 합격한 자를 호칭한다.

3 사심死心: 황룡 오신黃龍悟新(1043-1114)으로, 호가 사심이다. 임제종 황룡파. 광동성 곡강曲江 출신. 처음 불타원 덕수에서 출가, 이후 행각하다가 황룡사 회당 조심을 만나 인가 증명을 받고 법을 이었다.

다. "자, 말해보라. 이 승이 잘못 말한 곳이 어디인가?"

운문인승문 광명적조변하사 일구미절 문거왈 기불시장졸수재
雲門因僧問 光明寂照遍河沙。一句未絶 門遽曰 豈不是張拙秀才
어 승운 시 문운 화타야 후래사심염운 차도 나리시자승화
語。僧云 是。門云 話墮也[4]。後來死心拈云 且道 那裏是者僧話
타처
墮處。

【평】

만약 이 자리에서 접근하기 어려운 운문의 용처와 이 승이 잘못 말한 연유를 간파할 수 있다면, 인간과 천상 세계의 스승이 될 것이다. 만약 확실히 모른다면 자신조차 구할 수 없다.

무문왈 약향자리견득운문용처 고위 자승인심화타 감여인천위
無門曰 若向者裏見得雲門用處[5]孤危[6] 者僧因甚話墮 堪與人天爲
사 약야미명 자구불료
師。若也未明 自救不了。

【송】

급류에 낚시를 드리우면

먹이를 탐내는 놈이 붙는다.

---

4 화타話墮: 잘못 말함. 여기서는 말로 설명할 수 없는 본질을 한마디라도 표현하려고 하면 이미 틀린 말을 하게 된다는 뜻.

5 용처用處: 깨달음의 지혜에서 나온 작용

6 고위孤危: 고절위고孤節危高의 약자. 접근하기 어렵다는 의미.

조금이라도 입을 벌리면

홀연히 목숨을 잃어버린다.

급 류 수 조　탐 이 자 착
急流垂釣 貪餌者著
구 봉 재 개　성 명 상 각
口縫纔開 性命喪却

해설

운문 문언雲門文偃(864-949) 선사는 설봉 의존雪峯義存(822-908)의 법을 잇고 운문산 광태원에 머물면서 당말·오대에 걸쳐 활약한 대선사이다. 그의 위엄이 있는 선풍은 일세를 풍미했고, 나중에 오가五家의 하나인 운문종의 시조로 받들어졌다. 문하에서 뛰어난 많은 선장禪匠이 나왔다.

장졸은 처음 선월禪月(832-912) 선사의 처소에서 참선했다. 선월은 자연과 선의 세계를 시로 나타내 자신의 선의 경계를 보였다.《벽암록》의 송을 쓴 설두 중현雪竇重顯(980-1053)은 20대에 선월의 시를 흠모하고 배웠으며, 나중에 고칙 공안 100칙을 수집하고 거기에 자신의 깨달음을 시로 붙여《송고백칙》을 남겼다.

선월은 무슨 생각을 했는지, 장졸에게 석상 경저石霜慶諸(807-888) 화상에게 가보라고 권했다. 석상을 찾아가자, 석상이 이름을 물었다. 장졸이 대답했다.

"성은 장, 이름은 졸입니다."

석상이 말했다.

"교巧라는 것을 아무리 찾아봐도 실체는 어디에도 없다. 졸이라고 하지만 졸이 어디에 있는가?"

장졸은 이 말끝에 바로 그 자리에서 견성했다. 교도 졸도 원래 없는 곳에서 백지의 세계, 즉 일체의 대립이 끊어진 세계가 보인 것이다. 그 당시에는 '장張'과 '교巧'가 같은 글자로 쓰인 것 같다. 장졸은 깨달은 후 시 한 수를 지어 석상에게 바쳤는데, 그 시의 첫 구가 이 공안의 주제로 사용된 것이다.

어느 승이 운문에게 물었다. "광명적조변하사…" 승은 이 시의 다음 구절인 '범성함령공일가凡聖含靈共一家'까지 말할 작정이었는데, 이 구를 다 말하기도 전에 갑자기 운문이 "이것은 장졸 수재의 말이 아닌가?"라고 물었다.

장졸의 시구는 장졸이 자신의 견성 체험을 직접 말로 드러낸 것이었다. 그런데 승은 장졸의 말만 빌렸을 뿐, 자신의 체험 없이 단순히 그것을 외워서 말한 것이다. 이를 알아본 운문이 승의 말을 끊고 느닷없이 이렇게 물었던 것이다. 승은 운문의 이 말에 낚여, 선뜻 "예"라고 대답했다. 그러자 운문은 바로 "잘못 말했네"라고 판정을 내렸다.

그 후 사심死心 선사가 운문의 이 판정에 대해 문제를 제기했다.

"자, 말해보라, 이 승이 잘못 말한 곳이 어디인가."

황룡 사심黃龍死心(1043-1114)은 회당 조심晦堂祖心(1025-1100) 선사의 법을 이었다. 사심이 처음 회당 선사를 참례했을 때, 회당은 주먹을 들고 "이것을 주먹이라고 부르면 이름에 저촉된다. 주먹이 아니라고 하면 사실에 위배된다. 자! 무엇이라고 부를까?"라고 물었다. 사심은 아무리 생각해도 대답할 수가 없었다. 그 후 2년간 주먹 공안을 가지고 격렬하게 참구 수행한 후 결국 크게 깨달았다. 사심은 나중에 임종할 때 다음의 유명한 임종게를 남겼다.

말할 때는 칠전팔도七顚八倒
가만히 있을 때는 둘에 떨어지고 셋에 떨어진다.
그러니 천하의 선납들에게 고하니
깨달음의 마음은 자유자재, 작의作意하지 말라.

그러면, 사심이 위의 본칙 공안인 '운문화타雲門話墮'에 대해 "자, 말해보라, 이 승이 잘못 말한 곳이 어디인가?"라고 물은 뜻은 무엇일까. 말하면 '화타'이고 잘못 말하면 이것 역시 '화타'이다. 임종게의 말처럼, '말할 때는 칠전팔도, 가만히 있을 때는 둘에 떨어지고 셋에 떨어진다.' 어떻게 해야 자유자재할 수 있을까. 각자가 참구하여 각자가 발견해야 한다.

무문이 평하여 말한다.

"만약 이 자리에서 접근하기 어려운 운문의 용처와 이 승이 잘못 말한 연유를 간파할 수 있다면, 인간과 천상 세계의 스승이 될 것이다. 만약 확실히 모른다면 자신조차 구할 수 없다."

'접근하기 어려운 운문의 용처'란 운문의 엄하고 민첩한 기機의 움직임을 뜻한다. 느닷없이 "그것은 장졸 수재의 말이 아닌가"라고 다그친 운문의 용처와 승의 '잘못 말한 곳'을 간파할 수 있다면, 그것은 심안이 열렸기 때문이다. 그런 자라면 인간계와 천상계의 중생을 구하는 대도사大導師가 될 수 있다는 말이다.

"급류에 낚시를 드리우면 먹이를 탐내는 놈이 붙는다."

운문이 승의 말을 끊고 "그것은 장졸 수재의 말이 아닌가"라고 물어 본 것은 마치 급류에 낚시를 드리운 것과 같다. 그 순간은 실도 낚싯바늘도 전혀 보이지 않는다. 아무 생각 없이 "예"라고 대답한 이 승을, 먹이만 눈에 보이는 배고픈 물고기가 낚싯바늘에 덤벼드는 것에 빗대어 조롱하는 말이다.

"조금이라도 입을 벌리면 홀연히 목숨을 잃어버린다."

'입을 벌리는 것'은 분별 망상의 움직임이다. '글쎄'라고 머리를 갸우뚱하고 의심한다면 참된 자기로 소생하지 못하고 만다. '목숨'은 자기 본래의 활발발한 부처를 말한다. 분별 망상이 생기면 이 본래의 부처가 죽어버린다는 의미이다.

큰 절 문 앞에는 크고 작은 상점들이 있다. 그중 한 점포의 주인이 어린 스님에게 물었다.

"스님, 어디에 가십니까?"

"두부 사러요."

"또 두부인가요?"

주인은 매일 그렇게 말을 걸었다. 어느 날, 어린 스님은 화가 나서 큰스님에게 이를 말씀드렸다. 스님이 말씀하였다.

"그렇다면 오늘은 '극락정토로'라고 말해라. 그러면 주인 양반이 깜짝 놀랄 거야."

어린 스님은 기뻐하면서 자루를 메고 의기양양하게 나갔다.

"스님, 어디 가세요?"

"극락정토로요."

"거긴 무엇하러 가나요?"

어린 스님은 생각 없이 "두부 사러요"라고 했다.

"또 두부인가?"

빌린 지혜는 절대 자기의 것이 못 된다는 이야기이다. 본칙 공안에서 묻고 있는 승의 모습이 보인다.

제40칙

위산의 정병

적 도 정 병
趯倒淨甁

본칙

위산 화상은 처음 백장의 도량에서 전좌[1]를 맡았다. 백장은 바야흐로 대위산[2]의 주인을 선정하려고 했다. 이에 위산과 수좌[3]로 하여금 대중 앞에서 한마디씩 하게 해서, 더 뛰어난 자를 가려 보내기로 했다. 백장은 정병[4]을 땅에 세워놓고 물었다.

---

1 전좌典座: 공양간에서 대중의 식사를 담당하는 소임.

2 대위산大潙山: 담주(호남성)에 있는 산. 위산이라고도 한다. 위산 영우는 여기서 가풍을 선양했다.

3 수좌首座: 선원 대중 가운데 수위에 앉는 자. '상좌上座' '제일좌'라고도 한다.

4 정병淨甁: 정수를 담는 병. 승은 계율에 따라 언제나 이것을 휴대하고 손을 깨끗이 닦는 데 사용한다.

"이것을 정병이라고 해서는 안 된다. 너희는 무엇이라고 하겠는가?"

수좌가 바로 말했다.

"나막신이라고도 하지 않겠습니다."

백장이 이번에는 위산에게 물었다. 위산은 바로 정병을 걷어차버리고 나갔다. 백장은 웃으며 말했다.

"수좌는 위산에게 졌다."

그리고는 위산을 임명하고 개산開山하게 했다.

위산화상 시재백장회중 충전좌 백장장선대위주인 내청동수좌
潙山和尙 始在百丈會中[5]充典座。百丈將選大潙主人。乃請同首座
대중하어 출격자가왕 백장수념정병 치지상설문운 부득환작정
對衆下語[6] 出格者可往。百丈遂拈淨甁 置地上設問云 不得喚作淨
병 여환작심마 수좌내운 불가환작목돌야 백장각문어산 산내적
甁 汝喚作甚麼。首座乃云 不可喚作木楔也 百丈却問於山。山乃趯
도정병이거 백장소운 제일좌수각 산자야 인명지위개산
倒淨甁而去。百丈笑云 第一座輸却[7]山子也。因命之爲開山。

【평】

위산은 한평생 용맹스러운 사람인데 어찌하랴, 백장의 우리에서 벗어나지 못했다. 잘 점검해보면 무거운 것을 선택하고 가벼운 것은 선택하지 않았다. 무엇 때문인가. 봐봐! 동여맨 머릿수건을 벗어 던지고 철가鐵伽를 메지 않았는가."

---

5 회중會中: '회'는 총림 또는 도량이라는 의미가 있다.

6 하어下語: 의견을 말하는 것. '착어着語'와 같은 말.

7 수각輸却: '수'는 승부 내기에서 지는 것. '각'은 조사.

무문왈 위산일기지용 쟁나도백장권궤불출 검점장래 편중불편
無門曰 潙山一期之勇 爭奈跳百丈圈圚[8]不出 檢點將來 便重不便

경 하고 니 탈득반두 담기철가
輕。何故。聻[9]。脫得盤頭[10] 擔起鐵枷。

【송】

조리와 나막신을 내던지고

정면에서 한 번 차니, 말 많은 것이 끊어졌다.

백장이 여러 겹의 관문으로 막아도 머물지 않고

발끝으로 차버리니 부처도 마와 같다.

양하 조리병목표 당양 일돌절주차
颺下[11]笊籬幷木杓 當陽[12]一突絶周遮[13]

백장중관 란부주 각첨 적출불여마
百丈重關[14]攔不住 脚尖[15]趯出佛如麻[16]

---

8 권궤圈圚: 동물을 가두는 우리.

9 니聻: 힐난하면서 묻는 말소리. 사물을 가리키며 '자세히 봐' '본 대로 아닌가'라는 의미로 하는 말. 반문하거나 주의 줄 때의 소리.

10 탈득반두脫得盤頭: '반두'는 머리를 수건으로 동여매는 것. 여기서는 위산이 전좌 소임을 볼 때, 머리에 수건을 동여매고 대중의 식사 준비를 하다가 위산의 주인으로 임명되어 그 수건을 벗어 던졌다는 의미.

11 양하颺下: 던져버린다는 뜻.

12 당양當陽: '정면으로' '직접적으로'라는 뜻.

13 주차周遮: 말이 많은 모습.

14 백장중관百丈重關: 몇 겹으로 두른 백장의 관문. 그의 선경禪境이 견고·엄중한 것에 비유했다.

15 각첨脚尖: 발톱 끝

16 불여마佛如麻: 어떠한 선지식이라도 어지러운 마와 같다.

해설

위산 영우潙山靈祐(771-853) 선사는 복주福州 출신으로, 15세에 출가하여 항주 용흥사에서 대·소승 교학을 연구하였다. 23세 때 백장 선사의 회하會下로 가서 25년간 수행했다. 위산의 도량에는 언제나 1,500여 명의 문인이 운집했다. 위산 영우는 그의 제자인 앙산 혜적과 함께 위앙종의 개조가 되었고, 그의 언구의 정묘함과 기품 높은 선풍은 선납들을 따르게 했다.

본칙의 내용 앞에는 백장 선사와 속가俗家 제자 사마두타司馬頭陀 사이에 오고 간 이야기가 있다. 사마두타는 지상地相, 가상家相, 인상人相 등을 대단히 잘 봤다. 하루는 백장의 처소에 와서 선사에게 말했다.

"호남성에 대단한 산이 있습니다. 그 산에 선도량이 개설되면 반드시 수행자가 엄청 많이 모여들고 불법이 번성할 것입니다. 산의 형상을 보니, 1,500명 정도의 수행자가 모일 힘이 있습니다."

"그렇다면 내가 갈까?"

"스님은 골상이기 때문에 안 됩니다. 만약 스님이 가시게 되면 천 명 정도밖에 모이지 않을 것입니다."

"그렇다면 나의 문하 중에 적당한 인물이 있는지 어떤지 한번 봐주게."

그래서 백장 선사가 우선 수좌首座 자리에 있는 화림花林(선각善覺이라고도 함)을 불러내 사마를 만나게 했다. 일종의 면접인 셈이다. 수좌는 수행자들 가운데 수석이라고 할 수 있고, 언제나 수행자들의 모범이 되는 소임이다. 사마가 수좌에게 말했다.

"한번 크게 '으흠' 하고 나서 두세 걸음을 걸어보시오."

수좌를 물린 뒤, 사마가 백장 선사에게 말했다.

"저 수좌는 안 되겠습니다. 다른 분은 없습니까?"

선사는 이번에는 전좌典座 소임을 맡고 있는 영우를 불렀다. 사마는 전좌 영우를 한 번 보고 바로 선사에게 말했다.

"이분이라면 훌륭히 위산의 주인이 될 것입니다."

선사는 그날 밤에 전좌를 입실시켜 사법嗣法을 하고 위산에 도량을 열도록 결정했다. 수좌가 이를 듣고, "저는 수좌입니다. 무슨 이유로 저를 밀쳐내고 전좌에게 위산 도량을 열도록 명하셨습니까?"라며 선사에게 항의했다. 그래서 어쩔 수 없이 선발 시험을 치르게 되었다. 그 이후의 일이 본칙의 내용이다.

백장 선사가 수좌와 전좌, 두 사람을 불러내 대중 앞에서 문제를 내고, 훌륭하게 답한 자가 위산에 도량을 열도록 하겠다고 했다. 백장은 두 사람 앞에 정병 하나를 세워두고, 정병을 가리켜 물었다.

"이것을 정병이라고 말해서는 안 된다. 그럼 너희는 무엇이라고 하겠는가?"

수좌가 말했다.

"정병은 정병입니다. 정병을 나막신이라고 말씀드리지 않겠습니다."

다음, 선사는 전좌에게 같은 질문을 했다. 전좌는 아무 말도 하지 않고 다짜고짜 정병을 발로 걷어차버리고 나갔다. 그러자 선사는 웃으며 "수좌는 전좌에게 졌다"라 말하고, 전좌에게 위산을 열도록 임명하였다. 이 이후의 일에 대해서 《위산록》에 다음과 같은 이야기가 전해진다.

영우 화상이 백장 선사의 명을 받고 위산에 도량을 만들게 되었지만,

자금이 한 푼도 없어 건물 한 채 지을 수 없었다. 원시림 같은 위산에 올라 겨우 토굴을 만들고 홀로 매일 좌선만 했다. 그는 머리 위에 작은 철탑을 올려놓고 늠름하게 앉았다. 졸면 철탑이 떨어진다. 혼자이기 때문에 자신을 경책하는 수단이었다.

8년이 지나는 동안 누구 하나 찾아오지 않았다. 그래서 위산은 이 산이 정말 큰 도량이 될 수 있을 것인가 회의감이 들어, 다른 장소로 옮기려 했다. 그러나 그때 큰 호랑이가 나타나 영우 화상의 옷자락을 물고 끌어당기는 것이었다. 그래서 그대로 머물고 있으니, 이삼일 지나 세 사람의 수행자가 찾아 왔다. 그것이 시작이 되어 차례로 수행자 수가 늘어나 결국 1,500명에 이를 정도의 대도량이 되었다.

무문이 평하여 말한다.

"위산은 한평생 용맹스러운 사람인데 어찌하랴, 백장의 우리에서 벗어나지 못했다. 잘 점검해보면 무거운 것을 선택하고 가벼운 것은 선택하지 않았다."

위산은 백장 화상의 정병을 걷어차버릴 만큼 용맹한 사람이지만, 결국은 백장이 쳐놓은 우리를 뛰쳐나오지 못했다. 백장이 주최한 선발시험에 합격해서, 가벼운 전좌직을 그만두고 산중에 도량을 열어야 하는 성가신 일을 맡게 되었기 때문이다.

"무엇 때문인가. 봐봐! 동여맨 머릿수건을 벗어 던지고 철가鐵伽를 메지 않았는가."

머릿수건을 싸매는 가벼운 전좌의 소임을 내던지고, 그 대신 철로 된 칼을 목에 쓰고 꼼짝없이 한 산중의 총림을 여는 무거운 책임을 지지 않았는가! 보이지 않는가!

무문이 이렇게 위산에 대해 좋지 않게 말하는 것 같지만, 사실 이 말 끝에는 위산이 어렵게 총림을 여는 것이 바로 대보리심이 깊은 까닭이라는 여운을 남긴다.

"조리와 나막신을 내던지고 정면에서 한 번 차니, 말 많은 것이 끊어졌다."

위산이 취사도구인 조리나 나막신을 내던지고, 정면에서 정병을 한 번 차버리니, 회중의 시끄러운 의론이 끊어졌다는 것이다.

"백장이 여러 겹의 관문으로 막아도 머물지 않고 발끝으로 차버리니 부처도 마麻와 같다."

백장 선사가 '정병을 정병이라고 해서는 안 된다. 그럼 무엇이라고 말하겠는가'라고 겹겹의 관문을 설치하고 그를 막으려 해보았지만, 위산이 조금도 수긍하지 않고 느닷없이 정병을 발로 차버리니, 부처도 마麻와 같이 흩어져버렸다는 것이다. 마지막 구에서 무문은 위산 영우 화상을 한없이 찬탄한다.

제41칙

달마의 안심

달 마 안 심
達磨安心

본칙

달마는[1] 면벽하고 있었다. 이조[2]가 눈 속에 섰다. 팔을 자르고 말했다.

"제자는 아직 마음이 편치 않습니다. 부디 스승께서는 마음을 편안하게 해주십시오."

---

1 달마達磨: 보리달마菩提達摩(Bodhidharma)를 지칭하며 중국 선종의 초조初祖이다. 생몰 연대가 정확하지 않다. 《경덕전등록》에 의하면, 양 보통 원년(520), 9월 22일에 인도에서 중국 광동성에 왔다. 중국에 온 연대에 대해서는 여러 가지 설이 있지만, 대략 520년에 도래해서 528년에 입적했다는 설이 유력하다. 양 무제와 대담한 후 기연機緣이 맞지 않아 숭산 소림사에 들어가 9년간 면벽 좌선했다. 그 사이 이조二祖 혜가를 만났다. 그의 전기는 《낙양가람기》 《능가사자기》 《속고승전》 《경덕전등록》 등에 나온다.

2 이조二祖: 혜가慧可(486-593)를 가리킨다. 본명은 신광神光으로, 40세에 숭산에서 달마를 만나 대오大悟했다. 달마의 인가를 받고 중국 선종 제2대 조사가 되었다.

달마가 말했다.

"마음을 가져오라. 너를 편안하게 해주겠다."

이조가 말했다.

"마음을 찾아도 찾을 수가 없습니다."

달마가 말했다.

"너를 안심시켰네."

달마면벽 이조입설 단비운 제자심미안 걸사안심 마운 장심래
達磨面壁。二祖立雪 斷臂云 弟子心未安 乞師安心。磨云 將心來
위여안 조운 멱심료불가득 마운 위여안심경
爲汝安。祖云 覓心了不可得。磨云 爲汝安心竟。

【평】

이가 빠진 노호老胡, 십만 리 바다를 건너 일부러 왔다. 이것은 바람도 없는데 파도가 일어나는 것이라고 말할 수 있겠다. 마지막 한 사람의 문인을 접득接得했지만, 도리어 육근을 갖추지 못했다. 저런! 사삼랑謝三郎은 네 자를 알지 못했네."

무문왈 결치노호 십만리항해특특 이래 가위시무풍기랑 말후
無門曰 缺齒老胡[3] 十萬里航海特特[4]而來。可謂是無風起浪。末後

---

3 결치노호缺齒老胡: 이가 빠진 늙은 호자胡子라는 뜻으로, 달마를 지칭한다. 그는 보리유지 등의 교학자들에게 미움을 받고 여러 번 독살될 뻔했다. 그 때문에 이가 빠졌다고 한다.

4 특특特特: '일부러'라는 뜻. '득득得得'과 같다.

접 득 일 개 문 인 우 각 육 근 불 구 이 사 삼 랑 불 식 사 자
接得一箇門人 又却六根不具。咦[5]。謝三郎不識四字[6]。

【송】

인도에서 온 가르침

일은 부촉咐囑으로 인해 일어났네.

총림을 시끄럽게 한 것은

원래 그대.

서 래 직 지 사 인 촉 기
西來直指 事因囑起
요 괄 총 림 원 래 시 이
撓聒叢林 元來是爾

해설

달마 대사는 본래 남인도 향지국 사람이다. 인도에서 불법의 제28조이고 중국에 선을 전한 제1조이다. 이조 혜가의 이름은 신광神光으로, 태어날 때 방안에 신령스러운 빛이 가득했다고 하여 지어준 이름이다. 혜가는 어려서 두뇌가 명석하여 처음에는 유교, 도교 등 중국철학을

---

5 이咦: '어라!' '저런!'의 의미. 냉소의 뜻을 나타내는 소리.

6 사삼랑불식사자謝三郎不識四字: '사삼랑謝三郎'에 대해서는 여러 가지 해석이 있다. 그 중 하나는 '사 씨謝氏의 셋째 아들'이라는 뜻으로 현사 사비(835-908)를 가리키는데, 그는 문자를 알지 못해 동전 위의 네 문자도 읽지 못했다고 하는 고사에 따라 어리석은 사람을 의미한다. 여기서는 달마를 비방하는 말이다.

공부하고, 나중에 대·소승의 불교를 연구했다. 그리고 달마를 만나 선의 진수를 체득하고 중국 선종 제2조가 되었다. 세수는 100세를 넘겼다고 한다.

달마는 인도로부터 3년간의 긴 항해 끝에 중국의 남쪽 지방에 도착하여 양 무제를 상견했다. 기연이 맞지 않아 양자강을 건너 숭산 소림사에서 오로지 좌선만 했다. 거기에 신광이 찾아온 것이다. 그때가 12월 9일 저녁이었다. 달마는 신광을 방 안에 들이지 않고 돌아가라고 했다. 불도는 그렇게 쉽게 생각해서는 안 된다고 한 것이다. 신광은 밤새도록 눈을 맞으며 밖에 서 있었다. 그러다 신광은 생각 끝에 왼쪽 팔을 자르고 대사에게 보였다. 구도심의 간절함을 이렇게 표현했다. 비로소 신광은 입실을 허락받고 대사의 제자가 되어 이름을 혜가라고 하고, 중국 선종의 2대조가 되었다. 본칙은 이 내용을 간략히 소개하고 있다.

이조가 달마에게 물었다. "마음이 편치 않습니다. 마음이 편하기 위해서는 어떻게 해야 합니까?" 이조는 '안심'을 위해 달마를 찾았고, 간절히 지도를 부탁한 것이다. 달마는 "그렇다면 불안한 마음을 내놔보라. 안심시켜줄 테니"라고 말했다. 이조는 온몸과 마음이 대의단大疑團이 되어 불안한 마음을 찾아보았지만, 어디에서도 찾을 수 없었다. 이조가 달마에게 말했다. "불안한 마음이 어디에도 없습니다." 달마는 말했다. "너를 안심시켰네." 즉 '불안한 마음이 어디에도 없다는 것을 알았다면, 그것이 안심 아닌가. 됐다!'라는 의미이다.

무문이 평하여 말한다.

"이가 빠진 노호老胡, 십만 리 바다를 건너 일부러 왔다."

110세나 되는 노대사가 멀리 인도에서 10만 리나 되는 바다를 건너 일부러 중국까지 선을 전해주러 왔다. '이가 빠진 노호'라고 달마를 매도하지만, 무문의 마음에는 달마에 대한 감사와 친밀함, 경애가 넘쳐나고 있다.

"바람도 없는데 파도가 일어나는 것이라고 말할 수 있겠다."

달마의 중국 방문은 평지풍파平地風波를 일으키는 쓸데없는 일이라는 것이다. 본분상에서 보면 '중생본래부처'인데, 법을 전한다는 일은 괜한 짓 아닌가 말이다.

"마지막 한 사람의 문인을 접득했지만 도리어 육근을 갖추지 못했다."

혜가를 얻고 법을 전했지만 혜가 또한 육근이 불완전한 불구자라고 하며, 법을 구하기 위해 팔을 자른 혜가의 구도심을 암묵적으로 찬탄했다. 그러고는 "저런! 사삼랑은 네 글자를 알지 못했네"라고 했다. 달마는 무지했다고 비하하는 말이다. 그러나 이 역시 달마가 '부지불식不知不識'의 선을 보였다고 경탄한 것이다.

송으로 노래한다.

"인도에서 온 가르침, 일은 부촉으로 인해 일어났네."

공연히 달마 대사가 중국으로 건너와 직접 가르쳐서, '직지인심 견성성불'이라든가, 또는 이조를 접득하여 법을 부촉한 것이라든가, 또는 미혹이니 깨달음이니 접심接心이니 인가니 하는 여러 가지 성가신 문제가 일어나게 되었다는 의미이다.

"총림을 시끄럽게 한 것은 원래 그대."

중국 각지에 참선하는 수행 도량이 세워지고 불도 수행이라는 시끄러움이 시작된 것은 본래 달마, 그 때문이지 않은가 하는 말이다. 표면적으로는 달마를 헐뜯는 것 같지만, 속으로는 달마가 '중생본래부처'라는 본분사에 눈뜨게 했고, 선종의 기틀을 세워 정법안장이 지속적으로 이어지게 하는 등 큰일을 했다는 것을 은근히 드러내고 있다. 이 어구에는 달마에 대한 무문의 경모敬慕가 스며 나온다.

제42칙

여자의 출정

女子出定 (여자출정)

본칙

옛날, 문수보살[1]이 부처님들이 모인 곳에 갔는데, (다른) 부처님들은 이미 각각 자신의 처소로 돌아갔지만, 오직 한 여인[2]이 (석가모니) 부처님 자리 가까이에서 삼매에 들어 있어서, 부처님께 여쭈었다.

"어째서 이 여인만 부처님 자리 가까이에 있을 수 있고, 저는 그렇지

---

1 문수보살文殊菩薩: 문수는 산스크리트어 만주슈리Mañjuśrī를 음역하여 줄인 말로, 문수사리 또는 만수시리라고도 한다. 뜻을 따라 옮기면 '묘길상' '묘덕'이라고 번역한다. 보살 중 '지혜제일'로 칭한다. 석존의 좌측 연화좌에 앉아 오른손은 지혜의 검을, 왼손은 청련화를 들고 있다.

2 여인: 이 본칙의 이야기는《제불요집경》권하(대정장 17)에 근거한다. 여인의 이름은 이의離意. 선문에서는 이 이야기를 공안으로 쓴다.

못합니까?"

부처님이 문수에게 말씀하셨다.

"그대가 이 여인을 삼매에서 깨어나게 해서 직접 그것을 물어봐라."

문수는 여인의 주변을 세 번 돌고 손가락을 튕기고 나서 바로 들어올려 범천[3]에 이르게 하고, 신력을 다해도 삼매에서 나오게 할 수 없었다. 세존께서 말씀하셨다.

"설령 백 명 천 명의 문수가 있어도 이 여인을 선정에서 나오게 할 수는 없다. 아래쪽으로 12억 하사국토[4]를 지나면 망명보살[5]이 있다. 능히 이 여인을 선정에서 나오게 할 수 있지."

잠시 후 망명 대사가 땅에서 솟아 나와 세존께 예배를 드렸다. 세존이 망명에게 명령하여, 망명이 곧바로 여인의 앞에 가서 손가락을 한 번 튕겼다. 여인이 바로 선정에서 나왔다.

세존 석인문수지제불집처 치제불각환본처 유유일녀인근피불
世尊 昔因文殊至諸佛集處 値諸佛各還本處。惟有一女人近彼佛
좌입어삼매 문수내백불 운하녀인득근불좌 이아부득 불고문수
坐入於三昧。文殊乃白佛 云何女人得近佛坐 而我不得。佛告文殊
여단각차녀 영종삼매기 여자문지 문수요녀인삼잡 명지일하 내
汝但覺此女 令從三昧起 汝自問之。文殊遶女人三匝 鳴指一下 乃
탁지범천 진기신력이불능출 세존운 가사백천문수역출차녀인
托至梵天 盡其神力而不能出。世尊云 假使百千文殊亦出此女人
정부득 하방과일십이억하사국토유망명보살 능출차녀인정 수
定不得。下方過一十二億河沙國土有罔明菩薩。能出此女人定。須
유망명대사 종지용출례배세존 세존칙망명 각지녀인전 명지일
臾罔明大士 從地湧出禮拜世尊。世尊勅罔明。却至女人前 鳴指一
하 여인어시종정이출
下。女人於是從定而出。

---

3 범천梵天: 삼계 중 색계 초선천初禪天의 세계로, 욕계의 음욕을 완전히 없앤 천계.

4 하사국토河沙國土: '하사'는 항하사恒河沙의 약자. 갠지스강의 모래 수 만큼 많다는 비유.

5 망명罔明: '망'은 없다는 의미이므로 '무명無明'을 뜻한다. 최하위 보살을 가리킨다.

【평】

석가 노인, 이 한 편의 잡극을 만들다니 꽤 대단하다. 자, 말해보라. 문수는 칠불七佛의 스승이라고 하는데 어째서 여인을 정定에서 나오게 할 수 없었는가. 망명은 초지보살인데도 어떻게 나오게 할 수 있었는가. 만약 이 자리에서 딱 알아차릴 수 있다면, 업식이 망망한 가운데서도 나가삼매那伽三昧에 들 것이다.

無門曰 釋迦老子 做者一場雜劇[6] 不通小小。且道文殊是七佛[7]之師 因甚出女人定不得。罔明初地菩薩 爲甚却出得。若向者裏見得親切 業識忙忙那伽大定[8]。

【송】

나오게 하든 나오게 하지 못하든,

그도 나도 모두 자유롭다.

신두와 귀면,

패궐도 당연히 풍류.

---

6 잡극雜劇: 송·원대의 연극. '신두神頭' '귀면'이라는 귀신의 가면(탈)을 쓰고 하는 연극이다.

7 칠불七佛: 석가모니 이전의 일곱 부처님.

8 업식망망나가대정業識忙忙那伽大定: '업식망망'은 전생의 업에 따라 윤회 전생하는 심의식心意識의 세계. '망망忙忙'은 '망망茫茫'과 같다. '나가那伽(nāga)'는 용을 뜻한다. '대룡삼매'를 '나가대정'이라고 한다. 윤회의 세계로 바삐 돌아다니면서도 적멸의 나가대정에 들었다는 뜻.

출 득 출 부 득 거 농 득 자 유
出得出不得 渠儂[9]得自由
신 두 병 귀 면 패 궐 당 풍 류
神頭幷鬼面 敗闕當風流

해설

이 공안은《제불요집경諸佛要集經》권하에 근거한다. 선문에서는 고래로 이 공안을 많이 사용해왔다.

먼 옛날, 천왕여래天王如來의 불토에서 여러 부처님이 모여 회의를 했다. 물론 중생 제도에 관한 회의였다. 이 회의는 부처님들만의 집회이므로 보살은 참가할 수 없었다. 그 집회가 끝나자 문수보살이 세존을 방문하러 왔다. 그때는 이미 부처님들이 각자의 세계로 돌아가신 다음이다. 문득 보니까 한 여인이 세존의 곁에서 좌선하고 삼매에 들어 있었다. 여인의 이름은 이의離意이다. 문수가 세존께 여쭈었다.

"어째서 이 여인만이 부처님 자리 가까이에 있을 수 있고, 저는 그렇지 못합니까?"

세존이 문수에게 말씀하셨다.

"그대가 이 여인을 삼매에서 깨어나게 해서 직접 그것을 물어봐라."

문수가 그 여인의 주변을 세 번 돌고 손가락을 튕겼지만 일어나지 않아, 여인을 들어 천상의 범천 세계에 올리고 신통력을 다 했지만, 여인을 삼매에서 나오게 할 수 없었다. 그때 세존은 그것을 보고 말씀하셨다.

---

9 거농渠儂: '거'는 문수, '농'은 망명을 지칭.

"설령 100인 1,000인의 문수가 와도 역시 이 여인을 선정에서 나오게 할 수는 없다. 아래쪽으로 12억 항하사 국토를 지나면 망명보살이 있다. 그가 능히 이 여인을 선정에서 나오게 할 수 있지."

잠시 뒤, 망명보살이 땅에서 솟아나 세존께 예배를 드렸다. 세존이 망명에게 "저 여인을 정에서 깨어나게 하라"라고 말씀하시어, 망명이 그녀의 앞에 가서 탄지彈指를 하니 여인이 바로 깨어났다.

이 이야기가 본칙 공안인데, 이 공안의 요점은 무문의 평에 보인다. 본칙의 장면은 무문이 말하는 것처럼 잡극과 같다. 그러나 이 잡극의 뜻을 알기는 그리 쉽지 않다. 문수보살은 칠불七佛의 스승으로 일컬어질 만한 대보살이고, 망명은 초지初地보살로 문수에 비하면 까마득한 후배이다. 그런 망명이 여인을 정에서 깨어나게 했다는 것은 무슨 뜻인가? 무문이 던진 질문이다.

잡극에 등장하는 인물은 세존과 문수, 망명 세 사람이다. 문수는 칠불의 스승이라고 할 정도의 경계에 있는 대보살로, 절대 평등의 대지혜를 상징하고, 망명은 수행 도중이어서 절대 차별의 세계를 나타낸다. 평등과 차별은 불성의 양면으로, 자기 면목의 작용이다. 여기서는 문수와 망명 두 사람으로 나누어 평등지와 차별지를 보여주고 있지만, 사실 이는 모든 이가 구족한 본성이다. 이 성능을 자유자재로 쓰는 분이 세존이다. 여하간 이 세 사람이 연출하여 관객에게 불안佛眼을 열어주는 것이 본칙 이야기의 의도이다.

그러나 무문은 문수와 망명의 차이를 "딱 알아차릴 수 있다면, 업식이 망망한 가운데서도 나가삼매에 들 것이다"라고 말했다. 이 공안을 투견하면, 선악의 업에 따라 삼계육도三界六道에서 고락승침苦樂昇沈의 생활을 무한히 반복한다고 해도, 나가대정에 머물러 법락을 만끽할 것이라 한다.

송으로 노래한다.

"나오게 하든 나오게 하지 못하든, 그도 나도 모두 자유롭다."

망명과 문수는 여인을 정定에서 나오게 하든 나오게 하지 못하든, 모두 자유롭다. 한쪽은 자유롭게, 다른 한쪽은 자유롭지 않게 보는 것이 범부의 판단이지만, 그 판단은 참된 사실이 아니다.

"신두와 귀면, 패궐도 당연히 풍류"

신두와 귀면은 귀신 가면으로, 잡극에 쓰이는 소품이다. 패궐은 실패를 뜻한다. 이 잡극에서는 문수가 졌다. 절대 문수가 지지 않을 것이라고 생각했던 관객은 실망했지만, 당연히 질 줄 알았던 망명이 이기자 박수를 치는 관객도 있었다. 관객은 지고 이기는 것에 의미를 두지 않는다. 그저 연극일 뿐이라고 생각하고 자리에서 뜬다. 한바탕의 풍류이다. 아주 잘 된 잡극이라고 이구동성으로 이야기한다. 평등이 곧 차별임을 관객은 은연중에 체험했다.

제43칙

수산의 죽비

수 산 죽 비
首山竹篦

본칙

수산 화상이 죽비를 잡고 대중에게 보이며 말했다. "그대들이 만약 죽비를 죽비라고 하면 저촉되고 죽비가 아니라고 하면 위배된다. 그대들은 말해보라. 무엇이라고 하겠는가?"

수산화상 염죽비시중운 여등제인 약환작죽비즉촉 불환작죽비
首山和尚 拈竹篦示衆云 汝等諸人 若喚作竹篦則觸。不喚作竹篦
즉배 여제인차도 환작심마
則背。汝諸人且道 喚作甚麽。

【평】

죽비를 죽비라고 하면 저촉되고 죽비가 아니라고 하면 위배된다. 말해

도 안 되고 말하지 않아도 안 된다. 자, 빨리 말해보라, 빨리 말해봐."

무문왈 환작죽비즉촉 불환작죽비즉배 부득유어 부득무어 속도
無門曰 喚作竹篦則觸 不喚作竹篦則背。不得有語 不得無語 速道
속도
速道。

【송】

죽비를 가지고 나와
살활의 영을 내린다.
위배와 저촉이 교대로 공격하면
불조도 목숨을 구걸한다.

염기죽비 행살활령
拈起竹篦 行殺活令
배촉교치 불조걸명
背觸交馳 佛祖乞命

해설

수산 화상은 수산 성념首山省念(926-993)이다. 임제 의현의 5대 법손이다. 《법화경》에 정통했으므로 '염법화念法華'라고도 했다. 여주汝州의 풍혈 연소風穴延沼에게 참례하고 법을 이었다.

죽비는 선원에서 수좌首座가 납자에게 참선 수행을 지도할 때 쓰는 도구이다. 수산 화상이 죽비를 들고나와 수행자들에게 보이며, "이것을 죽비라고 하면 저촉되고 아니라고 하면 위배된다. 자, 그대들은 무

엇이라고 하겠는가?"라고 했다. 죽비를 죽비라고 하고 정병을 정병이라고 하는 것이 상식이다. 산은 산이고 물은 물이다. 그렇지만 이러한 태도는 사물의 표면만 보는 것이고 내면의 진실을 꿰뚫는 것이 아니다.

모든 현상은 인연, 즉 여러 가지 조건에 의해 나타난 한때의 모습이고, 고정적인 것은 하나도 없다. 따라서 조건이 변하면 그것에 따라 모습도 변하고 작용도 변한다. 조건이 없어지면 그 현상도 바로 없어진다. 이것은 원자물리학에서도 증명되고 있는 사실이다. 모든 현상은 고정된 본성이 없기에 내면적으로 보면 절대 평등이다. 선인도 악인도, 부처도 범부도, 본질적으로는 본성이 공이므로 전부 평등하고 각각 절대 가치가 있다. 이러한 입장에서 보면, 산은 산이 아니고 물은 물이 아니고, 죽비는 죽비가 아니고 정병은 정병이 아니고, 부처도 부처가 아니고 범부도 범부가 아니다. 모든 현상은 조건에 따르는 찰나의 모습이고, 따라서 무엇이라고 말할 수 없다.

이와 같은 이유로 수산 화상이 본칙의 문제를 제기했다. 죽비를 죽비라고 말하면 표면의 모습, 즉 명상名相에 걸리고, 내면의 절대 평등이라는 가치를 빠트리게 된다. 그것을 '저촉'이라고 한다. 반면에 죽비가 아니라고 하면 현재 죽비로 나타난 사실에 위배되는 것이다.

무문은 평창에서 수산의 말을 그대로 되풀이한다. 그리고는 뒤에 이렇게 덧붙인다.

"말을 할 수도 없고 말을 안 할 수도 없다. 빨리 말해보라, 빨리 말해!"

고인古人은 이를 두고 '저촉되어서도 안 되고 위배해서도 안 된다고 대의심을 일으키지만, 입을 열어 논의를 시작하면 백운 천만 리'라고 평했다. 사무치는 대의단이 되어야 '이것[저개這箇]'을 볼 수 있다는 것이다.

송의 전반 두 구, "죽비를 가지고 나와 살활殺活의 영을 내린다."

수산 화상이 죽비를 들고나와 납자들의 분별 망상을 죽이고 본래의 자기를 살리기 위해 거부할 수 없는 절대명령을 내렸다. 죽비의 힘이다. 불가사의한 이 힘은 배촉背觸을 넘어선 '이것[這箇]'이다.

"위배와 저촉이 교대로 공격하면 불조도 목숨을 구걸한다."

저촉과 위배의 기로에 서면, 바로 석가도 달마도 손을 들게 된다는 것이다. 납자에 대한 수산 화상의 멋진 지도라고 무문이 찬탄하고 있다.

제44칙

파초의 주장자

파 초 주 장
芭蕉拄杖

본칙

파초 화상이 대중에게 말했다. "그대들에게 주장자가 있으면 나는 그대들에게 주장자를 준다. 그대들에게 주장자가 없으면 나는 그대들에게서 주장자를 빼앗겠다."

파 초 화 상 시 중 운 이 유 주 장 자 아 여 이 주 장 자 이 무 주 장 자 아 탈 이
芭蕉和尙示衆云 爾有拄杖子 我與爾拄杖子[1]。爾無拄杖子 我奪爾
주 장 자
拄杖子。

---

1 주장자拄杖子: 고대 인도에서는 노인이나 병자들이 몸을 지탱하기 위해 사용했다. 불제자들이 행각할 때도 가지고 다녔는데, 그것이 나중에 학인을 접득接得하는 도구가 되었다.

【평】

(주장자를) 짚고 다리가 끊어진 물을 건너, 함께 달이 없는 촌으로 돌아 간다. 만약 '주장자'라고 부른다면 지옥에 들어가는 화살과 같다.

무 문 왈 부 과 단 교 수 반 귀 무 월 촌 약 환 작 주 장 입 지 옥 여 전
無門曰 扶過斷橋水 伴歸無月村[2]。若喚作拄杖 入地獄如箭。

【송】

제방의 깊고 얕음,

모두 손안에 있다.

하늘을 떠받치고 땅을 지탱하여,

곳곳마다 종풍을 휘날린다.

제 방 심 여 천 도 재 장 악 중
諸方深與淺 都在掌握中
탱 천 병 주 지 수 처 진 종 풍
撐天幷拄地 隨處振宗風

해설

중국 선종사에서 '파초'라고 불리는 선사는 6인 이상이나 된다. 중국

---

2 부과단교수扶過斷橋水 반귀무월촌伴歸無月村: 영은사 자각 선사의 말인데(《고존숙어록》 권28), 무문이 여기에 인용하였다. '단교수'는 다리가 끊어진 강이라는 뜻. '무월촌'은 어두운 마을을 뜻한다.

호북성 파초산에서 머문 선자들이다. 여기 나오는 파초 화상은 그 가운데 파초 혜청芭蕉慧淸(?-?)을 가리킨다. 그는 최초의 신라 승이었다. 그는 백장 회해의 제자 위산 영우의 4대 법손으로, 9세기에 활동했던 인물이다.

주장자는 선승들이 가지고 다니는 지팡이인데, 종종 본분사本分事의 일을 논할 때도 쓰인다. 선어록을 보면, 주장자로 본래 자기를 보이는 일이 자주 나온다. 《벽암록》 제60칙에는 운문이 대중에게 주장자를 보인 유명한 공안이 나온다. "이 주장자는 용이 되어 건곤을 삼켜버렸다. 산하대지는 어디서 가져올 수 있는가." 운문은 주장자를 사용하여 선납들과 문답한 경우가 대단히 많았다.

파초 화상이 문하의 수행자들에게 말했다.

"너희들, 깨달음이라는 주장자를 가지고 있는가. 그것을 가지고 있다면 내가 이 주장자로 후려치겠다. 더러운 것이니까. 그런 것은 빨리 버리도록 하라. 너희들은 깨달음이라고 하는 주장자도 버렸고, 그 어떤 것도 가지고 있지 않다고 말하는가. 그것도 안 된다. 깨달음을 버렸다고 하는 견식見識을 짊어지고, 그것으로 좋다고 하고 있지는 않은가. 그 견식도 내가 부숴버리겠다."

이것은 깨달은 자에게 하는 말이지, 아직 깨닫지 못한 자에게 할 말은 아니다. 여하간 파초 화상은 이렇게 친밀히 납자를 접득했다. 본칙에 나온 파초 화상의 말은 표면적으로 보면 모순이다.

"그대들에게 주장자가 있으면, 나는 그대들에게 주장자를 준다. 그대들에게 주장자가 없으면 나는 그대들에게서 주장자를 빼앗겠다."

주장자가 있으면 주장자를 주고 없으면 빼앗겠다고 한다. 이것은 사람들의 주의를 환기하는 언구의 묘미이다. '너에게 주장자가 있다면 나는 그 주장자를 뺏겠다. 너에게 주장자가 없다면 나는 주장자를 너에게 주겠다'라고 말해도 별문제가 없다. 같은 의미가 된다. 파초는 뺏고 준다고 하지만, 이 주장자는 여탈與奪을 넘어선 것이라 뺏거나 줄 수 없다. '무無', 즉 자기의 본래면목은 타인으로부터 받거나 줄 수 없다. 파초의 주장자는 '무無' 자가 되고 '이것'이 되고 죽비가 된다. 변화무쌍한 주장자이다.

무문이 평하여 말한다.

"(주장자를) 짚고 다리가 끊어진 강을 건너, 함께 달이 없는 촌으로 돌아간다."

주장자가 있으면, 그것의 도움으로 다리가 없는 강이라도 기분 좋게 건널 수 있고, 깜깜한 밤이라도 태연히 마을로 돌아갈 수 있다는 말이다.

"만약 '주장자'라고 부른다면 지옥에 들어가는 화살과 같다."

자신이 바로 주장자라는 깨달음을 얻었다고 말한다면, 이 사람은 화살보다도 빠르게 지옥에 떨어질 것이라는 뜻이다. 이를 무문은 송으로 노래했다.

"제방의 깊고 얕음, 모두 손안에 있다."

송에서 무문은 먼저, 이 주장자 하나가 있으면, 제방의 수행 도량에 있는 천하의 종사들이나 운수들의 깨친 눈의 명암과 경계의 깊고 얕음을 살펴보는 것이 모두 자신의 손바닥 안에 있는 것처럼 자유자재하다고 했다.

다음 둘째 구에서, 이 주장자는 불법의 천지를 떠받치고 이르는 곳마다 불조정전佛祖正傳의 선풍을 거양하게 될 수 있다고 했다. 이처럼 주장자는 깨침 그 자체를 상징하지만, 또한 실참실구實參實究를 하도록 하는 법기法器가 되어 종풍을 선양하기도 한다는 것이다.

제45칙

오조의 석가·미륵

他是阿誰(타시아수)

본칙

동산 법연 사조께서 말씀하셨다. "석가도 미륵도 다만 그의 노예이다. 자, 말해보라. 그는 누구인가?"

東山演師祖曰(동산연사조왈) 釋迦彌勒猶是他[1]奴(석가미륵유시타노)。且道(차도) 他是阿誰[2](타시아수)。

---

1 타他: 삼인칭 대명사. '거渠'와 같은 의미로 쓰인다. 진실의 자기, 본래 부처를 가리킨다.

2 아수阿誰: '아'는 접두어. '아나阿那' '아나개阿那箇'에서처럼 의문사 앞에 붙인다.

【평】

만약 '그'를 확실히 견득한다면, 마치 네거리 한복판에서 부친을 만났을 때 다른 사람에게 부친이 맞는지 아닌지 물을 필요가 전혀 없는 것과 같다.

무문왈 약야견득타분효 비여십자가두당견친야상사 갱불수문별
無門曰 若也見得他分曉[3] 譬如十字街頭撞見親爺相似 更不須問別
인도시여불시
人道是與不是。

【송】

그의 활을 당기지 말고, 그의 말에 올라타지 말라.[4]
그의 잘못을 변호하지 말고, 그의 일을 알려고 하지 말라.

타궁막만 타마막기
他弓莫挽 他馬莫騎
타비막변 타사막지
他非莫辨 他事莫知

해설

이 공안은 간단하지만, 오조 법연五祖法演(?-1104) 선사의 예리한 선풍

---

3 견득타분효見得他分曉: '분효'는 확실하다는 뜻. '견득'은 알아차리는 것, 깨닫는 것. '타'는 '그', 즉 불성을 가리킨다.

4 당대의 속담.

이 그대로 나타나 있다. 제35칙 '청녀이혼'에서 이미 선사를 소개했으므로 여기서는 생략한다. 본칙에 '연演 사조師祖'라고 한 것은 무문 선사가 법연 선사의 법손에 해당하기 때문에, 존칭하여 이렇게 불렀을 것이다.

선사가 말했다. "석가도 미륵도 '그'가 부리는 노예이다. 자, '그'는 누구인가." 불교도들이 하나같이 부처님, 세존 등으로 존칭하며 위 없는 존경으로 떠받치는 석가모니도, 미래의 부처님으로 다음 세상에 중생을 구하기 위해 출현한다는 미륵보살도 '그' 앞에서는 노비에 불과하다는 것이다. 말해보라, 그는 누구인가. 완전히 생각을 뒤집는 '일전어'이다.

이 공안과 관련하여 유명한 일화가 있다. 개성開聖의 각覺 화상이 오조에게 참례했을 때, 오조의 이 물음에 대해 각 화상이 "호장삼湖長三, 흑리사黑李四"라고 했다. 그것을 오조가 수좌首座인 원오에게 말했을 때, 원오가 "그 말은 표면적으로는 좋은 답이지만 내용이 이상합니다. 한 번 더 물으시는 것이 어떻습니까?"라고 대답했다. 그래서 다음날 오조가 각 화상에게 다시 물었다. "석가, 미륵은 그의 노예이다. 자, 말해보라. 그는 누구인가?" 각은 말했다. "어제 화상께 말씀드렸는데요." 오조가 말했다. "무엇인가, 말해보라." 각이 말하였다. "호장삼, 흑리사."

'호장'과 '흑리'는 사람 이름으로, '호장의 셋째 아들, 흑리의 넷째 아들'이라는 말이다. '그가 누구인가'라는 질문에 각 화상은 당시 가장 흔한 이름을 댄 것이다. 우리로 말하면 영수, 순이 같은 이름이다. 오조가 "아니다, 아니야"라고 하자, 각은 "어제는 화상께서 그렇다고 말씀하셨는데요"라고 했다. 그러자 오조는 "어제는 그렇고 오늘은 아니야"라고 말했다. 각은 그 자리에서 대오했다고 한다.

이 본칙의 내용으로 보아, 자칫하면 누구나 석가나 미륵을 노비로 쓸 자격이 있다고 여길지도 모른다. 그러나 그것은 위험한 생각이다. 선에서는 '그는 누구인가'의 '그'를 붙잡고 그에 대한 대의심을 해야 한다는 조건이 붙는다. 무문은 '그'를 붙잡고 그것이 확실해졌을 때, 번잡한 "네거리 한복판에서 부친을 만났을 때 다른 사람에게 부친이 맞는지 아닌지를 물을 필요가 전혀 없는 것과 같다"라고 했다.

송에는 '그'라는 말이 네 번 나온다. 본칙에 나오는 '그'와는 다르다. 본칙에서의 '그'는 자타 대립의 그가 아니지만, 송의 '그'는 자타 대립의 그이다. 본분상에서 말하면, 세계의 중심에는 내가 있다. 나의 육근을 통해 주객이 나타나지만, 본래 둘이 아니다. 주관이 없으면 객관도 없고 객관이 없으면 주관도 없다. 유식학에서는 '나'는 다만 '식識'이라고 설명하고 있다. 선문에서는 '나'는 '자기'이며 '타기他己'라고 한다. 오로지 자타불이일 때 '나'라는 것이다.

범부는 주객의 대립, 자타의 대립 상태에서 사상과 종교, 이념을 세우고 망상한다. 송에서는 망상의 세계에서 갈팡질팡하는 모습 네 가지를 보여준다. '그의 활을 당기지 말라' '그의 말에 올라타지 말라' '그의 잘못을 변호하지 말라' '그의 일을 알려고 하지 말라'가 그것이다. 선의 입장에서는 살아가면서 생기는 모든 일이 전부 자신의 일이라고 본다. 타인의 일이라 할 수 있는 것은 하나도 없다는 것이다. 그것은 자신의 일이 바로 타인의 일이기 때문이다. 여기서 자타불이의 '그'가 현성한다. 동체대비同體大悲의 행, 즉 부처의 행동으로 나타난다. 송의 네 가지 경구는 자신이 참된 부처임을 스스로 알게 하는 노래이다.

제46칙

석상의 백척간두

간 두 진 보
竿頭進步

본칙

석상 화상이 말했다. "백척간두에서 어떻게 한 걸음 나아갈 수 있을까?" 또 고덕古德이 말했다. "백척간두에 앉은 사람은 비록 득입했다고 해도 아직은 참되다고 할 수 없다. 백척간두에서 한 걸음 나아가야 시방세계에 온몸을 나타낼 수 있다."

석상화상 운 백척간두 여하진보 우고덕운 백척간두좌저인 수
石霜和尙[1]云 百尺竿頭 如何進步。又古德云 百尺竿頭坐底人 雖
연득입미위진 백척간두 수진보 시방세계 현전신
然得入未爲眞。百尺竿頭 須進步 十方世界[2]現全身。

【평】

한 걸음 나아가 몸을 뒤집을 수 있다면, 결코 어느 곳에서나 세존이라고 칭해도 꺼릴 것이 없다. 그렇다 할지라도, 백척간두에서 어떻게 한 걸음 나아갈까? 아아!

無門曰 進得步 飜得身 更嫌何處不稱尊。然雖如是 且道 百尺竿頭 如何進步。嗄[3]。

【송】

정문안이 망가져
정반성을 잘못 안다.
몸을 버리고 목숨을 버리면
한 맹인이 여러 맹인을 이끈다.

---

1 석상石霜: 선종사에는 '석상'이라는 선사가 두 명 있다. 석상 경저石霜慶諸(807-888)와 석상 초원石霜楚圓(986-1039)이다. 경저는 처음 계율을 배운 후, 위산과 도오에게 사사하고 인가를 받았다. 석상산에 20년간 머물렀다고 한다. 초원은 임제의 7대손이며, 초원의 9대 법손이 무문 혜개이다. 여기서의 석상 화상은 석상 초원이라고 해야 할 것이다. 본칙 중 고덕은 경저와 동년배인 장사 경잠長沙景岑(남전의 제자)이다.

2 시방十方은 동서남북의 사방과 사방의 중간인 사유四維, 그리고 상하上下의 열 방향을 말하며, 시방세계란 세계 전체를 가리킨다.

3 사嗄: 수심, 비탄, 감탄할 때 나오는 소리. 여기서는 걱정과 비탄의 소리이다.

할각정문안 착인정반성
瞎却頂門眼[4] 錯認定盤星[5]
반신능사명 일맹인중맹
拌身能捨命 一盲引衆盲[6]

해설

석상 초원石霜楚圓(986-1039) 화상은 분양 선소汾陽善昭(947-1024)의 법을 이었다. 《벽암록》의 송을 쓴 설두 중현 선사와 동시대의 인물로, 임제 종풍을 크게 선양했다.

백척간두는 선 수행에 대한 비유로, 깨닫기까지의 백척간두와 깨닫고 나서의 백척간두로 나눌 수 있다. 전자는 어떤 화두를 들고 한 발 한 발 나아가, 더 이상 나아갈 데가 없는 곳이다. 바로 은산철벽에 부딪힌 경우이다. 여기서 진일보해야 한다. 불석신명不惜身命(불도를 닦기 위해 몸과 마음을 아끼지 않는 것)으로 온 힘을 다해 뚫고 나아가야 한다. '불사선 불사악不思善不思惡'하여 머리가 완전히 비워져 홀연히 대오하는 것이 백척간두이다.

후자의 백척간두는 깨닫고 나서, 깨달음의 세계에서 한 걸음 나아가는 것을 뜻한다. 깨달았다고 하는 그 자리에 들러붙는다면, 이는 죽은 깨달음이다. 깨달았다는 냄새를 절대 풍겨서는 안 된다. 계속 수행을

---

4 정문안頂門眼: 이마 한가운데 있는 제3의 눈. 육안으로는 보이지 않는 세계를 보는 눈.

5 정반성定盤星: 저울의 눈금.

6 일맹인중맹一盲引衆盲: '한 맹인이 여러 맹인을 이끈다.' 《열반경》 권29에 나오는 말로, 어리석은 자가 여러 어리석은 자를 그릇된 길로 인도한다는 뜻.

해야 한다. 이것이 백척간두에서의 진일보이다.

본칙에서의 '고덕古德'은 장사 경잠長沙景岑 선사이다. "백척간두에 앉은 사람은 비록 득입했다고 해도 아직은 참되다고 할 수 없다. 백척간두에서 한 걸음 나아갈 때 시방세계에 온몸을 나타낼 수 있다"라는 말은, 깨달음의 세계에 안좌安坐한 사람은 아직 진실로 깨달았다고 할 수 없다는 의미이다. 백척간두에서 한 걸음 더 나아가야만 어디서나 자유로이 자기의 전체를 실현할 수 있다는 말이다.

무문이 평하기를, 백척간두에서 한 걸음 나아가 시방세계에 전신을 내던질 수 있는 자라면 이미 그 사람은 어떠한 장소에서든 세존이라 불려도 꺼릴 것이 없다고 하였다. 그러나 백척간두에서 진일보한다는 것이 쉬운 일은 아니다. 그래서 무문은 "백척간두에 서서 어떻게 일보 나아갈까? 아아!"라고 했다. 지금까지 말했는데 또 말해본들 무슨 소용이 있을까? 아아! 이제 말을 그만해야겠다는 개탄 어린 심정이 보인다.

"정문안頂門眼이 망가져, 정반성定盤星을 잘못 안다."

정문안은 깨달은 눈이다. '육안肉眼'이 자타 대립의 이원론에 익숙한 눈이라고 한다면, 정문안은 그것을 초월해서 보는 눈이다. 그런데 이 눈이 망가졌다고 한다. 깨달음에 들러붙어 눈이 어두워져, 깨달은 맹인이 된 것이다. '깨달음'이라는 고정 관념을 지어, 그곳으로 빠져들어가는 잘못을 범한 것이다. 즉 저울의 눈금을 잘못 읽은 것이다.

"몸을 버리고 목숨을 버리면, 한 맹인이 여러 맹인을 이끈다."

여기서의 '한 맹인'은 보통 맹인이 아니다. 세상이 어떠한 것들을 보여주어도, 특히 종교에서 말하는 천국, 지옥, 미혹, 깨달음 등을 보여주어도 자신의 눈에는 보이지 않는다. 이 맹인이 진정한 맹인이다. 이 맹인이라야 '여러 맹인을 이끈다'는 것이다. 세상의 모든 맹인을 위해 길 안내를 할 수 있다는 의미이다.

제47칙

도솔의 삼관

도 솔 삼 관
兜率三關

본칙

도솔 열 화상이 삼관[1]을 세우고 학자에게 물었다. "발초참현[2]은 다만 견성을 목적으로 한다. 지금 그대의 본성은 어디에 있는가? 자성을 확실히 깨달으면 비로소 생사를 벗어난다. 안광眼光이 떨어질 때[3] 어떻게 벗어나는가? 생사를 벗어나면 바로 가는 곳을 안다. 사대四大가 분리될 때 어느 곳으로 가는가?"

---

1 삼관三關: 도솔 종열兜率從悅은 석상 초원의 법을 이은 황룡파 황룡 혜남의 3대 법손으로, 황룡의 삼관을 모방하여 스스로 삼관을 설치하고 학인의 공부를 감별했다.

2 발초참현撥草參玄: 번뇌의 풀을 자르고 명사名師를 찾아다니며 진리를 궁구하는 것.

3 사람이 죽는 순간을 의미함.

도솔열화상 설삼관문학자 발초참현 지도견성 즉금상인성재심
兜率悅和尙 設三關問學者 撥草參玄 只圖見性。卽今上人性在甚
처 식득자성 방탈생사 안광락시 작마생탈 탈득생사 변지거
處。識得自性 方脫生死。眼光落時 作麽生脫。脫得生死 便知去
처 사대분리 향심처거
處 四大分離 向甚處去。

【평】

만약 이 삼전어[4]를 내릴 수 있다면, 바로 수처작주[5]할 수 있고, 연을 만나면 바로 종지를 세운다. 그렇지 못하다면, 급하게 먹으면 배부르기가 쉽지만 잘 씹어 먹으면 배고플 일이 없다.

무문왈 약능하득차삼전어 변가이수처작주 우연즉종 기혹미연
無門曰 若能下得此三轉語 便可以隨處作主 遇緣卽宗[6]。其或未然
추찬이포 세작 난기
麁飡易飽 細嚼[7]難飢。

【송】

한순간에 무량겁을 두루 보니
무량겁의 일이 바로 지금이네.

---

4 삼전어三轉語: 세 가지 관문에 각각 대응하는 말. 듣는 자가 심기일전할 수 있는 예리한 일구를 일전어라고 한다.

5 수처작주隨處作主: 《임제록》에 있는 말이다. 환경에 따라 변하는 것이 아니라 도리어 환경을 자유롭게 쓸 줄 아는 주체성이 있는 태도를 의미한다.

6 우연즉종遇緣卽宗: 어떤 연緣을 만나면 거기서 나오는 작용이 모두 불법의 종지에 계합한다는 뜻.

7 세작細嚼: 음식물을 잘 씹어 소화시키는 것.

지금의 이 한순간을 간파하면,

지금 간파하는 사람을 간파한다.

일 념 보 관 무 량 겁　무 량 겁 사 즉 여 금
一念普觀無量劫[8] 無量劫事卽如今
여 금 처 파 개 일 념　처 파 여 금 처 저 인
如今覰破箇一念 覰破如今覰底人

해설

도솔 종열兜率從悅(1044-1091) 선사는 강서성 남도南都 출신이다. 소년 시절에 출가하여 처음 대·소승의 경론을 배웠다. 선 수행에 뜻을 품고 제방의 명사名師를 찾아다니며 행각했다. 결국 보봉 극문寶峰克文(1025-1102, 眞淨克文이라고도 함) 선사의 법을 이었다. 나중에 강서성 북부의 도솔사로 옮겨 교화 활동을 시작했다. 세 가지 관문을 설치하여 방문하는 납자들을 시험했지만 잘 통과하지 못했다고 한다.

도솔 만년의 일이다. 무불론無佛論을 주창한 송宋의 고관高官 장무진張無盡 거사는 어느 날 《유마경》을 읽고 '이 병은 지대地大도 아니고 지대를 떠날 수도 없다'라는 구절을 읽고 크게 감격하여 불문에 귀의했으며, 도솔 선사의 제자가 되어 선 수행을 깊게 했다고 한다.

도솔 선사가 천화遷化한 것은 48세였다. 어느 날 제자들을 병상에 불러모아 다음과 같은 유게遺偈를 보이고 적멸했다고 한다.

8　일념보관무량겁一念普觀無量劫: 이 언구는 《육십화엄경》 권5에 있다. 일념은 '한순간 즉 영원'을 의미한다. '겁kalpa'은 무한을 의미하는 수의 단위.

사십팔 년, 범성凡聖이 모두 죽었다.

이것, 영웅도 아니고 용안로龍安路(열반의 길)로 미끄러지네.

본칙의 공안은 '도솔의 삼관'이라고 부르고, 임제 문하에서는 이를 '열반당리涅槃堂裏의 선'이라고 하였다. 열반당은 중병에 걸린 승을 간호하는 곳이기도 하고 또는 시체 영안실이기도 하다. 이는 더 이상 나아갈 수 없는 한계에 부딪혔을 때, 그곳에 곧바로 자신을 몰아넣는 선을 의미한다. 도솔의 공안이 생사 문제의 해결을 주제로 하므로 이렇게 말한 것 같다.

제1관은 '수행자가 스승을 찾아 법문을 듣고 참선하는 것은 견성(본성의 자리를 봄)을 위해서인데, 그렇다면 그대의 본성은 어디에 있는가?'라는 물음이다. 견성은 자기 본래의 심성을 철견하고 진실의 자기를 자각하는 것이다. 이 체험이 성취될 때 수행자는 생사를 넘어서 대안심을 얻고, 복잡한 현실 세계에서 자유롭게 살아갈 수 있게 된다. 지금 도솔은 보아야 할 본성이 어디에 있는지를 묻고 있다. 진정 견성한 사람이라면 이에 대해 뭔가 적절한 말을 할 수 있을 것이다. 아직 견성하지 못했다면 우선 이 공안을 들고 공부해서 견성하라고 촉구하는 것이다.

제2관은 '자기의 본성이라는 불성을 꿰뚫어 보면[徹見] 생사 문제는 해결이 되어 생사를 마음에 두지 않는다. 말하자면 생사에서 벗어난 것이다. 그렇다면 죽을 때 어떻게 벗어나는지를 보여봐라'라는 것이다.

제3관은 '견성오도하여 생사 문제가 해결되면 죽어서 가는 곳을 안다. 그렇다면 육체가 그대와 분리되어 사라질 때 그대는 어디로 가는지 명확히 답해보라'라는 것이다. 이 3관은 사후에 대한 견해를 묻는다.

일반적으로 사후에 대해 잘못된 견해를 가지고 있는데, 이를 단견斷見과 상견常見이라고 한다. 단견은 유물론적 견해로, 사후 세계를 부정한다. 즉 죽음과 동시에 하나의 인격이 소멸하고 공무空無로 돌아간다는 견해이다. 사후에 천국에 태어난다든가 지옥에 떨어진다든가 하는 일은 절대로 있을 수 없다고 생각한다. 이런 의미에서 종교도 전면적으로 부정한다. 불교에서는 이러한 견해를 가진 사람을 단견 외도라고 한다. 단견을 가진 선 수행자도 있다. 제2칙 '백장야호'의 공안에서 말하는 불락인과不落因果의 한 단면만을 보고, 불매인과不昧因果의 면을 보지 못하는 이들이다.

상견常見은 '자아'라는 영혼이 있어, 육체가 죽어도 자아는 죽지 않는다고 믿는 잘못된 견해이다. 이러한 견해는 대개 소박한 종교 신자들이 가지고 있다. 예를 들면, 천주교나 기독교의 신자를 비롯하여 불교를 오해하는 불교 신자, 더불어 심령학의 연구자들 사이에도 제법 많다. 이러한 견해는 불교의 원래 가르침과 달라서 상견 외도라고 한다. 이들은 언제나 계속되어 변하지 않는 영혼을 자아라고 하기에, 무아에 철저한 불교와는 전혀 맞지 않는다.

단견이나 상견 어디에도 떨어지지 않는 견해가 불교의 견해이며, 그것을 정견이라고 한다. 그러므로 세 번째 관문은 '불락인과'와 '불매인과'의 양 방면에서 참구해야 한다.

무문이 평하여 말한다.

"만약 이 삼전어를 내릴 수 있다면, 바로 수처작주할 수 있고 연을 만나면 바로 종지를 세운다."

삼관에 대하여 각각 적절한 일구를 말할 수 있다면, 언제 어디서나 주역도 조역도 자유자재로 할 수 있고, 어떠한 인연을 만나도 바로 불교의 정신에 부합하게 된다는 의미이다.

"그렇지 못하다면, 급하게 먹으면 배부르기가 쉽지만 잘 씹어 먹으면 배고플 일이 없다."

만약 삼전어를 내릴 수 없다면, 잘 참구하여 그 정신을 음미하여 깊은 맛을 느껴야 한다. 밥을 잘 씹어 먹으면 배고플 일이 없지만, 걸신들린 듯이 먹으면 금방은 배가 부른 것 같아도 곧 배가 고파진다. 마찬가지로, 공안 참구를 엉성하게 하면 참구할 때는 쉽게 안 듯해도 어떤 경계를 만나면 단 한마디도 못 하고 갈팡질팡할 것이다. 삼관의 공안을 드는 방법을 보여주는 말이다.

"한순간에 무량겁을 두루 보니, 무량겁의 일이 바로 지금이네."

무한한 과거라는 것은 우리의 머리에 그려진 기억에 있을 뿐, 실체는 없다. 무한한 미래라고 하는 것도 이와 같다. 다만 지금[如今]의 일념 속에 무한한 과거도 미래도 있다. '즉금卽今', 즉 '바로 지금'이라는 말에는 절대적 가치가 있다. 지금은 거짓이 없는 현재이며 여기에서 과거와 미래가 나온다. 이 일면을 놓치면 단견에 떨어진다. 이 같은 사실을 철저히 간파하는 것이 깨달음이다.

선은 불교 교리를 기초로 하는 수행이다. 선이 약이라면 불교 교리는 처방전이다. 불교 교리를 무시한 선은 불교의 선이 아니라 범부선 혹은 외도선이다. 생사 문제에 대해서는 불교 교리의 기초학이라고 해야 할 《구사론》과 《유식론》에 자세히 논증되어 있다. 구사나 유식도 모두 대오철저한 조사祖師들이 쓴 것이다. 이러한 교상敎相 위에서 '도솔삼관'을 논해야 할 것이다. 무문은 생사를 벗어난 인생사를 '다만 지금'의 자리에서 노래했다.

제48칙

건봉의 한 길

건봉일로
乾峰一路

본칙

건봉 화상에게 어느 승이 물었다.

"시방의 박가범[1]이 열반문에 드는 길이 하나가 있다고 합니다만, 대체 그 길은 어디에 있습니까?"

건봉 화상이 주장자를 집어 들고 획 하나를 그으며 말했다.

"여기에 있다."

나중에 승이 운문에게 이를 청익[2]했다. 운문은 부채를 집어 들고 말했다.

---

1 박가범薄伽梵: 산스크리트어 바가반bhagavān의 음사音寫. 부처님의 열 가지 호칭 중 하나.

2 청익請益: 가르침을 받고 나서 다시 불명확한 점에 대해 가르침을 청하는 것.

"부채가 뛰어 33천[3]에 올라가 제석[4]의 콧구멍을 뚫고, 동해에 있는 잉어를 한 대 치니, 동이를 뒤엎은 듯 비가 내렸어."

건 봉 화 상 인 승 문　시 방 박 가 범　일 로 열 반 문　　미 심 로 두 재 심 마 처
乾峯和尚因僧問 十方薄伽梵 一路涅槃門[5]。未審路頭在甚麼處。
봉 념 기 주 장　획 일 획 운　재 자 리　후 승 청 익 운 문　문 념 기 선 자 운　선
峰拈起拄杖 劃一劃云 在者裏。後僧請益雲門。門拈起扇子云 扇
자 발 도 삼 십 삼 천　축 착 제 석 비 공　동 해 리 어　타 일 봉 우 사 분 경
子踍跳三十三天 築著帝釋鼻孔。東海鯉魚 打一棒雨似盆傾。

【평】

한 사람은 깊디깊은 바다로 들어가서 흙모래를 까불러 먼지를 피워 올리고, 한 사람은 높디높은 산 정상에 서서 흰 파도가 하늘에 닿을 정도로 넘치게 한다. 파정방행把定放行, 각각 한 손으로 종승宗乘을 지탱한다. 두 마리의 낙타가 서로 맞부딪치는 것 같은데, 세상에는 응당 대항할 만한 사람이 없다. 정안으로 보면 두 노인 모두 아직 열반으로의 길을 알지 못한다.

무 문 왈　일 인 향 심 심 해 저 행　파 토 양 진　일 인 어 고 고 산 정 립　백 랑 도
無門曰 一人向深深海底行 簸土揚塵。一人於高高山頂立 白浪滔

3　33천三十三天: 수미산 정상頂上에 있는 천계天界를 말함. 중앙에 제석천이 있고, 그 주위로 4방에 각각 여덟 천天이 있어 33천이 된다.

4　제석帝釋: 33천의 천주天主. 범천과 함께 불법의 수호신.

5　시방박가범 일로열반문十方薄伽梵 一路涅槃門: 《수능엄경》 권5에서 인용.

천　파정방행 각출일척수부수종승 대사양개치자 상당착 세상
天[6]。把定放行 各出一隻手扶竪宗乘。大似兩箇馳子[7]相撞著 世上
응무직저인 정안관래 이대로총미식로두재
應無直底人[8]。正眼觀來 二大老惣未識路頭在。

【송】

아직 다리를 들지 않았는데 이미 먼저 도착했다.

아직 혀를 움직이지 않았는데 이미 설명이 끝났다.

설사 한 수 한 수 기선을 제압해도

모름지기 향상의 구멍이 있음을 알아야 한다.

미거보시선이도 미동설시선설료
未擧步時先已到 未動舌時先說了
직요착착 재기선 갱수지유향상규
直饒著著[9]在機先 更須知有向上竅[10]

---

6 일인향심심해저행 … 백랑도천一人向深深海底行…白浪滔天: 《전등록》 권14 '약산 유엄' 장에 '모름지기 높디높은 산정을 향해 앉고 깊디깊은 바다 밑을 간다[直須向高高山頂坐深深海底行]'라는 구를 인용.

7 치자馳子: '치'는 '타駝'와 같다. 낙타를 뜻한다. '두 마리의 낙타가 맞부딪친다'라는 말은 무시무시해서 가까이할 수 없다는 의미.

8 직저인直底人: '저底'는 '저抵'와 같다. 대항한다는 뜻. '직저'는 정면에서 대항한다는 뜻. 즉 두 마리의 낙타가 서로 부딪쳐 백중세로 싸우는 것을 말함.

9 착착著著: 바둑판에 바둑돌을 한 수 한 수 두는 행위. '일수일수一手一手'

10 규竅: '규'는 '혈穴'(구멍). 만물의 출입처이다. 바둑에서는 '최종 판국'이란 의미.

월주 건봉越州乾峯 화상은 당말唐末의 선사이다. 생몰 연대가 명확하지 않다. 조동종의 시조인 동산 양개洞山良价(807-869)의 법을 이었다. 운문 문언에 대해서는 본서의 제15칙, 제16칙, 제21칙, 제39칙 등에서 이미 언급하였다. 법계도로 보면 건봉의 후배가 된다.

어느 승이 건봉 화상에게 물었다.

"시방(세계)의 부처님들이 열반에 드는 길이 하나 있다고 말씀하셨습니다만, 그 열반으로의 길은 어디에 있습니까?"

묻고 있는 승은 교학을 공부한 승으로, 부처나 열반을 개념적으로 해석하고 있다. 그러나 실천적으로 참구하는 수행자는 당연히 다른 차원에서 심안이 열려야 한다. 제불이 시방에 편만해 있다면, 어디에 부처님 없는 곳이 있겠는가. 진실로 자기를 잊으면 모든 것이 부처의 광명 안에 있다. 말하자면 부처님의 광명을 받지 않는 곳이 어디에도 없다. 따라서 '일로一路'는 원근遠近이 없고, 광협廣狹이 없고, 출입이 없는 초월적이며 절대적인 길이다. 바로 '여기'의 일로이다. 승은 지금 서울에 있으면서 '서울은 어디로 가는가'를 묻는 것과 같은 어리석음을 범한 것이다. 건봉 화상이 주장자를 집어 들고 공중에 한 획을 긋고, "여기에 있다"라고 말했다. 보고 듣고 서고 앉는 곳, 이것이 모두 '여기'의 한 길[一路]이다.

다시 승이 운문 선사에게 가서 똑같이 물었다. 선사는 부채를 집어 들고 말했다.

"이 부채는 33천의 하늘로 날아올라 천신인 제석천의 콧구멍을 뚫었지."

운문은 이렇게 말해주어도 승이 알아듣지 못하는 것 같아 한마디 더 일러주었다.

"동해에서 헤엄치고 있는 잉어를 몽둥이로 한 대 치니, 잉어가 놀래 뛰어올라, 물동이를 뒤엎은 것처럼 큰비가 억수같이 내렸지."

기괴한 답이라, 상식적으로는 도저히 이해할 수 없는 말이다. 문자의 표면적 의미로만 생각하기 때문이다. 건봉 화상도 운문 선사도 완전히 다른 차원의 소식을 전했다. 두 선사 모두 '시방박가범 일로열반문'의 활발발한 곳을 승에게 보인 것이다.

무문은 먼저 건봉 화상의 답을 비평하여 "깊디깊은 바다로 들어가서 흙모래를 까불러 먼지를 피워올리고"라고 했다. 그리고 운문 선사의 답을 평하여, "높디높은 산정에 서서 흰 파도가 하늘에 닿을 정도로 넘치게 한다"라고 하였다. 문자상으로 보면 완전히 상식을 무시한 기이한 말 밖에는 보이지 않는다. 그러나 한편으로는 선에 있어서 '시방박가범', 즉 우주 법계에 두루 하는 제불 세존이라는 진실에 상응하여, 모든 이원적인 망집을 초탈하고 다른 차원의 자유로움을 표현한 것이다. 문자로서의 이해가 막히면 바로 실상으로 들어가도록 인도하는 것이 공안이다. 공안의 의미는 문구 해석만으로는 알기가 어렵다. 이 때문에 공안은 상식을 넘어선 표현으로 일관되어 있다.

무문은 이어서 "파정방행, 각각 한 손으로 종승을 지탱한다. 두 마리의 낙타가 서로 맞부딪치는 것 같다"라고 말했다. '파정'은 손으로 꽉 잡는다는 의미로, 건봉 화상의 답을 가리킨다. 즉 화상의 평등일상平等一相의 견지, 절대부정의 견지를 평한 말이다. 어떠한 생각으로도 미치지 않는 '일여一如'의 경지를 뜻한다. '방행'은 놓아준다는 의미로, 운문 선사의 태도를 가리킨다. 절대 긍정의 표현으로 차별의 경계를 보이는 것이다. 이는 방해되는 것이 아무것도 없는 자유무애한 경지이다.

한 사람은 절대부정의 방식으로 파정하고, 다른 한 사람은 절대 긍정의 방식으로 방행했다고 하였다. 이처럼 각각 자신의 입장에 서서 선의 묘지妙旨를 선양한 것을 '종승을 지탱한다'고 했다. 그러나 이러한 모습이 마치 "두 마리의 낙타가 서로 맞부딪치는 것 같다"고 비유했다. 서로 각자의 입장에서 종승을 지탱하는 모양이, 마치 낙타가 대단한 기세로 서로 지지 않으려고 양쪽에서 달려들어 충돌하는 것 같다고 비유한다.

무문은 이처럼 두 선장의 태도를 평하여 '파정'과 '방행'이라고 구분을 했지만, 이것은 결국 '종승을 지탱'하는 방법일 뿐, 궁극적으로는 구분이 될 수 없다고 한다. 말하자면 파정과 방행을 두루 섭렵하여 납자를 '일로열반문'에 들게 하려고 했다는 것이다.

"세상에는 응당 대항할 만한 사람이 없다. 정안으로 보면 두 노인 모두 아직 열반으로의 길을 알지 못한다."

무문은 현실의 세상에서 이 같은 경지에 진실로 투철한 사람은 쉽게 찾아보지 못한다고 하며 일단 두 선장을 찬탄한다. 그러나 정안으로 보면, 건봉과 운문 두 노장 모두 아직 열반으로의 길이 어디에 있는지를 알지 못한다고 평한다. 절대적 견지에서 말하면 건봉이나 운문뿐 아니라, 달마도 임제도 무문 자신도 모두 아직 이 길을 알지 못한다는 것이다. 이 길은 '안다[知]' '알지 못한다[不知]'는 것에 속하는 소식이 아님을 재차 납자들에게 강조하고 있다.

"아직 다리를 들지 않았는데 이미 먼저 도착했다. 아직 혀를 움직이지 않았는데 이미 설명이 끝났다."

송의 전반부 두 구에서 무문은 '시방박가범'에 대해서 노래한다. 그에게는 온 세상이 진리의 절대처가 아닌 곳이 없고, '이것', 즉 '일로'가 천지에 건재하므로 달리 어디에서도 법을 구하거나 법을 설할 필요가 없다. 한 걸음도 내딛지 않았는데 이미 목적지에 도달했다. 왜인가. 중생은 본래불이고 이미 불국토에 있으니, 어디로 달리 갈 필요가 없다는 것이다. 또 한마디도 하지 않았는데 불법은 이미 설해져 있다. 왜인가. 천지개벽 이전부터 흰 것은 희고 검은 것은 검고, 없는 것은 없고 있는 것은 있음이 명백하게 드러나 있기 때문이다. 그렇지만 이것은 어디까지나 강석講釋을 통해 아는 것일 뿐이다.

"설사 한 수 한 수 기선을 제압해도, 다시 모름지기 향상의 구멍[竅]이 있음을 알아야 한다."

강석을 통해 아는 불법을 직접 철견하여 깨달으라는 뜻이다. 깨달음의 길을 바둑의 용어를 빌어 설명했다. 그러나 설사 깨달았다고 해도, 계속 투철하게 정진을 지속하여 '열반문'에 들지 않으면 안 된다고 촉구한다. 두 노장의 기봉機鋒을 넘어선 역량이 있다고 해도, 거기 안주하지 말고 그 위에 다시 향상의 구멍이 있음을 알아야 한다는 것이다. 이 구멍은 고금을 관통하고 동서를 꿰뚫는 구멍이다. 바로 '일로열반문', 즉 열반문으로의 '일로'이다. 정진 또 정진하여 향상의 구멍을 환하게 견득해야 한다는 것이 이 공안의 요지이다.

후서後序

위의 48칙 공안에 나오는 부처나 조사들의 말과 행동은 마치 조문條文에 의해 판정을 내리는 것 같아, 일언 일구도 쓸데없는 것이 없다. 그것은 모두 학인의 생각을 확 바뀌게 하여 눈알이 튀어나오도록 하기 위해서이며, 여러분들이 직접 진리를 깨치고 절대 타인으로부터 그것을 얻으려 하지 않도록 하기 위해서이다. 만약 모든 것에 통달한 사람이라면, 극히 일부분을 읽는 것을 듣기만 해도 바로 48칙의 진의를 알 것이다. 그런 사람에게는 깨달음에 들어가야 할 문도 없고, 올라가야 할 수행의 단계라는 것도 없다. 큰 팔을 흔들고 유유히 관문을 통과하고, 관문을 지키는 관리에게는 눈길도 주지 않는다.

현사가 말하는 것을 보지 못했는가. "무문無門이야말로 해탈의 문이고, 무의無意야말로 달인의 참된 뜻이다." 또 백운 선사가 말하였다.

"환히 도를 알면서 다만 이것만은 어째서 뚫지 못하는가."

이러한 이야기는 붉은 흙에 우유를 칠하는 것과 같다. 만약 무문관을 투득하면 이 무문을 얕보게 될 것이고, 만약 무문관을 투득하지 못하면 또한 자신을 배반하는 것이 된다. 이른바 열반의 마음은 밝히기 쉽지만, 만법의 차별의 지혜를 밝히는 것은 어렵다. 열반심에서 나온 참된 차별의 지혜를 밝힐 수 있다면, 집안과 나라는 자연히 평안하게 될 것이다.

소정 개원(1228) 해제 5일 전, 양기楊岐의 제8대 법손 비구 무문 혜개 삼가 쓰다.

《무문관》 책을 마침.

후서
後序

종상불조수시기연 거흠결안 초무잉어 게번뇌개 노출안정
從上佛祖垂示機緣[1] 據款結案[2] 初無剩語。揭飜腦蓋 露出眼睛[3]。
긍요제인직하승당 부종타멱 약시통방상사 재문거착 변지락
肯要諸人直下承當 不從他覓。若是通方上士 纔聞擧著 便知落

---

1 종상불조수시기연從上佛祖垂示機緣: 《무문관》 48칙에서 거론한 제불 조사들이 깨달음에 이르게 된 말이나 행동으로 보인 이야기.

2 거흠결안據款結案: '흠'은 법률의 조문條文, '안'은 재판의 판결문. 확실히 결정되어 조금도 바꿀 수 없다는 뜻.

3 게번뇌개 노출안정揭飜腦蓋 露出眼睛: 소위 《무문관》은 학인의 생각을 확 바뀌게 하고 눈알이 튀어나오게 한다는 뜻.

처 요무문호가입 역무계급가승 도비도관불문관리 기불견
處[4]。了無門戶可入 亦無階級加升。掉臂度關不問關吏[5]。豈不見
현사도 무문해탈지문 무의도인지의 우백운도 명명지도
玄沙道 無門解脫之門 無意道人之意。又白雲道 明明知道
지시자개 위심마투불과 임마설화 야시적토차우내
只是者箇 爲甚麽透不過。恁麽說話 也是赤土搽牛嬭[6]。
약투득무문관 조시둔치 무문 약투부득무문관 역내고부자기
若透得無門關 早是鈍置[7]無門。若透不得無門關 亦乃辜負自己。
소위열반심역효 차별지난명 명득차별지 가국자안녕
所謂涅槃心易曉 差別智難明。明得差別智 家國自安寧。

시소정개원 해제전오일 양기 팔세손 무문혜개 근식
時紹定改元[8] 解制前五日[9] 楊岐[10]八世孫 無門慧開 勤識。

무문관 권종
無門關 卷終

---

4 낙처落處: 결론. 귀결.

5 도비도관 불문관리掉臂度關 不問關吏: 이 구절은 한 번에 《무문관》의 난관을 돌파한다는 의미.

6 우내牛嬭: 우유.

7 둔치鈍置: 상대를 업신여기는 것.

8 소정 개원紹定改元: 이종 황제의 시대(1228), 이때 무문 혜개는 46세였다.

9 해제解制: 안거가 끝나는 것을 해제라 하고, 안거를 시작하는 것은 결제結制라고 한다.

10 양기楊岐: 양기 방회楊岐方會(992-1049) 선사를 가리킴.

선잠禪箴[1]

법규나 척도에 따라 규칙을 지킨다는 것은, 끈도 없는데 스스로를 동여매는 것과 같다. 종횡으로 걸림 없이 자유분방한 자들은 이단자들이며 악마의 무리이다. 마음을 통일하여 고요하게만 하는 침묵의 선은 잘못된 것이다. 자기 멋대로 객관세계의 연을 잊는 것은 깊은 암흑의 웅덩이에 빠지는 것이다. 모든 것에 언제나 깨어 있어서 조금도 자신을 속이지 않는 자는, 쇠사슬을 차고 자신의 목에 칼을 씌우는 것 같다. '선이다, 악이다'라고 이래저래 생각하면 지옥·천당(상대)의 세계에 빠진다. 부처나 법을 고집하는 것도 이 세상 끝을 둘러싼 이중의 철

---

1 잠箴: 본래는 병을 치료하는 침이라는 뜻. 여기서는 경계하는 말을 뜻함.

위산[二鐵圍山][2] 가운데로 밀고 들어가려는 것과 같다. 망념이 일어날 때마다 이것은 본래 공이라고 자각하려고 한다면, 유령과 장난치는 자밖에 안 된다. 오로지 선정을 닦는 것은 도깨비의 살림살이이다. 선의 길로 나아가려고 하면 법리法理를 잃고, 그렇다고 후퇴하면 선의 종지를 등지고 만다. 나아가지도 물러가지도 않는다면 숨만 쉬고 있는 시체이다. 자, 말해보라. 어떻게 선을 실천하면 좋을까. 노력하여 금생에 모름지기 이 과제를 마쳐야 한다. 영겁토록 과보를 받아서는 안 된다.

선 잠
禪箴

순규수구 무승자박 종횡무애 외도마군 존심징적 묵조사선
循規守矩 無繩自縛[3]。縱橫無碍 外道魔軍。存心澄寂 黙照邪禪[4]。
자의망연 타락심갱 성성불매 대쇄담가 사선사악 지옥천당
恣意忘緣 墮落深坑。惺惺不昧 帶鎖擔枷。思善思惡 地獄天堂。
불견법견 이철위산 염기즉각 농정혼한 올연습정 귀가활계
佛見法見 二鐵圍山。念起卽覺 弄精魂漢。兀然習定 鬼家活計。
진즉미리 퇴즉괴종 부진불퇴 유기사인 차도 여하리천 노력
進則迷理 退則乖宗。不進不退 有氣死人。且道 如何履踐。努力
금생수료각 막교영겁수여앙
今生須了却 莫教永劫受餘殃。

---

2 이철위산二鐵圍山: 인도의 우주론에 의하면 수미산을 중심으로 구산팔해九山八海가 둘러싸고 있는데, 그 가장 바깥쪽 바다를 이중으로 철산이 둘러싸고 있다고 함.

3 무승자박無繩自縛: 끈도 없는데 스스로 단단히 묶는 것. 자승자박과 같은 말.

4 묵조사선黙照邪禪: 간화선을 수행하는 임제종 수행승들이 '지관타좌只管打坐(다만 앉을 뿐)'를 수행하는 조동종의 묵조선을 폄하하는 말.

황룡삼관黃龍[1]三關

내 손은 부처의 손과 비교하여 어떤가,
베개 밑이나 등 뒤를 더듬어보고
생각 없이 크게 웃어버렸다.
원래 있는 나의 전신이 손이었는데.

내 발은 당나귀 발에 비교해서 어떤가,

---

1 황룡 혜남黃龍慧南(1002-1069): 임제종 황룡파의 개조. 석상 초원石霜楚圓에게 사사하고, '조주감파'의 이야기로 대오하고 법을 이었다. 그때부터 행각을 하였고, 만년에 황룡산으로 옮겨 크게 종풍을 거양했다. '황룡삼관'은 언제나 황룡이 참선하는 납자들에게 제시한 세 가지 물음이다. 즉 태어날 때 인연의 소재, 자신의 손과 부처의 손이 닮은 이유, 자신의 다리가 당나귀의 다리와 비슷한 이유 등이다.

아직 발을 들어 내딛지도 않았는데 이미 땅을 밟고 있다.
전 세계를 여기저기 돌아다닐 때는
양기[2]의 '당나귀의 세 다리'로 걸어 다녀야 한다.

사람은 누구라도 태어난 인연이 있고
각각 전생의 작용을 이전의 이전까지 투시하고 있다.
나타 태자는 뼈를 깎아 부친에게 돌려드리고 설법했다고 하는데[3]
어째서 오조는 아버지의 인연이 필요한가.[4]

부처의 손도 당나귀 다리도 태어난 인연도
부처나 도나 선과는 관계가 없다.
《무문관》이 험하다고 납자들에게 깊은 원한을 샀다는데
책망하지 말기를.

서암사에서는 요즈음 무문 화상이

---

2 어느 승이 양기 방회 선사에게 "부처가 무엇입니까?"라고 물으니, 선사가 "다리가 셋인 당나귀가 발꿈치를 희롱하며 간다"라고 말했다고 하여, 양기의 종풍을 '세 다리의 당나귀'라고 칭한다.

3 나타절골환부那吒折骨還父: 《투자어록》에 '나타는 뼈를 깎아 아버지에게 드리고 살을 깎아 어머니에게 돌려드렸다. 나타의 본래신本來身은 무엇인가'라는 말이 있다. 본문의 내용은《오등회원》권2에 나온다.

4 오조기자야연五祖豈藉爺緣: 오조는 홍인 대만弘忍大滿을 말한다. 오조가 이생에 태어난 기연에 관해서는, 전생에 재송도자栽松道者라고 하는 노인이 사조 도신의 불법을 듣고 싶어서 일부러 스스로 죽어서, 한 여인의 태아가 되어 이생에 태어나 오조가 되었다는 고사가 있다. 부모 육친은 단지 현생의 생을 받기 위한 수단에 지나지 않는다는 의미이다.

제창의 자리에 앉아 고금의 공안을 비판하면서
범부다, 성인이다, 하는 것을 모조리 베어버렸지만,
그러나 얼마나 숨어 서려야 (용이 되어) 우레 소리를 떨칠까.

무문 수좌[5]를 특별히 모셔 대중을 위해 강연을 한 기념으로, 이상의 빈약한 게偈로 감사의 뜻을 표하는 바이다.

소정 경인년(1230)의 봄, 무량 종수[6] 쓰다.

황 룡 삼 관
黃龍三關

아 수 하 사 불 수　모 득 침 두 배 후
我手何似佛手　摸得枕頭背後。
불 각 대 소 가 가　원 래 통 신 시 수
不覺大笑呵呵　元來通身是手。

아 각 하 사 려 각　미 거 보 시 답 착
我脚何似驢脚　未舉步時踏著。
일 임 사 해 횡 행　도 과 양 기 삼 각
一任四海橫行　倒跨楊岐三脚。

인 인 유 개 생 연　각 각 투 철 기 선
人人有箇生緣　各各透徹機先。
나 타 절 골 환 부　오 조 기 자 야 연
那吒折骨還父　五祖豈藉爺緣。

5　수좌首座: 선 납자들 가운데 대중을 위해 설법하는 수좌를 '입승수좌'라고 한다. 무문 혜개는 무량 종수가 맞이하여 서암사에서 입승수좌로 있었다.

6　무량 종수無量宗壽(?-?): 오조의 문하로, 대혜 종고의 4세손이며 무문 혜개와는 같은 시대 사람이다.

불 수 려 각 생 연 비 불 비 도 비 선
佛手驢脚生緣 非佛非道非禪。
막 괴 무 문 관 험 결 진 납 자 심 원
莫怪無門關險 結盡衲子深冤。

서 암 근 일 유 무 문 철 향 승 상 판 고 금
瑞巖近日有無門 掇向繩床判古今。
범 성 로 두 구 절 단 기 다 반 칩 기 뢰 음
凡聖路頭俱截斷 幾多蟠蟄起雷音。

청 무 문 수 좌 입 승 산 게 봉 사
請無門首座立僧 山偈奉謝。

소 정 경 인 계 춘 무 량 종 수 서
紹定庚寅季春[7] 無量宗壽書。

---

7 소정경인계춘紹定庚寅季春: 소정 3년(1230)의 봄. 무문이 후서를 쓴 지 2년 후이다.

맹공 발孟珙跋

달마 대사는 인도에서 와서 문자를 쓰지 않고, 다만 '사람의 마음을 직지直指하고, 견성하여 성불한다'라는 것을 가르쳤다. 그러나 직지를 말하는 것은 이미 에두르는 것이고, 성불이라는 말은 매우 낡은 것이 되어버렸다. 본래 문이 없는데 어째서 관문이 있는가. 무문 혜개는 노파심이 넘쳐 오히려 악명이 높아졌다. 무암도 쓸데없이 후기 한마디를 덧붙여 결국 49칙이 되었다. 이 사이에 약간의 잘못이 있다면 크게 전적으로 나에게 책임이 있다.

순우 을사년(1245)의 여름, 재차 간행했다.

검교소보령무군의 절도사, 경호안무제치대사 겸 둔전대사 겸 기로

책응대사 겸 지강릉부한동군개국공 식읍이천일백호, 식실봉륙백호의 맹공[1]이 발문을 쓰다.

맹공발
孟珙跋

달마서래 불집문자 직지인심 견성성불 설개직지 이시우곡
達磨西來 不執文字。直指人心 見性成佛[2]。說箇直指 已是迂曲。
갱언성불 낭당불소 기시무문 인심유관 노파심절 악성유포
更言成佛 郎當不少[3]。既是無門 因甚有關。老婆心切 惡聲流布。
무암욕췌일어 우성사십구칙 기간사자효화 척기미모천취 순
無庵欲贅一語 又成四十九則。其間些子誵訛 剔起眉毛薦取[4]。淳
우을사 하중간
祐乙巳[5]夏重刊。

검교소보령무군절도사 경호안무제치대사 겸둔전대사 겸기로책
檢校少保寧武軍節度使 京湖安撫制置大使 兼屯田大使 兼夔路策

---

1 맹공孟珙: 송나라 사람. 무사 출신으로, 주역과 불학에 통달하여 스스로 무암無庵 거사라고 했다.

2 직지인심直指人心 견성성불見性成佛: 이 말은 지금까지 달마의 말로 전해져 왔지만 전거는 확실하지 않다. 대체로 달마의 저술이라고 보는《오성론悟性論》에 '문자에 집착하지 않음을 해탈이라고 한다'라는 말이 있고,《혈맥론》에 '직지直指'라는 언구가 있어서 후인들이 달마의 말로 본다.

3 낭당불소郎當不少: '낭당'은 늙어빠져서 보기 흉하다는 의미. 매우 낡아 쓸모없게 되었다는 뜻.

4 척기미모천취剔起眉毛薦取: '척기미모'는 눈썹을 치켜뜬다는 뜻.《벽암록》제22칙의 송에도 나온다. '천취'는 적극적으로 맡겠다는 것. 여기서는 '(잘못이 조금이라도 있다면) 모두 나의 책임으로 돌리겠다'라는 의미.

5 순우淳祐 5년(1245)은 무문 혜개가《무문관》을 이종 황제에게 헌상하고 16년째 되는 해이다.

응대사 겸지강릉부한동군개국공 식읍이천일백호 식실봉륙백호
應大使 兼知江陵府漢東郡開國公 食邑二千一百戶 食實封陸佰戶

맹공발
孟珙跋

안만[1] 발 安晩跋

무문 노사는 48칙의 이야기를 모아 고덕의 공안을 판단했다. 이는 마치 유병油餠[2]을 파는 사람이 그것을 사는 사람의 입을 벌려 먹여주고는, 삼키지도 뱉지도 못하게 하는 것과 같다. 그러나 비록 이와 같다고 해도, 안만은 뜨겁게 달군 냄비를 사용하여 다시 유병 한 장을 더 구어,

---

1 안만安晩: 송대 사람 정청지鄭清之이다. 자는 덕원이며 호가 안만이다. 문관이며 정치가였다. 1245년 이종 황제로부터 서호의 호반에 있는 별장을 빌려, 이듬해인 순우 6년(1246) 여름에 이 발문을 썼다. 1251년에 임종했는데, 그때 무문 혜개는 61세였다.

2 유병油餠: 기름을 바른 편편한 떡

대연의 수[大衍之數][3]를 채워 무문 노사의 전례에 따라 세상에 내놓으려고 한다. 그런데 과연 노사가 49칙의 어디서부터 입을 댈지 알 수 없다. 만약 이 유병을 한입에 다 먹을 수 있다면, 하늘에는 광명이 있고 땅은 크게 진동할 것이다. 아직 그렇게 하지 못한다면, 앞의 무문의 48칙까지도 모두 뜨거운 모래로 돼버릴 것이다. 자, 자, 빨리 말해보라.

안만발
安晚跋

무문로선 작사십팔칙어 판단고덕공안 대사매유병인 영매가개
無門老禪 作四十八則語 判斷古德公案。大似賣油餅人 令買家開
구접료 갱탄토부득 연수여시 안만욕취거열로오 상 재타일매
口接了 更呑吐不得。然雖如是 安晚欲就渠熱爐熬[4]上 再打一枚[5]
족성대연지수 각잉전송사 미지로사종하처하아 여 일구끽득
足成大衍之數 却仍前送似。未知老師從何處下牙[6]。如[7]一口喫得
방광동지 약유미야 연견재사십팔개 도성열사거 속도 속도
放光動地。若猶未也[8] 連見在四十八箇 都成熱沙去[9]。速道 速道。

---

3 《주역》의 〈계사전繫辭傳〉에 '대연수[大衍之數]는 50, 그 용用은 49'라는 말이 있다. 여기서 50은 하늘의 수와 땅의 수를 합한 것. 이 천지의 수에서 소위 천지간의 만상萬象이 연출되므로 이를 대연오십이라고 한다. 그런데 용 사십구라고 하는 의미에 대해서는 고래로 여러 가지 설이 많다. 〈계사전〉의 이 말을 인용해서 '《무문관》을 49칙으로 해서…'라고 한 것이다.

4 열로오熱爐熬: 화로에 걸쳐 있는 뜨거운 철 냄비.

5 타일매打一枚: 공안 한 칙을 창작하는 것을 유병 한 장을 만드는 것에 비유한 말.

6 종하처하아從何處下牙: '어디서부터 깨물지'라는 것은, 무문 노사가 49칙 어디서부터 알기 쉽게 잘 설명할까 하는 의미이다.

7 여如: '만약'이라는 뜻.

8 약유미야若猶未也: '오히려 그렇지 못한다면'이라는 뜻. '유병을 한입에 먹을 수 없다고 한다면'의 의미.

9 성열사거成熱沙去: 뜨거운 모래가 되어 사람이 먹을 수 없게 되었다는 뜻.

제49칙어第四十九則語

경[1]에 이르기를, "그만두자, 그만두자. 말해서는 안 된다. 내 법은 미묘하여 사유를 넘어서 있다"라고 했다.

안만은 말한다.

"불법의 진리는 어떤 근원에서 나왔을까? 미묘라는 것은 어디서 생긴 것일까? 그것을 말로 한다면 도대체 어떻게 말해야만 하는 것일까? 어찌 풍간豐干[2]만이 잘 지껄였다고 할 수 있을까. 사실대로 말한다면,

---

1 《법화경》〈방편문〉 제2에 나온다.

2 풍간豐干: 중국 천태산 국청사에서 은둔 생활을 했던 천태 풍간 선사를 가리킨다. 한산·습득과 함께 기이한 행동을 많이 한 것으로 유명하다. 《전등록》 권27에 그의 전기가 있다. 여구윤閭丘胤의 서문 가운데, "풍간은 말을 잘한다"라는 구절이 있다.

석가가 지나치게 많은 말을 한 것은 아닐까? 무문 화상까지도 괴이한 것을 만들어내어, 천백 대의 자손들을 칡과 등나무로 단단히 묶어 머리조차 내밀지 못할 정도이다. 이러한 대단하고 훌륭한 화제들을 받들려고 해도, 숟가락으로 뜰 수도 없고 시루에 찔 수도 없다. 그런데 많은 사람이 이것을 맛있다고 잘못 생각하고 손을 내미는 사람이 있다."

이렇게 말하면, 옆 사람이 "그럼 결국 어떻게 결론을 내리면 좋은가"라고 묻는다. 안만은 열 손가락의 손톱을 모아 합장하고, "그만두자, 그만두자. 그것을 말해서는 안 된다. 내 법은 미묘해서 사유를 넘어서 있다[난사難思]"라고 답했다. 그리고 느닷없이 '난사難思'라는 두 글자를 에워싼 작은 원 모양을 그려 넣고 모두에게 보이며, "대장경 오천 권도, 유마 거사가 침묵으로 답한 불이의 가르침도, 모두 여기에 있다"라고 했다.

경운 지지불수설 아법묘난사 안만왈 법종하래 묘종하유 설
經云 止止不須說。我法妙難思。安晩曰 法從何來 妙從何有。說
시우작마생 기단풍간요설 원시석가다구 저로자조작요괴 영
時又作麽生。豈但豐干饒舌。元是釋迦多口。這老子造作妖怪 令
천백대아손피갈등전도 미득두출 사저반기특화파 시도 불상
千百代兒孫被葛藤纏倒 未得頭出。似這般奇特話靶[3] 匙挑[4]不上
증증 불숙 유다소착인저 방인문운 필경작여하결단 안만합십
甑蒸[5]不熟。有多少錯認底。傍人問云 畢竟作如何結斷。安晩合十
지조왈 지지불수설 아법묘난사 각급거 난사량자상 타개소원
指爪曰 止止不須說。我法妙難思。却急去[6]難思兩字上 打箇小圓
상자 지시중인 대장오천권 유마불이문 총재리허
相子 指示衆人 大藏五千卷 維摩不二門 總在裏許。

---

3 화파話靶: 화제話題, 즉《무문관》의 48칙 화제들을 가리킨다.

4 시도匙挑: 숟가락으로 뜨는 것.

5 증증甑蒸: 시루에 찌는 것.

6 거去: '두고' 또는 '넣고'라는 뜻.

【송】

불을 '등燈'이라고 해도

머리를 저으며 수긍하지 않는다.

도적만이 도적을 알아

묻고 답하는 것이 들어맞는다.

어 화 시 등 도 두 불 응
語火是燈 掉頭弗應
유 적 식 적 일 문 즉 승
惟賊識賊 一問即承[7]

순우 병오년(1246), 여름의 첫 번째 길일, 안만 거사, 서호의 어장에서 쓰다.

순 우 병 오 계 하 초 길 안 만 거 사 서 우 서 호 어 장
淳祐丙午季夏初吉 安晩居士書于西湖漁莊

---

7 유적식적惟賊識賊 일문즉승一問即承: 여기서는 선의 궁극을 모두 아는 사람들끼리는 그 비밀을 서로 안다는 의미.

《무문관》 해제

1. 무문 혜개의 생애

무문 혜개無門慧開(1183-1260) 선사는 남송 시대 항주(절강성) 양저良渚에서 태어났다. 속성은 양 씨, 어머니는 종宗 씨이다. 천룡 굉天龍肱 화상을 스승으로 하여 출가한 뒤, 여러 제방의 선장禪匠들을 차례로 방문했다. 때로는 방장실에 들어가 선문답을 하고 알아차리는 일이 있었지만, 하나도 기연機緣이 맞지 않았다. 그러던 중 '조주구자趙州狗子'의 화제를 참구하며 큰 의심에 봉착하였고, 평강(강소성) 만수사에 있는 월림 사관月林師觀(1143-1217)의 아래로 옮겨 실참實參하게 된다.

월림 사관은 임제종 양기 방회楊岐方會(992-1060)의 7대 법손이다. 그는 14세에 설봉산으로 출가하여 '조주구자'의 공안을 참구했으며, 효주饒州(강서성) 천복사의 대홍 조증大洪祖證에게 가서 다시 입참하여

10년간 수행한 후 결국 인가를 받고 그의 법을 이었다(34세). 오문 성인사, 소주 만수사, 무강 오회사 등 제방의 도량에서 선을 거양했다. 당시 월림은 문풍門風을 크게 떨쳐, 선가에서는 대단히 엄하고 험준한 선으로 회자되었다.

무문은 월림의 도량에서 '조주구자'의 공안을 받아 참구하였지만, 6년이 지나도록 아무런 실마리도 잡지 못하였다. 그래서 더욱 맹렬히 분발하여, 잠을 자지 않기 위해 복도를 거닐고 기둥에 머리를 박기도 했다. 그러던 어느 날, 사시巳時 공양의 북이 울릴 때 그 소리를 듣고 홀연히 활연대오하였다.

청천백일 우레의 소리, 대지의 생명들이 크게 눈뜬다.
삼라만상, 일제히 고개를 숙이고,
수미須彌가 뛰어 올라, 삼대三臺에서 춤춘다.

이렇게 무문은 자신의 투기投機를 게송으로 짓고, 다음날 월림의 방에 들어가 자신의 오경悟境을 게偈로 바쳤다. 월림은 "어느 곳에서 귀신을 보고 도깨비를 보았나"라고 쿡 찌르는 소리만 했다. 한마디로 거절을 당한 것이다. 바로 그 순간 무문이 일갈했다. 곧바로 월림이 일갈로 응수하자, 무문이 또다시 일갈하니 동시에 월림도 일갈했다. 이에 대해 《경덕전등록》에는 '이때부터 기어機語가 딱 들어맞았다'라고 기록되어 있다.

어느 날, 월림이 무문의 심경을 살피기 위해 '운문화타雲門話墮'(《무문관》 제39칙)의 공안을 들어 "이 승은 무엇 때문에 잘못 말했나?"라고 묻자, 무문은 바로 손가락을 세웠다. 월림은 그것으로 무문을 인가했다. 월림의 법을 이은 무문은, 월림이 입적한 이듬해 안길산 보국사의 주지가 된다(1218). 이후 융흥의 천녕사 등 각지에서 머물며 보림保任하고, 마침내 호국 인왕사에 도착해서 법좌를 열었다(1246). 그해 안만安晩(?-1251)이 《무문관》 말미에 발문과 제49칙을 붙이고 3판으로 간행하였다.

조주의 무 자 화두로 6년이라는 고절苦節의 세월을 보낸 무문은 '무無' 자의 체득에 대하여 이렇게 말했다.

"노졸老拙에게 하나의 게偈가 있다. 사람들에게는 보이지 않는다. 굳이 도리를 설하지 않겠다. 만약 확실하여 의심이 조금도 남아 있지 않고 무 자와 하나가 되면 생사의 언덕에서 대자재를 얻으리라. 무무무무무 무무무무무 무무무무무 무무무무무."

무문의 풍격風格에 대해, "선사는 마른 모습이었지만 눈은 형형하여 신령스럽다. 말은 간결하지만 근본에 들어맞는다. 검은 머리는 헝클어지고 남루한 옷을 입었다. 총림에서는 수좌首座의 위치에서 학인을 제접했다"(《증집속전등록增集續傳燈錄》 권2, 《卍續藏經》 142)라고 기록되어 있는 것으로 보면, 그는 대단한 풍채는 아니지만 신비스럽고 고상한 운치가 감도는 품격 있는 도인의 모습이었던 것 같다.

이종 황제는 무문을 불러 선덕전選德殿에서 법요를 설하게 하였고, 어느 때는 가뭄이 들자 청우제를 지내게 했는데 그 순간 세찬 비가 내렸다고 한다. 황제로부터 금란가사와 불안佛眼 선사라는 호를 받았다.

무문은 만년에 호국사에서 학인 접화接化로 일관하다가 물러나 서호西湖 근방의 암자에서 반년여 은거했지만, 참학 납자들이 그를 뵙기 위해 줄지어 찾아왔다고 한다. 1260년 3월 28일, 죽음을 예감한 무문은 친교가 있는 사람들에게 영결을 알렸다. 승상丞相 이제履齊가 시적일示寂日을 묻자, '불佛 생일 전(4월 7일)'이라고 답했다. 4월 초하루에 장인에게 지시하여 탑을 짓게 하였고, 7일 아침에 완성된 탑을 세밀히 살펴보고 스스로 기감어起龕語와 입탑어入塔語를 지었다고 한다.

"허공은 생겨나지 않았고 허공은 멸하지도 않네. 허공을 증득하면 허공과 다를 바 없다"라는 임종게를 남기고 천화했다. 세납 78세였다.

2. 《무문관》의 성립과 사상

《무문관》은 《벽암록》·《종용록》과 함께 중국 선종의 3대 공안집이다.

무문의 자서自序에 따르면, 무문은 1228년 하안거 동안 동가東嘉 용상사에서 학인들을 지도했다. 선을 구하러 입실한 학인에게 고금의 고승전이나 어록에 있는 고칙 공안을 보이고 지도했다고 한다. 안거 기간 중 강설한 내용을 정리하고 나열해보니 48칙이 되었고, 이를 묶어 한 권으로 만들어 《무문관》이라고 이름을 붙였다고 한다. 《무문관》의 초고가 된 셈이다.

이 책의 첫머리에 게재한 표문表文에 따르면, 무문이 《무문관》을 처음 간행한 이듬해, 황제 이종理宗의 탄생일(1229. 1. 5)을 맞아 헌상했다고 한다. 무문은 이때 책 후미에 '선잠禪箴(참선자를 위한 경구警句)'을 붙였는데, 세납 47세 때였다.

1230년 3월, 명주(절강성) 서암사에 머물고 있었던 무량 종수無量宗壽(?-?)가 무문을 서암사에 수좌로 초청하여 《무문관》을 강석하게 했으며, 감사의 뜻으로 '황룡삼관'이라는 문장을 지어 《무문관》 말미에 신도록 하였다. 또 무사 출신 맹공孟珙 무암無庵 거사가 발문跋文을 써서 첨부하여 여름에 재간행했다(1245). 이때는 무문이 후서를 붙이고 이종 황제에게 헌상한 지 16년째이며, 무문의 나이 61세 때였다.

오늘날 유포되고 있는 《무문관》은 그 후에 3판으로 중찬된 것으로, 여기에는 문관이며 정치가인 안만安晚 거사가 서호(항주)의 별장에서 쓴 발문과 제49칙이 책 후미에 추가되어 있다. 이 3판의 간행 시기는 1246년 초여름이었던 것으로 보이지만, 정확히 언제 간행되었는지는 알 수 없다. 또한 《무문관》의 편집자로 되어 있는 '참학 비구 미연종소彌衍宗紹'라는 사람이 누구인지도 분명하지 않다. 일설에는 무문이라고도 하고, 두 사람의 문인의 연서連書가 아닐까 하는 추측도 있다.

무문이 강조한 간화선의 종풍宗風은, 처음 당말·오대에 시작되어 남송 중기에 오조 법연의 문하에서 크게 번성하였다. 그중 대혜는 간화선을 주창하면서, 다른 형태의 수행 선법인 묵조선을 '사선邪禪'이라고 하며 배척했다. 초기의 간화선은 깨달음에 이른 고인古人(선사)의 행위나 언구를 학인에게 보이고, 그 기연機緣의 내용을 깨우쳐 불조佛祖와 같은 심경에 이르도록 하는 것이 목적이었다. 그러나 오조 이후의 간화선은 고인의 화두의 힘을 빌어 일상의 모든 심의식정心意識情을 멸진시키는 것에 공안 참구의 목적을 둔다.

대혜는 조주의 '무 자 공안'을 제시하며, "이 '무' 한 자야말로 수많은 악지악각惡知惡覺을 부술 수 있는 무기이다"(《대혜서》)라고 하였다. 또 무문이 《무문관》 제1칙의 평에서, "참선은 모름지기 조사가 설치해 놓은 관문을 뚫어야 하고, 묘오妙悟는 마음의 길을 궁구하여 끊는 것에 있다. … 조주의 '무' 한 자, 이것이 선종의 제일의 관문이다. … 이 '무'에 집중하여 전신전령으로 수행하면 종전의 악지악각惡知惡覺을 탕진

하고, 오랫동안 순숙純熟하면 자연히 의식과 대상이 한 덩어리가 된다"라고 했듯이, 모두 한목소리로 간화선의 수행법을 피력하고 있다.

무문이 《무문관》에 채택한 공안의 전거는 주로 《경덕전등록》(1004)과 《오등회원》(1253)에서 참고했고, 한편으로는 《벽암록》(1125)에서 네 칙(제3칙, 제14칙, 제15칙, 제32칙)과, 《종용록》(1223)에서 여섯 칙(제1칙, 제3칙, 제7칙, 제14칙, 제26칙, 제31칙)의 공안을 인용하고 있음을 볼 때, 공안집도 주의 깊게 살폈음을 알 수 있다.

《무문관》에서 보여주는 불조佛祖의 기연 가운데 가장 많이 등장하는 인물은 조주 종심이다. 다음이 운문 문언, 남전 보원, 오조 법연 순이다. 이들은 무문의 선 사상에 가장 큰 영향을 미친 선사들이라고 여겨진다. 특히 무문의 '무 자 공안'에 대한 해석은 남전의 선을 토대로 하여 형성되었다고 볼 수 있다.

남전 보원南泉普願(?-834)의 종지는, '이것은 마음이 아니고[不是心], 이것은 부처도 아니고[不是佛], 이것은 중생도 아니다[不是物]' '앎은 도가 아니다[智不是道]'라고 하여, '이것[這箇]'에 대한 일체의 언구를 부정하는 데 있다. 이는 그의 스승 마조 도일이 설했던 '즉심시불'의 진의를 사람들이 오해하고 있다는 데에서 비롯되었다. 즉 당시 사람들은 '심의식정心意識情'이 그대로 부처라고 오인하고 있었기 때문에, 이를 타파하기 위해서였다.

남전은 또 "도는 형태가 없고 상대도 없다. 그러므로 어떠한 견문각지見聞覺知에도 속하지 않는다. 부처라는 이름도 없고 중생이라는 이름도 없을 때 바로 이것이 도이다"라고 했다. 이 '도'는 《무문관》 제19칙 '평상심시도'에 잘 나타나 있다. 이러한 남전의 선지禪旨는 조주에게 그대로 이어졌다.

조주 종심趙州從諗(777-897)은 "도는 다만 눈앞에 있다. 그러나 깨치기 어렵다"라고 하였고, 《신심명》을 인용하여 "지도至道는 어렵지 않다. 다만 간택을 하지 말라"라고 했다. 조주의 선 역시 견문각지에 속하지 않는 무대無對[絶對]의 도를 강조했다. 조주의 선이 송대 간화선 납자들에게 크게 환영받은 것은, 관념적인 이해[知見]와 머리만으로 이해하는 것[解會]을 철저히 부수는 동시에 그의 교묘한 활수단活手段[作略]이 '지도'(깨침)에 절대적으로 탁월한 것이라고 보았기 때문이다. 이러한 연유에서인지 《무문관》에는 조주의 공안이 일곱 칙이나 된다.

《무문관》에는 조주와 관계되는 공안 다음으로 운문의 공안이 많이 다루어지고 있다. 운문에 관한 공안이 다섯 칙, 운문의 제자인 동산 수초洞山守初(910-990)에 관한 공안이 두 칙 나오는데, 이를 미루어 볼 때 무문은 운문의 선에도 큰 관심을 가졌다고 할 수 있을 것이다.

그 외에 무문의 선에 크게 영향을 미쳤던 선사는 오조 법연五祖法演(?-1104)이다. 오조는 북송 말기의 사람이며, 임제계 양기 방회楊岐方會의 3대 법손이다. 그는 사천성에서 태어나 35세에 출가하여 유식唯識, 중관中觀 등을 학습하고, 의문이 풀리지 않아 제방을 편력하다가 백운 수단白雲守端(1025-1072)에게 사사했다. 《무문관》에는 오조와 관계되는 네 칙의 공안이 나오는데, 그중 제35칙 '청녀이혼'과 제38칙 '우과창령'은 오조의 어록과 등사에는 나오지 않는다. 그렇다면 이 공안들의 출처는 어디일까.

무문은 오조의 제자인 원오 극근(《벽암록》의 저자)과는 사승 관계가 다른 계통이다. 무문은 오조의 또 다른 제자인 개복 도영開福道寧의 법계에 속하는데, 이 계통에만 독자적으로 전해지는 화두가 아닐까 하는 것이 학계의 일반적인 추측이다. 더구나 원오의 《벽암록》에도 나오지 않는 고칙이 《무문관》에 있다는 것은, 비전秘傳의 형태로 전해진 공안도 있었다는 추측을 가능케 한다.

《무문관》의 특색은, 무문 혜개의 독자적인 공안집이라는 점이다. 일례로, 《벽암록》은 원오 극근의 저술이라고는 하지만, 골자는 설두 중현의 《설두송고》를 인용했기 때문에 공저라고 볼 수 있는 데 비해, 《무문관》은 무문이 자신의 견식에 따라 공안을 선택하고 각각 자신의 평과 송을 붙였다는 점이다. 《무문관》은 무문 단독의 저술인 셈이다. 또한 《무문관》의 48칙 공안 중, 송원 숭악松源崇嶽(1132-1202)의 '송원삼전어'(제20칙), 월암 선과月庵善果(1079-1152)의 '해중조거'(제8칙), 혹암 사체或庵師體(1108-1179)의 '호자무수'(제3칙) 등, 무문과 동시대 선자들의 최신 공안까지 채용하여 무문의 진취적인 기풍氣風을 볼 수 있어, 당시 다른 공안집과는 달리 참신한 공안집으로 평가를 받았을 것이라고 유추한다.

또 《무문관》의 공안집으로서의 기능적 의의를 인정한 사람이, 무문이 속한 양기파와는 다른 계통인 황룡 혜남黃龍慧南(1002-1069)계의 무량 종수無量宗壽(?-?)였다는 점도 주목할 만하다. 그는 자신의 거처인 명주明州의 서암사瑞巖寺로 무문을 초빙하여 간행 직후의 《무문관》을 강석하게 했으며, 이에 대한 사의謝意를 표명하는 글인 '황룡삼관'을 지어 이 공안집 말미에 붙이고 무문의 견식을 높이 평가했다. 무량은 무문과 계파는 달랐지만, 그의 선법이 훌륭함을 격찬했다. 더구나 "괴이하다 여기지 말라, 《무문관》의 험준함을. 얼마나 숨어서 몸을 서려야 용이 되어 우렛소리를 떨칠까"라고 하여, 당시 기사幾死 상태에 빠져 있는 선계가《무문관》으로 인하여 크게 회생할 수 있기를 기대하기까지 하였다.

다음,《무문관》은《벽암록》이나《종용록》처럼 문학적 작의作意가 강한 공안집이 아니라, 공안의 기능에 충실한 진솔한 공안집이라는 점이다. 내용이 단순하면서 명쾌한 이 공안집은 수행자가 가슴에 품고 좌선에 힘쓸 수 있도록 유도하고 이끌어, 남송대 간화선이 크게 유행하게 된 것도 이 어록의 영향이라고 볼 수 있다.

끝으로,《무문관》의 가장 큰 특징은, '무' 한 자가 48칙 모두를 꿰뚫는 모티브로 작동하도록 구성되어 있다는 점이다. 무문은, 서두에서 "이 '무' 자가 종문宗門 제일의 관문이 되므로 '선종무문관'이라고 한다"라고 제창한 것처럼, 오조로부터 이어지는 간화 선법의 전통을 더욱 명료하게 했으며, '수많은 악지악각을 부수고 꺾는 무기'로서, 선납자들에게 '무' 자 공안의 유용성을 강력히 주장했다.

북송 말, 남송 시대에 걸쳐 간화선이 정통 선으로 천하를 덮은 것은 양기파 선장들의 활약도 있었지만, 그 결실은《무문관》이라는 공안집이 세상에 출간되면서 비롯되었다고 볼 수 있다. 이 공안집은 인간의 절대적 해탈을 목적으로 두고, 이를 위해 '무' 자 공안의 절대성과 유효성을 48칙의 공안을 들어 예시例示하고 있다. '절대 선禪'에 전생애를 건 납자들에게는《무문관》은 더할 나위 없이 훌륭한 교재가 되었다. 무문이 떠난 후 800년이 지난 현재까지도 선을 닦는 납자들이 '무' 자 화두로 '향상일로向上一路'하는 것을 보면, 무문의 '무' 자 공안의 영향이 얼마나 지대하였는지 가히 살필 수 있다.

역자 후기

필자가 처음《무문관》을 접한 것은 약 30년 전(1994) 일이다. 동국대학교 불교학부에서 강의하면서, 학생들에게 선어록을 실천적, 학문적, 역사적으로 이해시키고자 하는 목적으로 '선어록의 이해'라는 강좌를 열었다. 강의에 맞는 적절한 교재를 좀처럼 찾을 수 없었다. 어록을 학문적으로만 강설한 자료집이나 제방에서 법문용으로 만든 불과 몇 페이지밖에 안 되는 인쇄물 정도만 있을 뿐이었다. 필자는 그것을 모아 그런대로 작은 강의록을 만들었다. 그러던 중《선종어록 한문 읽는 방법(禅宗語録漢文の読み方)》(秋月龍珉·秋月眞人 共著, 春秋社, 東京: 1993)이라는 책이 일본에서 출판되었다는 것을 알고 곧바로 주문해서 읽었다. 내용은《무문관》을 교재로 삼아 한문을 문법적으로 설명하면서 해설해놓은 것이다. 강의를 위한 좋은 교재가 될 것 같아 번역을 시작하고, 마침내

《선어록 읽는 방법》(운주사, 1996)이란 이름으로 출판까지 하게 되었다. 이렇게 해서 《무문관》을 읽는 인연이 되었지만, 당시 선사의 선이 눈에 쏙 들어오지는 못했던 것 같다.

그리고 20여 년 후, 다시 《무문관》을 접할 기회가 있었다. 대학원 강의시간에 학생들이 화두를 들고 좌선을 할 때 참고가 될 만한 교재를 읽었으면 좋겠다고 해서 《무문관》을 선택한 것이다. 화두를 들고 참구해 들어가는 데는 무문 선사의 공안집이 가장 유효한 도구라고 보았기 때문이다. 당시 대학원의 강좌는 한 학기로 정해져 있어서 아쉽게도 48칙 중, 절반도 안 되게 읽었던 것 같다. 그때 함께 공부했던 대학원생 중 몇 명은 나중에 《종용록》과 《벽암록》을 역해하는 데 동참했고, 훌륭한 조력자가 되어주기도 했다.

이번에 다시 《무문관》을 손에 들었다. 송대의 3대 공안집 중 다른 두 공안집은 이미 출판되었으니, 마지막 남은 이 책을 역해한다면 나름대로 구색이 갖추어질 것 같다는 생각에서다. 한편으로는 또 다른 이유도 있었다. 《종용록》《벽암록》과는 달리 무문 선사 단독으로 저술한 이 책에는, 본칙에 대한 무문 선사의 독창적인 이해방식과 납자를 향해 수행을 책려策勵하는 방법이 제창으로 나타나 있고, 또한 송을 통해 본칙 공안을 정리하여 다시 보여주므로, 예전에 막연히 스쳐 지나간 선사의 죽비 소리를, 이번에는 제대로 듣고 간파해볼 욕심이 내면에서 일어났기 때문이다.

그러나 필자의 비천한 학문 탓인지 선사의 말씀이 완전히 눈에 들어오지 않았다. 제창에서, 본칙의 내용을 벗어나 공안에 대한 선사 자신의 문제를 제기하고, 납자에게 답해보라고 다그치는 대목에서는 특히 알기 어려웠다.

실은 선뜻《무문관》역해에 착수하게 된 것은, 다른 공안집보다 반도 안 되는 칙 수(48칙)로 양도 적고, 겉으로 보기에 내용 구성이 간단해 보였기 때문이었다. 더구나 이미 다른 공안집을 역해해본 경험이 있어 쉽게 넘어갈 줄 알았다. 그런데 그게 아니었다. 험악한 산세와 같이 칙을 거듭할수록《무문관》의 내용은 더없이 낯설었다. 이유가 무엇일까.

선가에는 '고경조심古鏡照心으로 조사어록[祖錄]을 읽어야 한다'는 말이 있다. 공안을 투견透見한 체험을 조록이라는 거울에 비추어 보고 자신의 공부를 판단한다는 의미이다. 학문과 실참·실수, 이 두 가지를 겸비하여 조록을 읽는 것이 최상의 독해讀解 방법인데, 필자는 그렇지 못했다. 말하자면 지견해회知見解會로만 읽어나가니, 곳곳에서 은산철벽을 만난 것이다.

그러나 다행히《무문관》의 본칙 중에는 다른 공안집에서 이미 역해를 통해 고심해본 내용도 더러 있어서, 심도 있게 살피는 데 도움이 되었다. 더불어 이미 해설해놓은 기존의 책들과, 중국 당·송대의 선어와 어휘의 사전이 있어서, 이를 참고해 가며 무문 선사가 풀어 놓은 가시덤불을 헤쳐나갈 수 있었다.

남송대에《무문관》의 '무' 자 화두는 견성오도를 향해 좌선에 힘쓰는 납자들에게 주장자가 되었고, 수백 년이 지난 오늘날에도 선방 도량에서는 공안의 정통으로 여겨져 신중히 상속되고 있다. 이는 임제가의 무문 선사의 기풍氣風이 아직도 세상에 떨치고 있다는 증거이기도 하다.

나아가 근대 동서양의 지식인들이 '무' 한 자에서 형이상학적 의미를 발견하고, 이것에 의해 '절대 무'의 철학 체계를 형성하고 세계 사상사에서 미증유의 지평을 넓힌 것은《무문관》이 가진 사상적 보편성이 보였기 때문이라고 본다. 선학을 하든 실참·실수를 하든, '본분사'를 참구하는 수행자라면 반드시 이《무문관》을 열람해볼 것이라고 생각한다. 선의 정수精髓가 담긴 공안집이기 때문이다.

이 책이 공안을 참구하는 세간, 출세간의 수행자들에게 석교石橋의 역할이 된다면 더없이 보람된 일이 아닐 수 없다.《무문관》의 역해에 도움을 주신 전무규 씨와 김영사 편집실에 감사드리며, 세 번째 공안집의 간행을 맡아주신 김영사 대표님에게 지면을 통해 깊은 사의謝意를 표한다.

경운실耕雲室에서 혜원慧源 씀.

부록

부록 1

《무문관》에 등장하는 불조 법계도

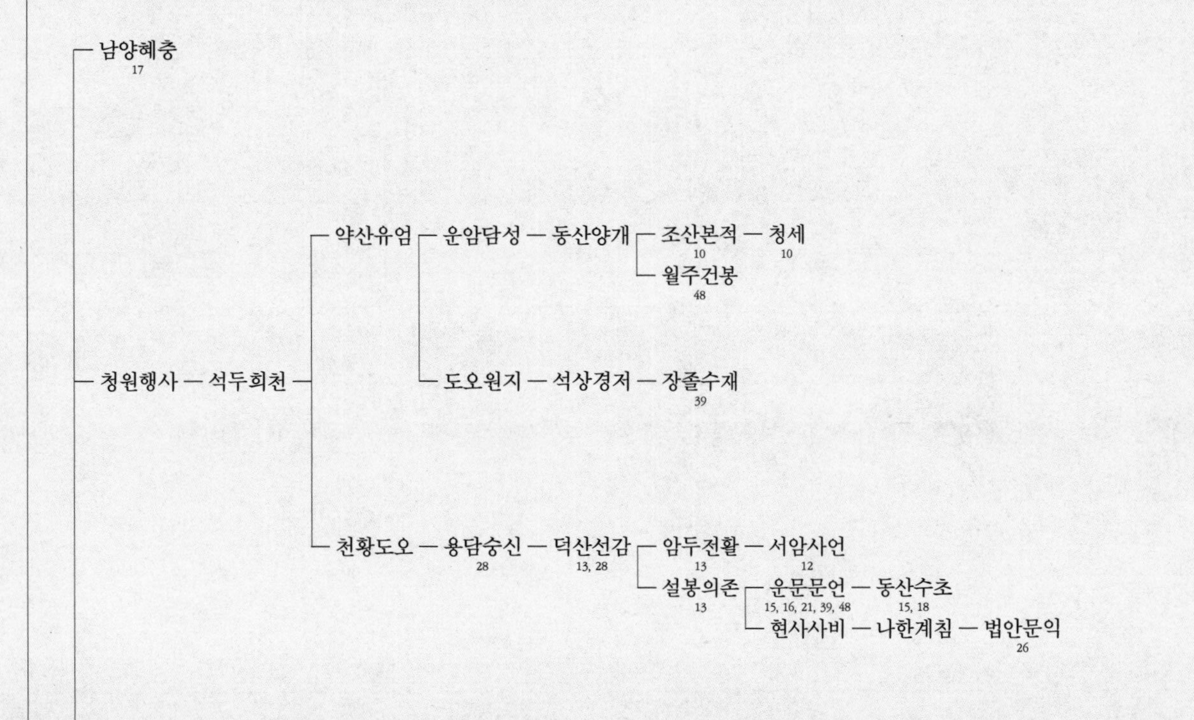

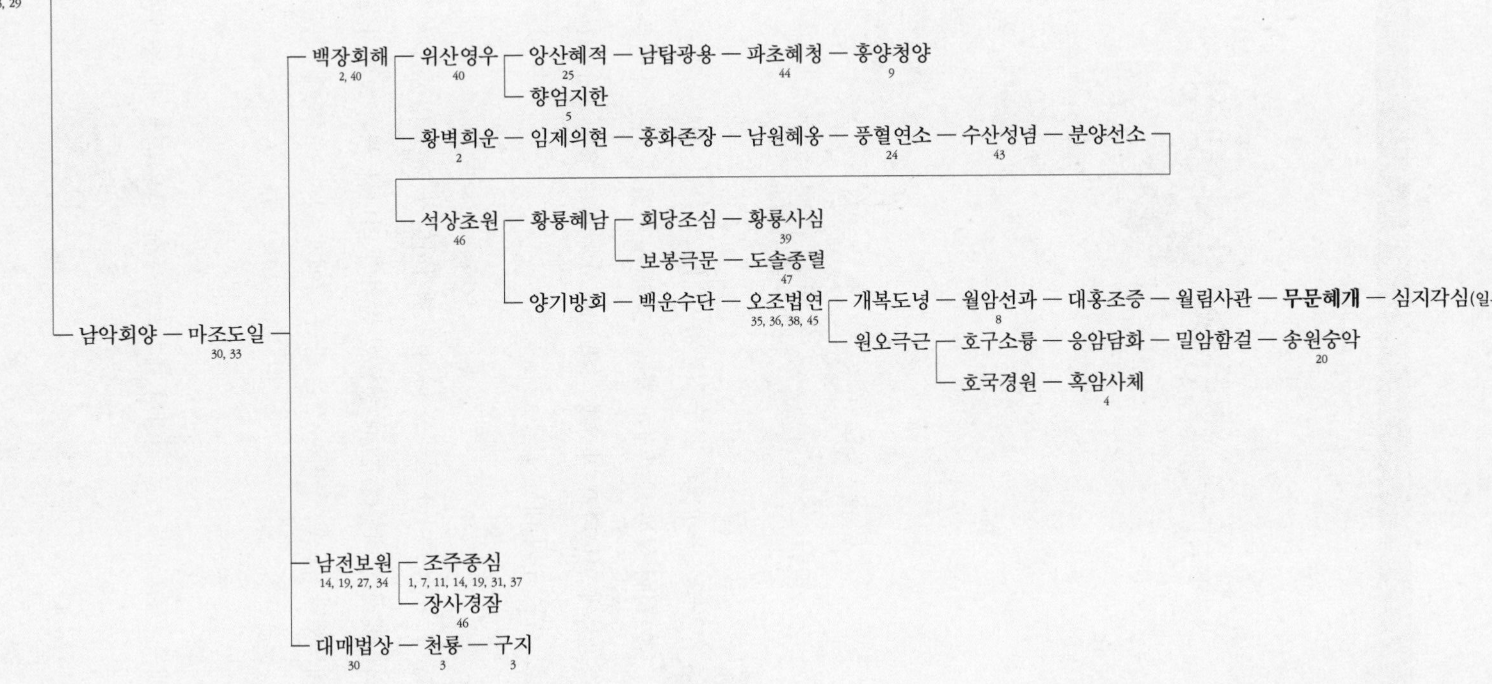

※ 선사 이름 아래의 숫자는 본문 중 선사가 등장하는 해당 칙을 가리킴.

부록2

《무문관》 등장 선사 행장

경청 도부鏡淸道怤 864-937 온주(절강성) 영가永嘉 출신. 속성은 진陳 씨. 어려서 출가하여 설봉 의존에게 참례하고 법을 이었다. 나중에 월주(절강성) 경청사에 머물다가 칙소에 의해 천룡사와 항주 용책사에 머물렀다. 사호賜號는 순덕 대사.

구지俱胝 ?-?(당대) 여러 지역을 다니며 행각하다가 대매 법상의 제자 천룡 화상에게 참례했다. 그때 천룡이 손가락 하나를 세워 보이자 홀연히 대오했다. 그 후, 구지는 선을 묻는 자에게 일지一指를 세우는 것으로 답했다.

남양 혜충南陽慧忠 ?-775 절강성 제기諸暨 출신. 성은 염冉 씨. 출생연

도는 알 수 없지만 130여 세 살았다고 한다. 육조 혜능의 법을 이었다. 혜능 입적 후 오령五嶺과 광동성·절강성 등의 명산을 두루 행각하였고, 남양의 백애산 당자곡党子谷에서 40여 년 좌선했다. 당시 당 황제 숙종은 칙령을 내려(762) 혜충을 수도로 오게 하여, 스스로 제자의 예를 갖추고 국사라고 호칭했다. 숙종이 죽고 대종代宗이 집권한 후에도 혜충은 16년간 응기설법 했다. 각지의 납자들이 다투어 국사를 참방했는데, 그중에 남전 보원, 마곡 보철 등도 있었다. 국사는 천자에게 청하여 경관이 빼어난 무당산武當山에 연창사를, 당자곡에 장수사를 개창했다. 무당산은, 향엄이 위산 영우의 '부모미생전 본래면목'에 대한 질문에 답하지 못하다가 이 산에 들어가 국사의 묘 앞에 초암을 짓고 좌선 단련하던 어느 날, 돌멩이가 대나무에 부딪히는 소리에 깨친 곳이다. 국사는 여기서 모든 경을 섭렵하였고, 경전을 가벼이 여기는 당시의 선종을 비판했다. 그의 어록은 현존하지 않지만, 설법 기록이《조당집》과《경덕전등록》에 있다.

남전 보원南泉普願 748-834 하남성 정주鄭州 신정新鄭 출신. 성은 왕王씨. 마조의 법을 이었으며 백장, 서당과 사형사제 간이고 방온龐蘊 거사와 동문이다. 10세 때 부모의 허락을 받아 출가했다. 처음에 율을 배우고《능가경》,《화엄경》, 삼론학 등을 공부했으나, 진리는 교리에 있지 않다고 단정하고 바로 강서성 마조 도량 개원사로 갔다. 그때가 30세였다. 마조는 "불교의 경전은 서당의 손에 들어갔고 조사의 선은 백장의 손에 있고 보원만이 홀로 이 모든 것을 벗어났다"라고 보원의 도를 평했다. 문하에 조주가 있다. 남전의 '남전참묘南泉斬猫' 공안은《벽암록》뿐 아니라《종용록》《무문관》에도 들어 있다.

단하 천연丹霞天然 739–824 어려서 유학을 배우고 과거에 응시하려고 장안으로 가는 도중, 어느 선객으로부터 선관選官보다는 선불選佛이 낫지 않겠는가 하는 말을 듣고 곧바로 마조 도일을 만났다. 이후 석두 희천을 참방하여 공양간에서 3년을 지내고, 다시 마조에게 돌아가 참례도 하지 않고 당에 들어가 성승聖僧의 목에 올라타 앉았다. 마조가 당에 들어와 그를 보고 "내 아들 천연"이라고 하자 바로 내려와 예배하고 '스승께서 법호를 내려주시면 감사하겠습니다'라고 했다고 한다. 이로부터 천연이라고 했다. 일설에는 대중이 모두 운력을 하고 있는데, 단하만이 물을 떠다가 석두 앞에서 호궤胡跪하고 머리를 깍아달라고 했다고 한다. 석두가 그를 삭발하고 계법을 설할 때 단하는 귀를 막고 나가버렸다고 하는 고사[단하엄이丹霞掩耳]가 있다. 동경(하남성) 혜림사에서 추운 겨울날 목불을 태워 방을 데웠다는 유명한 기행奇行이 있으며, 이는 '단하소목불丹霞燒木佛'이라는 공안이 되었다. 후에 남양(하남성) 단하산에 암자를 짓고 머물자, 수행자 300여 명이 몰려 대원大院이 되어 크게 선풍을 거양했다. 입적 후 지통智通 선사라는 시호를 받았다.

덕산 선감德山宣鑑 782–865 사천성 검남劍南 출신. 성은 주周 씨. 어려서 출가하여 율장과 여러 경론을 배웠다. 후에 용담 숭신의 법을 계승했다. 위산 영우 등에게 참문한 후 호남성 무릉의 덕산에 주석했다. 그의 문하에서 설봉 의존과 암두 전활 등이 나왔다.

도솔 종열兜率從悅 1044–1091 강서성 남도南都 출신. 소년 시절에 출가하여 처음 대·소승의 경론을 배웠다. 선 수행에 뜻을 품고 제방의 명사名師를 찾아다니며 행각했다. 결국 보봉 극문寶峰克文(1025-1102, 眞淨克文이라고도 함) 선사의 법을 이었다. 나중에 강서성 북부의 도솔사로 옮겨 교화 활동을 시작했다. 세납 48세 때 입적했다.

동산 수초洞山守初 910-990 협서성 출신. 속성은 부傅 씨. 16세 협서성 공동산崆峒山 지심志諗에게 득도하고 사리舍利 율사 정원淨圓에게 구족계를 받았다. 처음에는 율을 배우고 후에 운문 문언에게 참문하여 법을 잇고, 대중의 청에 응하여 강서성 동산洞山에 머문다(948). 종혜宗慧 대사라는 휘호를 받았다. '마삼근'이라는 유명한 공안이 있다.

동산 양개洞山良价 807-869 절강성 회계會稽 출신. 성은 유兪 씨. 남전 보원과 위산 영우 등에게 참문하였고, 운암 담성의 법을 이었다. 이후 강서성 예장豫章에서 종풍을 드날렸다. 859년에 신풍산新豊山에서 지내다가 후에 강서성 동산洞山의 보리원普利院으로 옮겨 종풍 선양에 힘썼는데, 동산이라는 호가 이때 붙여졌다. 문하에 조산 본적, 운거 도응, 소산 광인 등 제자가 언제나 수백 명에 이르렀고, 그의 교단은 조동종으로 대성하였다.

마조 도일馬祖道一 709-788 사천성 한주漢州 출신. 성이 마 씨이므로 마조, 마 대사로 존칭. 처음 처적(648-734) 아래서 출가했고, 나중에 남악 회양의 문하에서 10년 수행 후 법을 얻었다. 복건성·강서성에 머물다가 769년 강서성 홍주洪州 개원사로 와서 지냈다. 그의 법석은 번성하여 선지식이 117명이나 나왔으며, 그의 교단을 홍주종이라고 했다. '평상심이 도', '이대로의 마음이 바로 부처', '도는 닦아서 얻어지는 것이 아니다'라는 명언을 남겼다.

마하가섭摩訶迦葉 ?-? 석존의 십대제자 중 제일인자로, 당시 인도의 사성계급 중 바라문 계급에 속했다. 가섭이 세상에 태어날 때 금광이 방안에 가득하였고, 그 빛이 존자의 입으로 들어갔다고 하여 가섭이라는 이름을 지었다고 한다. 이름의 뜻은 '음광飮光'이다. 가섭은 인도에서 제일가는 부자였으며 석존보다 연상이다. 더구나 바라문교의 장로로서 많은 제자를 거느리고 있었다. 석존이 정각을 성취하고 바라문교와는 다른 가르침을 설하는 것을 듣고, 처음에는 반대했다가 나중에 결국 석존에게 귀의하였다. 가섭은 석존의 제자가 된 후 두타행을 깊이 닦았다. 언제나 비루한 법의를 걸쳤고 너무나 야위어 다른 제자들은 가섭을 경멸하기까지 했다. 석존은 설법할 때마다 자리 반쪽을 가섭에게 내주고 앉도록 하여, '정법안장'이 가섭에게 이어졌음을 시사했다.

무문 혜개無門慧開 1183-1260 임제종. 호는 무문. 항주(절강성) 전당錢塘 출신. 속성은 양 씨. 천령 굉에게 참례하여 출가하고, 나중에 여러 선사에게 차례로 가르침을 받았다. 평강부平江府(강소성) 만수사의 월림 사관月林師觀에게 나아가 6년간 수행하고 그의 법을 이었다. 1218년 안길산 보국사에서 세상으로 나와 강서성 천령사·황룡사·귀암사, 진강부(강소성) 초산焦山의 보제사, 평강부 개원사, 건강부의 보령사에 머물렀고, 1246년 호국 인왕사로 들어갔다. 그 사이《무문관》한 권을 저술하였다. 이종理宗에게 법요를 설하고, 기우제를 지내 비를 내리게 한 공으로 금란법의와 불안佛眼 선사의 호를 받았다. 1260년 4월 시적示寂. 세납 78세.

백장 회해百丈懷海 749-814 복건성 장락長樂 출신. 어려서 모친을 따라 절에 갔을 때 불상을 가리키며 "저분은 누군가요?"라고 물었다. "부처님이시다." "앉아 있는 모습이 사람과 같으니, 나도 저분같이 될지도 모르겠네요" 하며 기뻐했다고 한다. 출가 이후 대승불교를 깊게 공부하고 대장경을 정독했다. 마조 문하에 들어간 것은 21세였다. 그의 '일일부작일일불식日日不作日日不食'에는 선농일치의 수선 정신이 잘 나타나 있고, 또한 그가 제정한 〈청규淸規〉를 통하여 선종 사원 특유의 생활양식이 처음으로 보급되었다.

법안 문익法眼文益 885-958 절강성 여항餘杭 출신. 속성은 노魯 씨. 7세에 출가하여 당대의 율사인 희각希覺 율사의 문하에서 율을 익혔고, 나한 계침의 법을 계승했다. 남당南唐의 원종 황제에게 초청되어 강소성 금릉의 청량원에 머물며 포교했다. 그의 문손들은 나중에 법안종으로 불렸다. 저술로는 5가家 개념의 기원이 된《종문십규론宗門十規論》이 있다.

보리달마菩提達摩 ?-?(남북조) 중국 선종의 초조.《속고승전》(7세기 중엽)에 의하면 남천축국의 바라문으로 태어났다고 하고,《약변대승입도사행》의 담림의 서문에는 남천축의 대바라문국 왕의 셋째 아들로 기록하고 있다. 보리달마는 중국 남쪽으로 와서 북위로 건너가 각 지역에서 사람들을 교화했다. 그 가운데서도 도육과 혜가라는 두 승려가 열심히 따라 배워, 안심법의 벽관壁觀과 일상의 실천을 위한 네 가지 법의 가르침을 받았다고 한다. 그러나 달마의 선정 지도는 경전의 문구에 근거하지 않았기 때문에 강한 비판을 받기도 했다. 달마 전기의 성립 과정에 대한 개요는 북종계 등사燈史인《능가사자기》《전법보기》에 있고, 하택 신회(684-758)와 그 문하에 의해 서천 28조설이 등장한다. 마조 도일의 홍주종 계통의《보림전》(801)에서는 서천 28조설이 통설로 완성되었다. 이와 함께 달마와 양 무제와의 문답, 중국 도래와 천화遷化, 전의傳衣설 등이 덧붙여진다. 달마의 저술로는《이입사행론二入四行論》이 있다. 달마는《유마경》《능가경》을 중시하고 반야와 유심唯心의 실천에 노력하였으며, 스스로의 존재를 자각시키는 새로운 교화법을 사용했다.

서암 사언瑞巖師彦 ?-?(당말) 복건성 출신. 성은 허 씨. 어릴 때 출가하여 계를 엄격히 지켰으며 암두 전활의 법을 이었다.

석상 경저石霜慶諸 807-888 도오 원지道吾圓智의 법을 이었다. 석상산에 머물던 20년 동안 오직 좌선에 몰두하여, 그 모습이 마치 나무가 꺾인 그루터기 같다 하여 고목상枯木象이라 불렸다. 많은 제자를 길러내었으며, 그의 제자 중에는 신라 사굴산문 범일의 제자인 행적行寂(832-916)과 흠충欽忠, 법허法虛 등 신라 출신 승려들이 있었다.

설두 중현雪竇重顯 980-1053 사천성 수주遂州 출신. 성은 이李 씨. 어려서 출가하여 향림 징원의 제자인 지문 광조의 법을 이었다. 절강성 영파의 설두산에 머물며 종풍을 드날려 '운문종'의 중흥자라고 한다. 낭야 혜각과 같은 시기에 활약하여 그들을 '두 감로문'이라고 하였다. 그의 송고 100칙은 유명한데, 후에 원오 극근이 여기에 제창하여《벽암록》(1125)을 저술했다.

수산 성념首山省念 926-993 산동성 내주萊州 출신. 속성은 적狄 씨. 임제 의현의 5대 법손이다. 《법화경》에 정통했으므로 '염법화念法華'라고도 했다. 여주汝州의 풍혈 연소風穴延沼에게 참례하고 법을 이었다.

승조僧肇 384-414 처음 노장老壯의 가르침을 공부하다가 《유마경》을 읽고 발심, 출가했다. 구마라집의 4대 제자 중 한 사람으로, 경론 정리 작업을 도왔다. 구마라집에게 배운 반야중관 사상을 기초로 하여 새로운 반야공의 의미를 드러낸 《조론肇論》의 저자로 유명하다.

암두 전활巖頭全豁 828-887 복건성 남안 출신. 성은 가柯 씨. 설봉 의존, 흠산 문수와 함께 수행하였고, 앙산 혜적에게 참례한 후 다시 덕산 선감에게서 법을 이었다. 나중에 동정호에 있는 와룡산臥龍山 암두巖頭에서 종풍宗風을 크게 날려 암두 전활로 불렸다. 광계光啓 3년 4월 도적 떼가 일어나 칼날을 들이댔지만 태연자약하게 큰 소리로 '할喝!' 하고 입적했다. 이때 '할' 소리가 수십 리까지 들렸다고 한다.

앙산 혜적仰山慧寂 814-890 소주(광동성) 출신. 성은 엽葉 씨. 15세에 출가의 뜻을 품었지만, 부모가 반대했다. 17세에 두 손가락을 잘라 정법 구하기를 서원하며 남화사의 통通 선사에게 참례, 사미가 되었다. 율장을 배우고 후에 암두와 석실을 참례했다. 탐원 응진耽源應眞으로부터 원상圓相의 뜻을 깨치고, 나아가 위산 영우에게 사사하기를 15년, 결국 위산의 법을 이었다. 강서성의 앙산에 머물며 선풍을 고취했고, '소석가' '동토석가'라 불렸다. 시호諡號는 지통智通 대사이다. '위앙종'은 위산 영우와 앙산 혜적의 머리글을 취해 종명宗名으로 한 것이다.

약산 유엄藥山惟儼 745-828 강주絳州 출신. 17세에 출가하여 석두 희천의 법을 이었다. '불사량不思量을 사량하는 것이 비사량非思量'이라는 그의 공안은 유명하다. 선사가 약산에 올라 야정夜靜 정진을 하고 있을 때 앞산에서 둥근 달이 환하게 떠오르는 것을 보고 크게 웃었는데, 그 웃음소리에 산 아래 동네 사람들이 놀라 모두 뛰쳐나왔다는 일화가 있다. 시인 백거이의 선 생활에 크게 영향을 주었다.

오조 법연五祖法演 ?-1104 임제종 양기파. 금주錦州(호남성) 출신. 속성은 등鄧 씨. 35세에 출가하여 구족계를 받음. 성도成都로 가서 유식을 배우고 남방으로 가서 원조 종본圓照宗本에 참례했다. 다음에 부산 법원浮山法遠을 뵙고, 나중에 백운 수단白雲守端의 제시提撕를 받고 법을 이었다. 만년에 기주(호북성) 오조산에서 양기 방회 아래의 종풍을 거양하고, 원오 극근·태평 혜근·불안 청원·개복 도녕·대수 원정 등 많은 용상을 배출했다. 세수 80세에 시적示寂.

용담 숭신龍潭崇信 ?-?(당대) 청원 행사 문하의 천황 도오天皇道悟 아래로 출가하여 현지玄旨를 깨달았다. 나중에 풍주(호남성) 용담에 이르러 초암을 지었다. 문하에 덕산 선감이 있다.

운문 문언雲門文偃 864-949 절강성 가흥嘉興 출신. 성은 장張 씨. 어려서 출가하여 설봉 의존의 법을 이었다. 여러 곳을 두루 편력하였고, 소주의 영수선원에서 지내다 운문산으로 옮겼는데, 천여 명의 수행승이 모여들었다고 한다. 후일 운문종이라는 일파가 형성되어 당·오대 말에서 북송에 걸쳐 그 가풍이 크게 번성했다. 그의 가풍은 '일자관一字

關' '호떡' 등, 언구를 종횡으로 구사하여 긴요한 뜻을 제시하는 특색이 있다.

원오 극근圓悟克勤 1063-1135 팽주(사천성) 숭녕현 출신. 속성은 낙駱 씨. 송대 임제종 양기파 선사로, 《벽암록》을 평창하였다. 자는 무착, 사호賜號는 원오 선사, 불과 선사, 시호諡號는 진각 선사. 어려서 출가하고 성도의 문조文照·민행敏行에게 교학을 배웠다. 이어서 황벽 유승, 옥천 승호, 금밀신, 대위 모철, 황룡 조심, 동림 상총, 부산 법원에게 사사했다. 마지막으로 용서(안휘성)의 백운산 해회사에서 오조 법연을 참례하고 대오하여 법을 이었다. 숭녕 연간(1102-1106) 중에 성도의 육조원에서 처음 주지를 맡고, 풍주 영천원, 장사 도림사, 건강 홍국사, 동경 만수사, 진강 용유사, 남강군 진여원, 다시 소각사로 돌아가 주지를 맡았다. 저술로 《벽암록》 외에 《격절록》, 《원오불과선사어록》 20권, 《원오심요》가 있다. 제자로 대혜 종고와 호구 소융이 있고, 양기파를 크게 발전시켰다.

월암 선과月庵善果 1079-1152 임제종 양기파. 호는 월암. 신주(강서성) 연산鉛山 출신. 속성은 여余 씨. 어려서 칠보七寶의 원협元浹에 의해 출가. 황룡산의 사심死心에게 나아가 인가를 받고, 개복 도령開福道寧으로부터 대법을 받았다. 나중에 원오 극근의 도림사에서 경장을 관리하고, 만년에 담주潭州(호남성) 대위산으로 옮겼다. 세수 74세에 입적.

월주 건봉越州乾峯 ?-?(당말) 조동종의 시조인 동산 양개洞山良价의 법을 이었다. 행적은 전하지 않는다. 《경덕전등록》의 〈건봉화상〉 장에 두 편의 문답이 전하며《종용록》외에도《선문염송》에 그의 공안이 실려 있다.

위산 영우潙山靈祐 771–853 복건성 장계長溪 출신. 성은 조趙 씨. 15세에 출가하여 경과 율을 배운 후 백장 회해의 법을 이었다. 호남성 위산에 머물 때 수많은 납자들이 모여들었으며, 앙산 혜적이 그의 제자이다. 이들 문파는 후에 위앙종이라고 불렸다.

임제 의현臨濟義玄 ?–867 산동성 출신. 임제는 진주鎭州 임제원을 말한다. 선종 오가의 하나인 임제종의 개조로 만당晩唐기(836 - 907)에 활약하였다. 어려서 출가하여 경론을 깊이 배우고 법상·율을 터득했지만 '안심'을 얻지 못했다. 모든 것을 버리고 선에 귀의하여 황벽 희운의 법을 계승했다. 수많은 제자를 배출하였고 격한 선풍을 드날렸다. 마조, 백장, 황벽, 임제를 '사가四家'라고 칭한다.

장사 경잠長沙景岑 ?–?(당말) 남전 보원의 제자. 어려서 출가해 남전을 참례하고 법을 이었다. 호남성 장사의 녹원사에 주석하면서 법을 폈으므로 장사 화상이라고 불렸다. 선기를 드러낼 때의 모습이 마치 큰 호랑이[大蟲] 같다고 하여 '잠 대충'이라 불리기도 하였다.

조산 본적曹山本寂 840–901 천주泉州 포전 출신. 성은 황 씨. 조산에 살았으며 동산 양개의 법을 이었다. 동산오위설洞山五位說의 대성자이며 〈정편오위송正偏五位頌〉을 지었다. 오위는 현상에 나타난 깨달음의 세계를 대립적 개념이나 관계에서 다섯 가지로 유형화한 체계적인 선 해석이다. 특히 조산이 조동오위를 동산의 교화의 표준으로 삼음에 따라 조동종의 특색이 종풍으로 확립되었다.

조주 종심趙州從諗 778-897 산동성 조주 학향郝鄕 출신. 성은 학郝 씨. 어려서 출가하여 남전 보원의 법을 이었다. 60세의 나이에 행각하며 황벽 희운, 염관 제안 등을 역참歷參한 후, 80세에 조주 관음원에 주석했다. 이후 40여 년 동안 독자적인 종풍을 드날리다가 120세에 입적했다. 그의 수많은 문답이 공안이 되어 참구의 대상이 되었다.

천룡天龍 ?-?(당말) 항주(절강성) 출신. 마조 아래 대매 법상의 법을 이었고, 손가락 하나를 세워 금화산의 구지를 배출했다. '천룡일지두'의 선으로 알려졌지만, 기록에는 아주 짧은 상당법문과 문답 각 한 편씩만이 전해진다. 그의 행리行履에 대해서는 상세하게 전하지 않는다.

청세淸稅 ?-?(당말) 조동종. 조산 본적曹山本寂과의 문답만이 남아 있다. 《경덕전등록》에는 '청예淸銳'로 되어 있다.

파초 혜청芭蕉慧淸, ?-?(당대) 위앙종. 신라 출신. 남탑 광용南塔光涌의 법을 이었다. 영주郢州(호북성) 파초산에 살았다.

풍혈 연소風穴延沼 896-973 임제종 남원 혜옹의 제자. 절강 출신. 성은 유劉 씨. 어려서부터 많은 책을 두루 읽어, 《법화현의》를 배우고 지관·정혜를 익혔다. 장흥 2년(931) 여주의 풍혈고사風穴古寺에 들어가 7년 동안 머물렀는데, 대중들이 구름같이 몰려들어 이곳을 중건하여 총림이 되었다. 법상에 올라 게송을 읊고 가부좌를 한 상태에서 열반하였다. 입적하기 하루 전에 손수 글을 써서 단월檀越들에게 이별을 알렸다고 한다.

현사 사비玄沙師備 835-908 복건성 민후閩候현 출신. 성은 사謝 씨. 일찍이 어부였던 그는 29세에 부용산 영훈靈訓 선사에게 출가하였다. 강호江湖 여러 곳을 다니며 참구하다가 설봉 의존이 그의 법기法器를 알아보고 접화했는데, 그를 비두타備頭陀라 불렀다. 현사는 '조사서래의'를 체증하였으며,《수능엄경》을 읽고 마음의 본성을 깨달았다. 그는 '강종삼구綱宗三句'로 학인을 지도했다. 강종은 선법의 종의宗意를 분명히 하는 것인데, 평등의 도리, 차별을 넘어선 묘유의 도리, 이사理事·사사事事의 묘유의 경지 등이 3구이다. 또한 '모든 현상에 대해 보지 못하고 듣지 못하고 말하지 못하는 병을 가진 자를 어떻게 구제할까. 만약 구제할 수 없다면 불법은 영험이 없는 것이 된다'라는 '현사삼종병인'의 문제를 제기하였는데, 나중에 이것은 공안이 되어 실제로 맹농아盲聾啞 장애자를 어떻게 구제할까 하는 문제로까지 진전한다. 설봉과 현사는 석두의 선을 왕성하게 전개하였다. 898년 왕심지가 안국원으로 초빙하여 설법한 후 이름을 크게 떨쳤고, 참여하는 수행승이 700명에 이르렀다.

혜능慧(惠)能 638-713 중국 선종의 육조六祖. 성은 노 씨. 범양(하북성) 출신. 신주新州(광동성) 출생. 시호는 대감大鑑. 어려서 가난한 집안에서 컸다. 언제나 장작을 내다 팔아 모친을 봉양했다. 어느 날《금강경》읽는 소리를 듣고 출가의 뜻을 품었다. 지원智遠에게 가르침을 받고 그의 권유로 24세 때 기주 동산(호북성 황매현)의 오조 홍인을 참례하였다. 그곳에서 방아 찧기를 8개월, 깨침의 게송을 지어 보이고 한밤중에 스승 홍인의 법의를 받아 남쪽으로 떠나갔다. 4년간 홍인의 가르침을 지닌 채 사냥꾼의 무리 속에 숨어 살았다. 677년 남해(광동성)의 법성사로 가서 인종에 의해 출가하고 구족계를 받았다. 이듬해 조계 보림사로 옮겨 크게 선풍을 선양했다. 수많은 신봉자를 얻었다. 705년 중종이 칙사勅使를 보내 혜능을 불렀지만, 병이 들었다는 핑계로 나아가지 않았다. 칙명으로 보림사를 고쳐 법천사法泉寺라는 간판을 걸게 했다. 신주의 구택舊宅을 국은사國恩寺라고 하고, 여기에 보은탑報恩塔을 세우고 이곳 절에서 입적했다. 818년 헌종은 대감 국사라는 시호를 내리고 탑을 원화영조元和靈照의 탑이라고 명명했다. 혜능은 소주(광동성), 광주에서 40여 년간 교화하였는데, 그중에서도 소주 대범사에서 행한 설법을 편집한 것이 나중에 《육조단경》의 이름으로 널리 퍼졌다. 《금강경해의金剛經解義》를 저술한 신수(606-706)는 혜능보다 30세 연장이며, 혜능은 신수의 천거로 측천무후에게 초대받은 적도 있다. 혜능의 선은 남방에서 돈오선으로 널리 알려졌다. 후세에 남종선이 발전한 것은 그 법계에 우수한 인재가 많아서이기도 하지만, 신수의 북종선에 비해 더욱 중국적이었기 때문이라는 설이 있다. 혜능의 문하에는 청원 행사(?-740), 남악 회양(677-747), 하택 신회(?-740), 영가 현각(665-713), 남양 혜충(?-775) 등이 있다. 중국선의 오가 칠종五家七宗의 선은 모두 혜능의 법계에서 전개되었다.

혹암 사체或庵師體 1108-1179 임제종 선사. 《벽암록》의 수시垂示를 쓴 원오 극근의 제자 호국 경원護國景元의 법을 이었다. 72세 임종 때, "철나무에 꽃이 피고 수탉이 알을 낳았네. 72세, 요람의 끈을 끊다(鐵樹開華 雄鷄生卵 七十二年 搖藍斷繩)"라는 유게遺偈를 문하에게 남겼다.

황벽 희운黃蘗希運 ?–850 복건성 민후閩侯 출신. 어려서 출가하였다. 황벽이 남전 보원에게 참례하고 나오려고 할 때, 키가 2미터나 되는 황벽이 작은 모자를 쓴 것을 보고 남전이 "어이! 자네 같은 거구가 작은 모자를 쓰다니?"라고 하니, 황벽은 "천만에요! 삼천대천세계도 다 덮었네요"라고 말하고 인사하고 나가버렸다는 일화가 있다. 백장 회해의 법을 이었고, 임제종 개조인 임제 의현과 배휴가 그의 제자이다. 강서성 종릉의 황벽산에서 머물며 교화했다. 배휴(797–870)는 황벽을 존경하여 그의 법어를 모아《전심법요》(857)와《완릉록》을 냈다.

흥양 청양興陽淸讓 ?–?(당말) 백장 회해의 5대손으로, 위산 영우–앙산 혜적–남탑 광용–파초 혜청을 이었다. 생몰 연대와 전기가 정확히 알려지지는 않았으나, 백장이 입적한 해(814)에 태어났다고도 전한다.

참고문헌

《無門關》(大正藏 48)

《景德傳燈錄》(大正藏 51)

《續傳燈錄》(卍續藏經 142)

《祖堂集》(高麗藏 45)

《五燈會元》(卍續藏經 138)

《宋高僧傳》(大正藏 51)

《諸佛要集經(大正藏 17)

《首楞嚴經》(大正藏 19)

《佛果圜悟禪師碧巖錄》(大正藏 48)

이희익,《무문관》(경서원, 1985)

秋月龍珉·秋月眞人 공저, 혜원 옮김,《선어록 읽는 방법》(운주사, 1996)

안재철 · 수암 공저,《무문관》(운주사, 2014)

혜원 역해,《한 권으로 읽는 종용록》(김영사, 2018)

혜원 역해,《한 권으로 읽는 벽암록》(김영사, 2021)

平田高士,《無門關 禪の語錄18》(東京: 筑摩書房, 1981)

柴山全慶,《無門關講話》(大阪: 創元社, 1991)

西村惠信,《無門關》(東京: 岩波書房, 1994)

安谷白雲,《禪の心髓 無門關》(東京: 春秋社, 2008)

駒澤大學,《禪學大辭典》(東京: 大修館書店, 1978)

入失義高監修 · 古賀英彦編著,《禪語辭典》(京都: 思文閣出版, 1991)

田上太秀 · 石井修道,《禪の思想辭典》(東京: 東京書籍, 2008)